XIANDAI JIAOYU JISHU YINGYONG

现代教育技术应用

主　编　王碧静　袁　旭
副主编　高　燕

河南大学出版社
HENAN UNIVERSITY PRESS
·郑州·

图书在版编目(CIP)数据

现代教育技术应用 / 王碧静，袁旭主编. -- 郑州：河南大学出版社，2025.5. -- ISBN 978-7-5649-6356-9

Ⅰ. ①G40-057

中国国家版本馆 CIP 数据核字第 20253JU427 号

责任编辑	赵海霞
责任校对	蔡张杰
装帧设计	马　龙

出版发行　河南大学出版社
　　　　　地址:郑州市郑东新区商务外环中华大厦 2401 号
　　　　　邮编:450046
　　　　　电话:0371-86059701(营销发行中心)
　　　　　网址:hupress.henu.edu.cn
排　　版　河南大学出版社设计排版中心
印　　刷　河南灏博印刷有限公司
版　　次　2025 年 5 月第 1 版　　　　印　次　2025 年 5 月第 1 次印刷
开　　本　787 mm×1092 mm　1/16　　印　张　18.25
字　　数　379 千字　　　　　　　　　定　价　45.00 元

（本书如有印装质量问题，请与河南大学出版社营销部联系调换。）

编委会

主　编　王碧静　袁　旭
副主编　高　燕
编　委　姚湛春　方大良
　　　　　　张维维　薛　斌
　　　　　　梁丽婷　汪　莹

·广东省教育科学规划课题(高等教育专项)"数字教育背景下师范生数字素养培养范式创新与实践研究"(项目批准号:2023GXJK369)

·广东省本科高校教学质量与教学改革工程建设项目"指向教师数字素养的现代教育技术应用课程改革与实践"(项目批准号:粤教高函〔2024〕9号)

·广东省本科高校教学质量与教学改革工程建设项目"数智时代视域下粤西卓越教师一体化培养路径的创新研究与实践"(项目批准号:粤教高函〔2024〕30号)

·广东省哲学社会科学"十四五"规划2022年度学科共建项目"乡村振兴背景下粤西卓越教师职前职后一体化创新培养路径研究"(项目批准号:GD22XJY33)

前　言

在数字技术深度赋能教育变革的今天,现代教育技术已成为教师职业发展的核心素养。为回应新时代对教师数字素养的迫切需求,本教材以"培养胜任数字化教学的未来教师"为目标,系统构建知识、技术、能力三位一体的培养框架,助力师范生实现从技术工具使用者到教育创新实践者的跨越。

本教材立足数字化教学全流程,分设三部分九章:第一部分"数字化教学基础知识"从理论维度阐释现代教育技术的内涵与典型样态,夯实认知基础;第二部分"数字化教学基本技能"聚焦资源检索、工具应用、教学评价等实操能力,通过案例解析与任务驱动强化技术落地能力;第三部分"数字化教学关键能力"则进阶至教学设计、课件开发、微课制作等综合实践,强调技术赋能教育创新的系统性思维。教材中增设智慧搜索、智慧教学工具及 AI+素材处理等前沿生成式人工智能技术应用场景,并融入"技术伦理与数字社会责任"探讨,引导读者在掌握技能的同时,思考技术应用的边界与教育初心。

本教材由岭南师范学院教师教育学院王碧静、袁旭担任主编,负责统筹全书框架设计与内容安排。高燕担任副主编,负责全书的整体审校。编写团队汇聚教育技术领域骨干教师,分工如下:第一部分"数字化教学基础知识"由张维维(第一章)、薛斌(第二章)执笔,侧重理论建构与样态解析;第二部分"数字化教学基本技能"由王碧静(第三章)、方大良(第四章)、梁丽婷(第五章)、姚湛春(第六章)协同编写,聚焦技术工具的应用转化;第三部分"数字化教学关键能力"由袁旭(第七章)、高燕(第八章)、汪莹(第九章)共同完成,突出数字化教学的系统设计与创新实践。

相较于同类教材,本教材的创新在于:一是系统性,以"教师数字素养"为主线,贯通"设计—实施—反思"全链条,突破知识碎片化局限;二是动态性,通过"纸质教材+数字资源库"实现内容动静结合,核心理论稳定呈现,技术前沿动态更新;三是思政性,将"四有"好老师培养目标融入数字化教学,在技术实践中传递育人使命与教育情怀;四是前瞻性,探索生成式 AI 在资源搜索、素材制作及教学设计等场景的实践路径,培养人机协同教学能力。

本教材特别设计知识图谱、任务清单、拓展资源等多维学习支架,并与智慧教学平台深度对接,支持个性化学习路径选择。同时编写团队依托省级科研和教改项目成果,将最新数字教育研究成果转化为教学内容,确保前沿性与实用性。

本教材适用于高等院校师范类专业"现代教育技术"课程,也可作为在职教师数字化教学能力提升的参考用书。期待读者通过对本书的学习,不仅能驾驭数字技术工具,更能以教育者的理性与温度,在技术洪流中坚守育人本质,成为数字时代教育创新的引领者。

教材编写过程中得到教育技术领域专家、一线教师及教研团队的大力支持,在此深表谢忱。限于编者水平有限,书中难免疏漏,恳请读者批评指正,我们将持续完善内容,与教育同仁共探教育数字化转型之路。

编 者

2025 年 4 月

目 录

第一章 现代教育技术概述 1
  第一节 现代教育技术的时代背景 2
    一、技术驱动的教育变革 2
    二、数字素养对当代教师的要求 5
  第二节 现代教育技术概述及发展 5
    一、核心定义演进 5
    二、教育技术的发展 7
    三、现代教育技术的发展趋势 8
  第三节 数智时代教师专业发展 9
    一、数字化教学与教师专业发展的融合 9
    二、数字化教学能力的内涵 11

第二章 数字化教学环境与教学模式 17
  第一节 数字化教学环境概述 18
    一、数字化教学环境的含义 18
    二、数字化教学环境的构成 19
  第二节 多媒体教学环境与多媒体教学 20
    一、多媒体教学环境 20
    二、基于多媒体教学环境的多媒体教学 22
  第三节 混合式教学环境与混合式教学 23
    一、混合式教学环境 23
    二、基于混合式教学环境的混合式教学 26
  第四节 智慧教学环境与智慧教学 29
    一、智慧教学环境 29
    二、智慧教学环境的主要功能 31

三、基于智慧教学环境的智慧教学 …………………………………………… 33
　　四、智慧教学与传统教学的区别 …………………………………………… 34

第三章　数字化教育资源的检索与获取 …………………………………………… 39
第一节　数字化教育资源检索概述 …………………………………………… 40
　　一、数字化教育资源的一般检索方法与途径 …………………………… 41
　　二、数字化教育资源检索工具的分类与使用策略 ……………………… 41
　　三、搜索引擎的检索规则与技巧 …………………………………………… 45
第二节　数字多媒体资源的获取 ……………………………………………… 47
　　一、文本资源的获取 ………………………………………………………… 47
　　二、图像资源的获取 ………………………………………………………… 50
　　三、音视频资源的获取 ……………………………………………………… 54
第三节　开放教育资源 …………………………………………………………… 55
　　一、国外开放教育资源 ……………………………………………………… 55
　　二、国内开放教育资源 ……………………………………………………… 57
第四节　生成式人工智能应用 …………………………………………………… 60
　　一、生成式人工智能概述 …………………………………………………… 60
　　二、生成式人工智能的使用 ………………………………………………… 61
　　三、生成式人工智能的伦理与法律问题 …………………………………… 68

第四章　数字化教学工具的选取与使用 …………………………………………… 74
第一节　数字化教学工具概述 …………………………………………………… 75
　　一、数字化教学工具的概念 ………………………………………………… 76
　　二、数字化教学工具的特点 ………………………………………………… 76
第二节　数字化教学工具的选择与分类 ………………………………………… 78
　　一、数字化教学工具的选择 ………………………………………………… 78
　　二、数字化教学工具的分类 ………………………………………………… 81
第三节　数字化教学工具的使用 ………………………………………………… 85
　　一、问卷星的使用 …………………………………………………………… 85
　　二、Xmind 思维导图工具的使用 …………………………………………… 87
　　三、Focusky 动画演示大师的使用 ………………………………………… 92
　　四、石墨文档的使用 ………………………………………………………… 95
　　五、希沃白板 5 的使用 ……………………………………………………… 97
　　六、PhET 虚拟实验室的使用 ……………………………………………… 100

第五章　技术支持的教学评价设计与应用 ………………………………………… 105
第一节　技术支持的教学评价概述 ……………………………………………… 106

一、教学评价 …………………………………………………………… 106
　　二、技术支持的教学评价 ……………………………………………… 108
第二节　技术支持的教学评价工具 ………………………………………… 109
　　一、电子学习档案袋 …………………………………………………… 109
　　二、数据分析与可视化工具 …………………………………………… 111
　　三、智能组卷系统 ……………………………………………………… 112
第三节　技术支持的教学评价的设计与应用 ……………………………… 114
　　一、技术支持的教学评价的设计 ……………………………………… 115
　　二、技术支持的教学评价的应用 ……………………………………… 121
　　三、教学评价案例 ……………………………………………………… 123
第四节　人工智能支持的教学评价 ………………………………………… 125
　　一、人工智能在教学评价中的应用优势 ……………………………… 125
　　二、人工智能在教学评价中的应用领域 ……………………………… 126
　　三、人工智能在教学评价中的应用案例 ……………………………… 128
　　四、人工智能在教学评价中面临的挑战与对策 ……………………… 131

第六章　多媒体素材的采集与处理 ……………………………………… 137
第一节　文本素材的采集与处理 …………………………………………… 138
　　一、文本概述 …………………………………………………………… 138
　　二、文本的采集 ………………………………………………………… 139
第二节　音频素材的采集与处理 …………………………………………… 142
　　一、音频概述 …………………………………………………………… 142
　　二、音频的采集 ………………………………………………………… 143
　　三、音频的处理 ………………………………………………………… 148
第三节　图像素材的采集与处理 …………………………………………… 149
　　一、图像概述 …………………………………………………………… 149
　　二、图像的采集 ………………………………………………………… 151
　　三、图像的处理 ………………………………………………………… 153
第四节　视频及动画素材的采集与处理 …………………………………… 155
　　一、视频文件的格式 …………………………………………………… 155
　　二、动画文件的格式 …………………………………………………… 157
　　三、视频及动画的采集 ………………………………………………… 158
　　四、视频及动画的处理 ………………………………………………… 159

第七章　数字化教学的设计与实施 ……………………………………… 167
第一节　数字化教学的设计与实施概述 …………………………………… 168

一、数字化教学的设计与实施流程 …… 168
二、数字化教学的关键问题剖析 …… 169

第二节　数字化教学的设计 …… 170
一、数字化教学设计阶段的整体思路 …… 170
二、数字化教学必不可缺的两个方案 …… 171
三、数字化教学设计的起点：教学(学习)痛点分析 …… 172
四、数字化教学设计的核心：数字技术与教学融合设计 …… 175
五、数字赋能教学变革的关键：指向核心素养的教学创新 …… 182

第三节　数字化教学的实施与改进 …… 183
一、数字化教学准备阶段 …… 184
二、数字化教学实施阶段 …… 186
三、数字化教学反思阶段 …… 187

第四节　生成式人工智能赋能数字化教学 …… 189
一、生成式人工智能赋能数字化教学的价值审思 …… 189
二、生成式人工智能赋能数字化教学的整体思路 …… 191
三、生成式人工智能赋能数字化教学的设计与实施 …… 192

第八章　多媒体课件设计与制作 …… 200

第一节　多媒体课件概述 …… 201
一、多媒体课件的概念 …… 201
二、多媒体课件的特点 …… 202
三、多媒体课件的开发工具 …… 202

第二节　多媒体课件的设计 …… 203
一、什么是优秀的多媒体课件 …… 203
二、多媒体课件设计的基本原则 …… 205
三、多媒体课件的结构 …… 206
四、多媒体课件的制作步骤 …… 214

第三节　交互式课件制作——以希沃白板5为例 …… 216
一、创建新课件 …… 216
二、添加教学内容 …… 217
三、交互功能 …… 224
四、动画设计 …… 236
五、保存和分享课件 …… 239

第四节　AI技术助力PPT制作 …… 239
一、WPS AI …… 239

二、Kimi ……………………………………………………………… 242

第九章　微课设计与制作 ………………………………………………… 246
第一节　微课概述 ………………………………………………………… 247
　　一、微课的概念 …………………………………………………………… 247
　　二、微课的分类 …………………………………………………………… 249
　　三、微课相关竞赛 ………………………………………………………… 252
第二节　微课设计简述 …………………………………………………… 254
　　一、微课设计理念：ADDIE 模型 ………………………………………… 254
　　二、微课设计需遵循的原则 ……………………………………………… 255
　　三、微课设计流程 ………………………………………………………… 256
第三节　微课制作案例 …………………………………………………… 258
　　一、各类微课的典型案例 ………………………………………………… 258
　　二、基于 AIGC 技术的微课案例设计与制作 …………………………… 264
　　三、微课的输出与分享 …………………………………………………… 274
　　四、微课的优化与迭代 …………………………………………………… 275

第一章　现代教育技术概述

『本章知识图谱』

第一节 现代教育技术的时代背景
- 一、技术驱动的教育变革
  - 数字化转型浪潮
  - 教育数字化战略行动
- 二、数字素养对当代教师的要求
  - 《教师数字素养》行业标准
  - 从基础技术应用转向系统性能力重构

第二节 现代教育技术概述及发展
- 一、核心定义演进
  - 现代教育技术核心定义的四次重要演进
  - 现代教育技术的核心特征
- 二、教育技术的发展
  - 国外教育技术发展的四个阶段
  - 国内教育技术发展的四个阶段
- 三、现代教育技术的发展趋势

第三节 数智时代教师专业发展
- 一、数字化教学与教师专业发展的融合
  - 数字技术之于教学的价值审思
  - 数字化教学的三重境界
- 二、数字化教学能力的内涵
  - 对数字时代教学能力的呼唤
  - 数字化教学能力的概念界定
  - 数字化教学能力的内涵构成

『本章学习任务清单』

【学习目标】

1. 在梳理教育技术定义四次演变的基础上,能阐述现代教育技术"理论—技术—方法"三维融合的核心内涵,并对比其与传统教育技术的本质区别,准确率达 90%。

2. 依据国内外现代教育技术发展阶段划分表,能绘制技术驱动下教育技术从萌芽阶段到个性化学习阶段的演进图谱,标注各阶段标志性技术、成果及理论基础,包含至少 3 个关键特征。

3. 结合《教师数字素养》标准与教育信息化政策案例,能分析教师数字素养五个维度的具体要求,并说明国产化替代、数据安全与算法公平等政策要求所体现的社会责任与伦理考量。

4. 运用"范畴确立→技能标准化→绩效伦理化→智能生态化"的演进逻辑,能分析一个当前 AI 教育应用案例(如智能评测或虚拟实验),论证其如何体现技术迭代、问题导向与主体协同的深化特征,并提出一项规避潜在伦理风险的针对性建议。

5. 运用"为用而用""为教而用""为学而用"的三重境界理论,能分析融合数字技术的微型教学方案片段,阐明其在目标设定、技术选择与师生角色安排上如何体现向"为学而用"境界的递进,以及如何保护隐私。

第一节 现代教育技术的时代背景

一、技术驱动的教育变革

(一)数字化转型浪潮

当前,随着信息技术的飞速发展,社会已经进入了数字化、信息化时代。互联网、大数据、人工智能等新兴技术不断涌现,深刻改变了人们的生活、学习和工作方式。在教育领域,现代教育技术的应用也越来越广泛,成为推动教育改革和发展的重要力量。对于师范生来说,深入了解现代教育技术的时代背景至关重要,这能为他们日后的教育教学工作打下坚实基础。

1. 信息技术的飞速发展

随着我国互联网普及率的持续提升,信息的传播和获取变得极为便捷。根据中国互联网络信息中心发布的数据,截至2025年6月,我国网民规模达11.23亿人。这样的普及程度使得学生能够通过网络获取丰富的教育资源和最新的教学理念,从而促进教育的均衡发展。移动互联网的发展更是让学习不再受时间和空间的限制,学生可以随时随地进行学习。大数据技术的应用为教育提供了更精准的教学分析和个性化的学习方案。通过对学生学习数据的分析,可以了解学生的学习进度、知识掌握程度和学习偏好,从而为教师提供有针对性的教学建议。同时,人工智能技术在教育领域正日益拓展其应用范围,诸如智能辅导系统、智能评估工具等,为教学领域带来了全新的手段与方法。在线教育、远程教育、智能教学系统等新型教育模式不断涌现,为学生提供了更加丰富、多样化的学习资源和学习方式。在"互联网+"和大数据技术环境推动下,现代教育技术通过构建精确的教育数学模型,设计多阶段动态教育策略,为学生提供个性化学习服务。同时,人工智能技术在教育中的应用也越来越广泛,如智能辅导系统、智能评测系统等,可以帮助教师更好地了解学生的学习情况,提高教学效率和质量。

2. 教育数字化战略行动的实施

随着教育数字化战略行动的实施,现代教育技术在师范生培养中的地位愈发重要。通过教育数字化战略行动推动教育信息化的全面发展,以提高教育质量和教育公平性已成为时代要求。在这一背景下,师范生需要掌握现代教育技术,以便更好地适应未来的教学工作。例如,通过数字化教材、在线教学平台等工具,师范生可以进行更加高效的学习和教学实践。此外,教育数字化战略行动的推进,也极大地促进了教育资源的共享与开放,为师范生开辟了更为广阔的学习途径与资源宝库。

3. 对教师信息化教学能力的要求不断提高

社会的发展与教育进步不断对教师信息化教学能力提出新挑战。当下,教师既要精通传统教学法,又需掌握现代教育技术手段,以适应教学需求。师范生作为未来的教师,必须在学习阶段就培养良好的信息化教学能力。例如,师范生应能熟练操作多媒体教学设备、在线教学平台,设计并制作数字化教学资源,以及运用信息技术进行教学效果评估与反馈。只有具备这些能力,师范生才能在未来的教学工作中更好地满足学生的学习需求,提高教学质量。

4. 课程综合化的趋势

课程综合化是当今教育发展的重要趋向。现代教育技术应用课程正日益与其他学科深度融合,要求师范生具备跨学科教学的综合能力。例如,在"现代教育技术应用"课程中,可以将信息技术与学科教学相结合,培养师范生的信息化教学能力。同时,课程综合化也要求教材的编写注重跨学科的融合,为师范生提供更加全面和综合的知识体系。

(二)教育数字化战略行动

1.国内教育信息化政策体系演进

国内教育信息化政策在2010年后,整个体系历经"基础建设—智能融合—数字转型"三阶段演进,形成覆盖"设施—资源—能力—治理"的完整链条。政策框架的迭代逻辑对教育技术应用产生了深远影响。

【顶层战略规划阶段】这个阶段从2010年持续到2016年。2010年《国家中长期教育改革和发展规划纲要(2010—2020年)》首次将教育信息化提升至国家战略高度,旨在破解城乡教育资源不均衡、教学模式单一等结构性难题。这个阶段的核心内容和关键措施主要体现在以"三通两平台"(即宽带网络校校通、优质资源班班通、网络学习空间人人通;教育资源与教育管理两大公共服务平台)为核心抓手,重点推进农村及偏远地区信息化基础设施覆盖。中央财政投入专项资金实施"教学点数字教育资源全覆盖"项目,至2016年已为6.4万个教学点配备卫星接收设备和数字教育资源。2016年公布的《教育信息化"十三五"规划》进一步提出"三个课堂"(专递课堂、名师课堂、名校网络课堂)建设,通过技术手段扩大优质教育资源辐射范围。典型案例包括宁夏"互联网+教育"示范区实现全区学校千兆网络接入,成都市"微师培"平台构建城乡教师协同教研共同体。

【人工智能融合阶段】这个阶段从2017年持续到2020年。随着《新一代人工智能发展规划》(2017年)的出台,教育领域开始探索人工智能技术对教学流程重构的可能性,目的在于解决规模化教育与个性化培养的矛盾。2018年《教育信息化2.0行动计划》推动从"工具应用"向"生态重构"转型,提出"三全两高一大"目标(教学应用覆盖全体教师、学习应用覆盖全体学生、数字校园覆盖全体学校;师生信息素养与信息化应用水平全面提高;建成"互联网+教育"大平台)。教育部联合科技企业开展"AI+教育"创新试点,如北京市海淀区构建"城市教育大脑",实时分析全区50万学生的课堂行为数据;上海市闵行区研发AI教研助手,自动生成教学改进建议。至2020年,全国中小学教师网络学习空间开通率超90%,形成"人人用空间"的常态化教学场景。

【数字化转型深化阶段】这个阶段从2020—2025年。"十四五"时期(2021—2025)以"新基建"政策加速落地为标志,数据要素成为驱动教育治理现代化的核心动能。2021年教育部等六部门发布的《关于推进教育新型基础设施建设构建高质量教育支撑体系的指导意见》提出构建"云—网—端"一体化架构,明确5G、区块链、国产操作系统在教育场景的应用路径。政策要求高校信息化设备国产化率2025年达到60%,银河麒麟、统信UOS等国产系统逐步替代Windows教学机房。2022年版《义务教育信息科技课程标准》将人工智能伦理纳入必修模块,规定初中阶段学生需掌握机器学习基础原理,并能批判性分析算法偏见案例。2025年生成式AI教育应用创新计划试点AI教师助手系统,支持教案自动生成、作文智能批改等功能,同时建立教育大模型安全审查机制,严禁输出涉及价值观误导的内容。

从教育信息化政策体系的演进中可以看出其发展呈现出清晰的逻辑脉络:首先,技术迭代是核心驱动力,从宽带网络、云计算到生成式AI的技术跃迁,推动了政策目标从基础设施建设向深度融合的升级;其次,政策导向随问题演变而调整,早期聚焦资源短缺,中期关注质量提升,当前则着力解决数据安全与伦理风险;最后,主体协同不断深化,政府从"主导建设"转向"制定标准",企业通过"揭榜挂帅"机制参与场景创新,学校则成为技术落地的实践主体。这一演进过程体现了教育信息化从单一技术应用到多元主体协同、从解决基础问题到应对复杂挑战的全面深化。

二、数字素养对当代教师的要求

在教育数字化快速发展的当下,数字素养已成为当代教师必备的关键能力。依据教育部发布的《教师数字素养》行业标准(JY/T 0646—2022),教师数字素养框架规定了五个维度的要求:数字化意识、数字技术知识与技能、数字化应用、数字社会责任以及专业发展。现代教育技术的迅猛发展对教师数字素养的要求已从基础技术应用转向系统性能力重构:在生成式人工智能、教育大数据等技术驱动下,教师需具备跨平台资源整合能力与虚实融合的教学场景设计思维,通过数据驱动的学情分析实现精准教学;同时,教师角色从知识传授者转型为学习引导者与课程架构师,既要掌握智能工具辅助下的动态教学决策,又需形成数字伦理意识,在技术应用中平衡创新与隐私保护、算法公平等问题。这种变革需要教师构建"技术赋能—教育创新—伦理责任"三位一体的新型数字胜任力体系。

第二节 现代教育技术概述及发展

一、核心定义演进

教育技术的核心定义经历了四次重要演进,体现了该领域理论与实践的不断发展。

1.1994 年奠基性定义

AECT（美国教育传播与技术协会）首次提出系统定义，将教育技术界定为"关于教学过程和学习资源的设计、开发、应用、管理和评价的理论与实践"。这一表述明确了教育技术的五大范畴，为学科发展奠定了基础。

2.1997 年技能导向定义

国际教育技术协会（International Society for Technology in Education，ISTE）在其发布的《国家教育技术标准》（National Educational Technology Standards）中进一步细化要求，提出"教师要掌握计算机基本操作技能，能够将计算机和相关技术支持应用于课程计划与实施，以及个人生活和工作中的问题解决"。这一标准强调了技术在教育教学中的具体应用，推动了技术能力向实践层面转化。

3.2005 年绩效与伦理扩展定义

AECT 发布新定义，指出教育技术是"通过创建、使用和管理适当的技术过程和资源以促进学习和提高绩效的研究与符合道德的实践"。这一表述不仅扩展了研究对象从"过程"和"资源"到"技术过程"和"资源"，还突出了研究目的（促进学习和提高绩效）以及伦理规范的重要性。

4.2017 年智能化与生态化转型

随着人工智能技术的突破，AECT 在《教育技术研究趋势报告》中提出："教育技术是以学习者为中心，通过整合智能技术、数字资源和生态化学习环境，构建个性化、适应性学习系统的跨学科领域。"这一定义首次纳入"智能技术"和"生态化环境"概念，强调技术对个性化学习和系统性变革的支持，反映了大数据、AI 等技术对教育形态的重构。

这四个阶段的定义演进反映了教育技术在理论建构和实践应用中的深化过程：范畴确立（1994）→技能标准化（1997）→绩效伦理化（2005）→智能生态化（2017）。每一次修订都体现了时代特征和专业发展的新要求；从学科基础构建到具体技能规范，再到伦理约束与绩效导向，最终迈向智能化与系统性变革。这一演进脉络为现代教育技术的学科建设和实践创新提供了持续的理论指导。

5.基本概念界定

综上所述，现代教育技术是指在当代教育学理论和学习科学指导下，运用信息技术手段和系统方法对教学过程进行设计、实施和评价的理论与实践体系。本书所指的现代教育技术，可理解为现代的教育技术。

二、教育技术的发展

(一)国外教育技术的发展

国外教育技术的发展主要分为四个阶段(如表1-1):

表1-1 国外现代教育技术的发展阶段

发展阶段	时间范围	核心技术	标志性成果	理论基础
萌芽阶段	1900—1950年	电影、幻灯片、广播、录音	1900年法国《学校地理》电影 1920年美国威斯康星大学广播课程 1946年戴尔提出"经验之塔"	经验主义 直观教学理论
技术融合阶段	1950—1980年	计算机、卫星、电视通信	1958年IBM推出首套CAI系统 1969年英国开放大学电视教学 1970年AECT定义教育技术学科	程序教学理论 系统科学
多元化发展阶段	1990—2010年	互联网、多媒体、移动终端	1999年Blackboard普及 2001年MIT开放课程 2008年首个MOOC诞生	建构主义 联通主义
个性化学习阶段	2010年至今	人工智能、大数据、VR/AR、区块链	2012年Knewton自适应学习系统 2016年Google Expeditions 2020年教育区块链应用	认知科学 人工智能理论

(二)国内教育技术的发展

教育技术在国内的发展主要经过了四个阶段(如表1-2)。

表1-2 国内现代教育技术的发展阶段

发展阶段	时间范围	核心技术	标志性成果	理论基础
初步探索阶段	1998—2010年	多媒体、互联网	2003年教育部启动"农村中小学远程教育工程" 2007年中国MOOCs平台初步兴起	建构主义 联通主义
政策推动阶段	2010—2015年	云计算、大数据	2012年教育部发布《教育信息化十年发展规划(2011—2020年)》 2014年《国务院关于加快发展现代职业教育的决定》提出探索职业本科目标	系统科学 终身学习理论
深度融合阶段	2015—2020年	人工智能、移动互联网	2016年教育部启动教师"在线教技认证"项目 2017年全国高校继续教育改革与发展研讨会发布远程教育十大新闻事件	认知科学 个性化学习理论

续表

发展阶段	时间范围	核心技术	标志性成果	理论基础
创新发展阶段	2020年至今	AI、大数据、VR/AR、区块链	2021年全国职教大会强调稳步发展本科职教 2022年中国首个"元宇宙+教技"实验室成立	人工智能理论 数字治理理论

三、现代教育技术的发展趋势

随着现代科学技术的飞速发展和教育信息化建设的深入推进,教育技术在理论与实践层面均呈现出显著的发展趋势。这些趋势不仅反映了技术进步对教育的深刻影响,也体现了教育改革对高质量教育的迫切需求。具体而言,现代教育技术的发展趋势主要体现在以下四个方面:

1.作为交叉学科的属性日益凸显

教育技术是一门融合教育学、心理学、信息技术等多学科的交叉学科。其理论基础涵盖教育理论、学习理论、传播学和系统理论等。这种跨学科特性使得教育技术在研究和实践中能够整合多种思想和方法。例如:

- **信息技术与课程整合**:通过将信息技术融入课程设计,优化教学内容和形式。
- **网络教育与终身学习**:构建开放的学习平台,支持学习者随时随地获取教育资源。

此外,多学科背景的专家和学者在教育技术领域的协作研究已成为常态。这种开放式的合作模式不仅推动了理论的创新与实践的深化,也为解决复杂教育问题提供了多维度的视角和方法。

2.实践性与支持性研究的地位不断提升

作为理论与实践并重的学科,教育技术在发展中始终强调理论指导实践、实践反哺理论的良性循环。当前研究的重点领域包括:

- **教师培训与专业发展**:通过技术支持提升教师的教学能力和信息化素养。
- **教学资源建设与优化**:开发高质量的数字教育资源,满足多样化的学习需求。
- **学习支持系统的构建**:为学习者提供个性化的学习路径和实时反馈。

这些实践性和支持性研究不仅推动了教育教学模式的创新,也为实现教育的公平与质量提升提供了重要保障。

3.技术环境下的学习心理研究成为热点

随着技术的进步,现代学习环境逐渐呈现出开放性、共享性、交互性和协作性等特点。在此背景下:

- **适应性学习与协作学习**:通过技术支持创建适应不同学习者需求的环境。
- **学习行为与心理特征研究**:深入分析技术环境下学习者的行为模式和心理过程。
- **非智力因素的关注**:重视情感因素和社会交互在学习中的作用。

这些研究为构建更加人性化和高效的学习环境提供了理论依据和实践指导。

4.手段向数字化、智能化、融合化和虚拟化发展

21世纪以来,技术的快速迭代深刻重塑了教与学的方式。具体表现为:

- **数字化**:教育资源与内容的数字化存储与共享打破了传统教育的时空限制。
- **智能化**:人工智能和大数据分析技术的应用实现了个性化学习和智能教学。
- **融合化**:虚拟现实(VR)、增强现实(AR)等技术融入教学场景。
- **虚拟化**:虚拟实验室和虚拟教室为学生提供了沉浸式的学习体验。

例如,"2024世界数字教育大会"提出"数字教育:应用·共享·创新"的主题以及"GAI3"理念(集成化·智能化·国际化),进一步明确了数字教育的未来发展方向:一是构建技术深度融合的教育生态,依托生成式人工智能、大数据等技术实现跨平台资源整合与智能教学场景动态适配;二是推动教育资源共享普惠化,通过国际化协作机制打破地域壁垒,促进优质教育资源全球流通与公平配置;三是重塑智能化教育模式,以数据驱动教学全流程优化,形成"精准诊断—个性支持—伦理约束"的创新闭环,最终构建技术赋能、开放协同、人本导向的数字化教育新体系。现代教育技术的发展趋势是多维度的:既体现了交叉学科的属性与实践性研究的价值;也反映了对学习者心理的深入关注;更展现了数字化、智能化等技术手段在教育中的广泛应用。这些趋势不仅推动了教育教学模式的创新与优化,也为实现教育的公平化与高质量发展提供了重要支撑。

第三节 数智时代教师专业发展

一、数字化教学与教师专业发展的融合

在数智时代,技术革命与教育变革的深度耦合正重塑教师专业发展的底层逻辑。数字技术不仅重构了教育生态,更在教师角色、教学范式与能力结构三个维度催生系统性变革:一方面,人工智能、大数据等技术工具推动教学流程从经验驱动转向数据

驱动,倒逼教师突破传统经验主义的专业成长路径;另一方面,教育数字化转型要求教师超越技术工具的表层应用,构建以学习者为中心的数字化教学能力体系。这种技术与教育的双向互动,使得数字化教学既是教师应对数智时代挑战的核心能力,也成为其专业发展的新实践场域——从技术赋能走向能力重构的进程中,教师如何实现数字素养与教育智慧的深度融合?以下内容显示了数字化教学与教师专业发展的共生关系。

(一)数字技术之于教学的价值审思

在数智时代,数字技术正深刻改变教育生态,为教师专业发展注入新的动力。大数据、人工智能等前沿技术不仅优化了教学设计与实施,还为教师提供了个性化教学指导和专业成长路径的可视化支持。通过数字技术的应用,教师能够精准把握学生学习行为,实现因材施教,同时自身的信息素养和教学能力也能得到显著提升。此外,混合式教学模式的普及使教师角色从知识传授者转变为学生学习的引导者和合作者,这进一步推动了教师专业发展的范式转型。因此,数字技术不仅是教学工具,更是教师专业发展的重要推动力。自20世纪90年代以后,以计算机为代表的数字技术在教育领域的广泛应用,虽然推动了教育信息化的发展,但其对教育的革命性影响尚未完全显现。乔布斯曾提出疑问:"为什么计算机改变了几乎所有领域,却唯独对学校教育的影响小得令人吃惊?"这一问题引发了对数字技术在教育中应用价值的深刻反思。何克抗指出,数字技术并非教育现代化的"直通车",而是需要与教育教学深度融合才能发挥其作用。例如,通过城乡教育资源的整合和共享,数字技术正在打破传统教育的壁垒,促进教育一体化发展;同时,个性化教学和移动学习平台等创新应用正在提升教学质量和效果,为学生提供更加丰富和个性化的学习体验。因此,数字技术能否真正推动教育变革,关键在于能否通过结构性变革实现教育系统的优化。

(二)数字化教学的三重境界

数字化教学根据应用目标和方式的不同,呈现出依次上升的三重境界,每一境界都反映了数字技术在教学中的应用深度与教学目标的契合度。

1."为用而用"的一重境界

这一境界的特点是"为了用数字技术而用",即数字技术的使用更多地是出于技术本身的吸引力和可用性,而非基于教学需求的深刻考量。在这种情境下,教师通常出于兴趣或提升课堂吸引力的目的选择性地使用数字技术。例如,利用多媒体课件丰富教学内容的呈现方式或增加学生的参与感。然而,在这一境界下,数字技术更多地是作为辅助工具存在,而非教学的核心。

2. "为教而用"的二重境界

在这一境界中,数字技术开始服务于教学活动的核心——提升教师的教学成效。教师会更加注重数字技术在教学过程中的优化作用,以助力教学目标的顺利达成。例如,利用数字化资源设计更有效的教学方案,使用智能评估工具及时反馈学生学习进度,或者通过网络平台进行教学互动和交流。此时,数字技术的应用变得更加有针对性和目的性,能够增强师生在感知、记忆和思维等方面的信息处理能力,从而减轻教师和学生的负担。

3. "为学而用"的三重境界

在这一境界下,数字技术的应用不再仅仅服务于教师,而是深入到学习者的自主学习和发展过程中。此时,教师与学生的角色均发生了转变,数字技术成为学习者个性化学习的引导者与支持者。例如,通过技术平台提供丰富的学习资源和动态反馈支持,帮助学生在更加灵活和开放的环境中获得深层次的学习体验。在这一境界下,数字技术与教育教学规律深度融合为"教育化的技术",推动课堂教学的优化及教育模式的革新。

二、数字化教学能力的内涵

(一)对数字时代教学能力的呼唤

随着数字时代与智能时代的相继到来,教育领域正经历前所未有的变革。从传统的工业时代教育模式到现在的智能化教与学环境,教育方式和内容正在不断演变。尤其是在数字原生代中,学生已不再将教师作为知识的唯一获取源泉,而是更加倾向于借助互联网及多种数字工具进行自主探索与学习。因此,在数字化时代背景下,教师的教学能力必须与时俱进,适应信息技术带来的教育变革。数字化教学已不再是选择性的问题,而是教师教学过程中必不可少的一部分。

(二)数字化教学能力的概念界定

数字化教学能力的概念界定可基于能力要素与学术视角进行系统性阐释。国内学界普遍认为,该能力是教师在教育数字化转型中整合技术、设计教学、优化决策的综合素养,其核心构成包含四个维度:一是技术整合能力,涉及智能工具操作、跨平台资源适配及虚实场景协同设计,要求教师掌握生成式人工智能等新兴技术的教育化应用;二是数字教学设计能力,强调基于数据画像重构教学目标、内容与活动,例如通过智能系统生成动态学习路径并实施混合式教学;三是数据驱动决策能力,表现为运用学习分析技术实现学情诊断、精准干预与教学策略动态调适;四是数字伦理与反思能力,涵盖隐私保护、算法公平性评估及技术应用效果的持续性批判反思。从学术视角看,主要存在三类观点:技术整合观聚焦工具应用与资源适配;教学创新观侧重技术驱动的模式重构(如人机协同教学);生态构建观则强调教师构建技术、资源与学习者共生的教育新生态。研究表明,数字化教学能力已从单一技术操作转向"工具应用—教学创新—伦理治理"三位一体的复合型能力体系,成为智能时代教师专业发展的核心维度。

1. 目的说

该观点强调数字化教学能力的核心目的是促进学生的全面发展或满足教师自身的专业发展需求。具体而言,这一视角探讨的是数字化教学能力在教学活动中对学生成长的促进作用或对教师职业成长的支持作用。

2. 技术说

这一观点认为,数字化教学能力的基础在于教师对数字技术的掌握与应用能力。技术掌握是数字化教学能力形成的核心表现,因此教师必须具备一定的技术基础,能够熟练使用各种数字工具和平台以提高教学效果和质量。

3. 组合说

此观点从教学系统的整体视角出发,强调数字技术与教学过程中的各个要素(如教学目标、内容、方法、评价等)之间的相互关系。它认为数字化教学能力并非技术应用的能力,而是一种综合能力,涉及数字技术在教学各环节中的合理融合与优化应用。

(三)数字化教学能力的内涵构成

在教育数字化快速发展的当下,数字素养已成为当代教师必备的关键能力。依据教育部发布的《教师数字素养》行业标准,教师数字素养框架规定了五个维度的要求:数字化意识、数字技术知识与技能、数字化应用、数字社会责任以及专业发展。数字化教学能力的内涵构成是教师在面对数字化教学挑战时所需具备的能力体系。具体包括以下几个方面(如图1-1)。

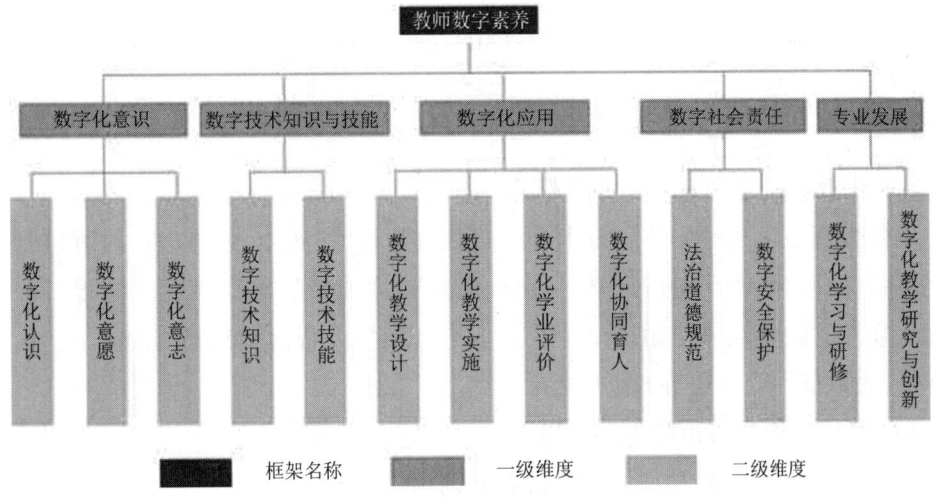

图1-1 教师数字素养的框架

1.数字化意识

教师需要具备对数字技术在教育中的认识和理解能力,包括认识到数字技术对教育价值、作用及影响的认识。

2.数字技术知识与技能

教师需要掌握基本的数字技术知识与技能,如计算机基础、网络技术和人工智能等。

3.数字化应用

教师需要具备数字化教学设计、数字化教学实施、数字化教学评价、数字化协同育人的能力,完成教学各环节设计、课堂实践开展、教学效果评估及多方协同育人等教学相关工作。

4.数字社会责任

教师需要具备法治道德规范、数字安全保护、数字化学习与研修的意识与能力,遵循数字时代法律道德准则,做好守护教学与个人数字安全、通过数字化方式开展自我提升等工作。

5.专业发展

教师持续的学习和实践不断提升自身的数字素养和技术应用能力,以适应教育数字化转型的需求。

综上,在数智时代背景下,教师的专业发展需要围绕数字化教学能力的提升展开。这不仅要求教师掌握先进的数字技术工具和理念,更需要将其融入教学设计与实施的全过程中,以推动课堂教学的优化及教育模式的革新。

『本章知识总结』

【主要知识点】

1.现代教育技术的定义与核心概念

现代教育技术是利用信息技术和系统化方法设计、实施、评价教学过程的理论与实践体系。其核心特征包括跨学科整合、智能技术支持以及系统化教学设计。发展历程从最初的教育媒体使用(如幻灯片、广播)到今天智能化的教育技术应用(如人工智能、大数据、VR/AR等)逐步发展。

2.教育技术的发展历程与时代背景

教育技术的发展经历了四个阶段：萌芽阶段(1900—1950年)、技术融合阶段(1950—1980年)、多元化发展阶段(1990—2010年)、个性化学习阶段(2010年至今)。现代教育技术的发展受到技术进步、教育需求以及政策驱动的影响，尤其是在数字化、智能化和融合化的背景下，技术对教育的变革作用愈发显著。

3.教师数字素养框架

教师数字素养是教师在现代教育技术应用中的关键能力，包括数字化意识、数字技术知识与技能、数字化应用、数字社会责任和专业发展五个维度。教师不仅要掌握技术操作技能，还需要具备跨平台资源整合和虚实融合的教学设计思维，推动教育创新。

【重难点解析】

1.教育技术的跨学科属性与教学深度融合

现代教育技术不仅是信息技术的应用，而且是教育学、心理学、信息技术等多个学科的交叉融合，如何有效整合各学科知识，并将其深度应用到教学过程中是学习者面临的一大挑战。

2.教师数字素养的内涵与应用

教师数字素养不仅要求教师具备一定的技术技能，还要求其具备跨平台资源整合的能力。在教学中，教师需结合学科特点和学生需求，选择适切的数字技术工具并进行有效的应用。

3.数字化教学的设计与实施

设计一套有效的数字化教学方案，需要综合考虑教学目标、内容、方法、评价等多个维度，同时灵活运用现代教育技术，以实现教学目标和提升教学质量。

『本章学习反思』

【认知冲突】

1.传统教育与数字化教学的冲突

传统教育强调教师的主导作用与面对面的互动,而数字化教学强调个性化学习和技术驱动。对于许多师范生而言,如何在保留传统教学精髓的同时,灵活运用现代教育技术,是一个不小的挑战。

2.技术应用的深度与表面使用的界限

在教育技术的实际应用中,许多教师可能仅停留在"为用而用"的层面,而没有深入思考如何基于教学需求有效地融入技术。这种"表面应用"会导致技术的潜力不能得到充分挖掘,进而影响教学效果。

【行动启示】

1.强化教师数字素养的培养

师范生应从学生阶段开始加强数字素养的培养,不仅要掌握信息技术基础,还要学习如何将数字技术与教育理念、教学实践结合,真正做到"为学而用"。

2.数字化教学的持续改进

在教学实践中,教师应持续反思并改进自己的数字化教学方案,不断通过学情分析和动态调整来优化教学效果,确保技术应用真正支持学生的个性化学习。

3.跨学科思维与创新能力的培养

师范生在学习现代教育技术时,不仅要掌握技术应用技能,还应培养跨学科的思维方式,学会如何将技术与各学科内容融合,推动创新型教学模式的设计与实施。

【未来追问】

在数字化转型的过程中,如何确保技术不完全替代教师的教学角色,而是成为提升教学质量的有力工具?

在数字化时代,教师的角色不断发生变化,从传统的知识传授者转型为学习引导者、课程架构师,如何有效支持教师在这一转型过程中增强其专业能力?

『本章参考文献』

[1]胡小勇.生成式人工智能:教师应用指南[M].广东:广东教育出版社,2024.

[2]卢锋,石豫湘,李欣雨.数字化转型背景下教育技术学科高质量发展:新使命与新作为[J].现代远程教育研究,2023,35(6):51-59.

[3]陈耀华,毕家娟,陈琳.人类教育技术万年演进主脉络[J].电化教育研究,2025(3):122-128.

[4]翟雪松,楚肖燕,李艳.融合视觉健康的在线学习环境设计原则与路径[J].现代教育技术,2021,31(12):12-19.

[5]周德青,杨现民.我国推进因材施教的政策分析、发展脉络及问题——以2001-2021年间提及因材施教的72份国家政策文件为研究样本[J].现代教育技术,2022,32(6):15-24.

[6]姚佳佳.同伴对话反馈策略促进大学生深度学习的理论与实践研究[D].杭州:浙江大学,2020.

[7]何克抗.如何实现信息技术与学科教学的"深度融合"[J].教育研究,2017,38(10):88-92.

[8]祝智庭,胡姣.教育数字化转型的本质探析与研究展望[J].中国电化教育,2022(4):1-8+25.

[9]黄荣怀,虎莹,刘梦彧,等.迈向数字时代教学变革的基本理论:数字教学法[J].电化教育研究,2024,45(6):14-22+33.

[10]沙桐.高师院校历史专业师范生数字化教育教学能力培养研究[D].武汉:华中师范大学,2019.

[11]郝建江,郭炯.技术演进驱动教师素养发展的过程、路径及内容分析[J].现代教育技术,2022,32(7):22-30.

第二章　数字化教学环境与教学模式

『本章知识图谱』

第一节　数字化教学环境概述
- 一、数字化教学环境的含义
  - 数字化教学环境的定义
  - 数字化教学环境的本质特征
- 二、数字化教学环境的构成
  - 硬件基础设施
  - 软件资源

第二节　多媒体教学环境与多媒体教学
- 一、多媒体教学环境
  - 多媒体教室的类型
  - 多媒体教室的软硬件设备
  - 多媒体教室的教学功能
- 二、基于多媒体教学环境的多媒体教学
  - 多媒体教学环境下的教学模式
  - 多媒体教学应注意的问题

第三节　混合式教学环境与混合式教学
- 一、混合式教学环境
  - 硬件环境
  - 软件环境
  - 线上教学资源
- 二、基于混合式教学环境的混合式教学
  - 线上教学环节
  - 线下教学环节
  - 实施混合式教学的注意事项

第四节　智慧教学环境与智慧教学
- 一、智慧教学环境
  - 智慧教学环境的硬件构成
  - 智慧教学环境的软件构成
- 二、智慧教学环境的主要功能
  - 智能黑板的应用
  - 学生行为监测传感器的应用
  - 学习分析系统的应用
  - 虚拟现实(VR)与增强现实(AR)的应用
  - 个性化学习平台的应用
- 三、基于智慧教学环境的智慧教学
  - 多维互动教学模式
  - 精准适配教学模式
  - 虚实融合探究模式
- 四、智慧教学与传统教学的区别
  - 教学理念的重构
  - 教学范式的转型
  - 技术赋能的进阶

『本章学习任务清单』

1.在给定教学场景(如多媒体教室、智慧课堂)时,能系统分析数字化教学环境的硬件构成(如智能黑板、传感器)与软件功能(如学习分析系统),归纳其与传统环境的3项核心差异(如互动性、数据驱动)。

2.基于混合式教学案例(如雨课堂+线下研讨),能阐述其"同步—异步"活动设计逻辑,并举例说明至少2种资源整合策略(如虚拟实验室嵌入预习任务、在线讨论区联动课堂辩论)。

3.针对智慧教学环境的多维互动模式(如VR探究、AR辅助),能解释其赋能教学创新的3项原理(如情境沉浸、认知增强),并列举适用学科案例(如物理虚拟实验、历史场景重现)。

4.在模拟教学设计任务中(如设计"生态系统"跨学科单元),能结合多媒体、混合式、智慧环境特性,制定分层技术方案,确保覆盖80%以上教学目标(如知识传递、协作探究、个性化反馈)。

第一节　数字化教学环境概述

伴随着信息技术的全面快速发展,数字化教学已成为现阶段教学的主要形式,现代教育技术的迅速发展对现阶段的教学环境产生了全方位的影响。学校的数字化教学环境是运用现代教育理论和现代信息技术所创建的教学环境,是数字化教学活动赖以持续展开的前提与条件,数字化教学的有效开展,离不开科学的数字化教学环境,在数字化教学实践中,中小学都普遍建设了多媒体教室、计算机教室、多功能阶梯教室、数字校园网等不同层次的数字化教学环境,整体提升了现代教育技术的应用成效,为数字化教学活动的开展提供了良好基础。

一、数字化教学环境的含义

环境是指主体周围与其密切相关的一切要素所构成的体系。教学环境是指对教学的发生、存在和发展产生制约和控制作用的多维空间和多元因素的环境系统,是影响教学活动的各种情况和条件的总和。数字化教学环境是以现代信息技术为核心支撑的多维教育生态系统,通过深度融合计算机、网络、多媒体、物联网、大数据及人工智能等技术,实现了教学资源、工具与空间的智能化重构。其本质特征体现在三个维度:一是技术赋能层面,依托云计算和 5G 网络构建起高速、稳定的数字化基础设施,使海量教学资源实现云端存储与无缝流转;二是教学模式创新层面,集成 VR/AR 虚拟实验室、AI 个性化学习引擎等智能工具,打造出"人人皆学、处处能学、时时可学"的泛在型学习场景,支持项目式探究、协作式研讨等新型教法学法;三是教育价值重构层面,通过区块链技术保障教育资源公平分配,运用学习分析系统精准识别学生认知盲区,既破解了区域教育资源失衡难题,又推动了因材施教的深度落地。这种环境下的教育生态不仅重构了传统师生关系,更催生了"教师作为引导者、学生作为创造者"的新型教育范式,有效提升了教学质量与学习效能,为培养数字时代的创新型人才奠定了坚实基础。

二、数字化教学环境的构成

数字化教学环境主要由硬件基础设施和软件资源两大核心部分构成。这两大部分相互协作,共同为教学活动提供技术支持和资源保障。

(一)硬件基础设施

硬件基础设施是数字化教学环境的物理基础,主要包括以下几类设备:

1.计算设备:包括多媒体计算机、服务器等。这些设备是数字化教学环境的核心,用于存储、处理和传输教学信息。

2.显示设备:如投影仪、交互式电子白板、数字视频展示台等。这些设备能够将数字化的教学资源以直观、生动的形式呈现出来,便于学生理解和记忆。

3.网络设备:包括路由器、交换机、集线器等。这些设备构成了校园网络的基础,实现了教学信息的快速、稳定传输。

4.音频设备:如拾音器、对讲器、无线话筒、调音台、功放、扬声系统等。这些设备用于声音的采集、放大和传输,确保教学过程中的声音清晰、洪亮。

5.视频设备:高清摄像机、视音频编码器、VGA 编码器、高清编码器等。这些设备用于视频的录制、编码和传输,便于教师进行远程教学或制作教学资源。

6.其他辅助设备:如全自动跟踪摄像系统、多媒体网络交换控制系统等。这些设备能够进一步提高数字化教学环境的智能化和自动化水平。

(二)软件资源

软件资源是数字化教学环境的重要组成部分,主要包括以下几类:

1.操作系统:如 Windows、Linux 等。操作系统是计算机系统的核心,为其他软件提供了运行的基础。

2. 教学平台:如"中国大学慕课""UMU互动学习平台""粤教翔云"等在线学习平台,以及学校自主研发的校本教学平台。这些平台支持在线课程发布、学习资源管理、学生作业提交和批改等功能,为师生提供了便捷的教学和学习环境。

3. 教学资源:包括电子教材、多媒体课件、网络课程、虚拟实验室等。这些资源以数字化的形式呈现,便于学生随时随地访问和学习。

4. 学习工具:如电子笔记、在线协作工具、学习分析系统等。这些工具能够帮助学生更好地进行知识构建、协作学习和自我评估。

5. 管理软件:包括网络管理软件、设备管理软件、教学资源管理软件等。这些软件用于监控和管理数字化教学环境的各个组成部分,确保其正常运行和高效利用。

第二节 多媒体教学环境与多媒体教学

多媒体可以理解为直接作用于人感官的文字、图形、图像、动画、声音和视频等各种媒体的统称,即综合多种信息载体的表现形式和传递方式的一种技术。多媒体技术不是各种信息媒体的简单复合,它是一种把文本、图形、图像、动画和声音等形式的信息结合在一起,并通过计算机进行综合处理和控制,能支持完成一系列交互操作的信息技术。多媒体教学环境是数字化教学环境的重要组成部分,是学校开展数字化教学的基础条件。

一、多媒体教学环境

多媒体教室是多媒体教学环境的代表,是指利用计算机、投影仪、音响设备、电子白板等多媒体设备和技术,将文字、图像、声音、视频等多种媒体形式有机结合,用于支持教学活动的现代化教室。它通过丰富的视听手段,增强教学内容的呈现效果,提升学生的学习兴趣和参与度。随着我国经济实力的增长,随着国家"三通两平台"的实施,多媒体教室已经成为各类学校的标配。

(一)多媒体教室的类型

根据设备配置和功能特点,多媒体教室主要分为以下几种类型:

1.投影机型多媒体教室

特点:以投影仪为核心设备,将计算机或其他设备的内容投射到大屏幕上。

适用场景:适用于普通课堂教学,适合展示 PPT、视频、图片等多媒体内容。

2.交互式电子白板型多媒体教室

特点:配备交互式电子白板,支持触摸操作和实时标注,增强师生互动。

适用场景:适合需要频繁互动和标注的课程,如数学、物理等。

3.一体机型多媒体教室

特点:采用一体机(集成计算机、显示屏、音响等设备),结构紧凑,操作简便。

适用场景:适合空间有限的教室,或对设备集成度要求较高的场景。

(二)多媒体教室的软硬件设备

多媒体教室的设备和工具可以分为硬件和软件两部分:

1.硬件设备

(1)显示设备

投影仪、电子白板、液晶显示屏、一体机等。

(2)音频设备

音响系统、麦克风、功放等。

(3)控制设备

中央控制系统等用于集中管理设备开关、信号切换等。

(4)输入设备

计算机、平板、实物展台等用于展示实物或文档。

(5)网络设备

路由器、交换机(支持网络连接和资源共享)。

(6)其他设备

摄像头(用于录制课堂内容)、灯光控制系统等。

2.软件工具

(1)教学软件

WPS、PowerPoint、Focusky 等用于制作和演示课件。

(2)互动及资源管理工具

电子白板软件(如希沃白板、SMART Notebook、Microsoft Whiteboard 等)、在线投票工具(如问卷星、雨课堂、微助教、超星学习通等)。

(3)数据分析工具

用于分析学生学习行为和教学效果的软件。

(三)多媒体教室的教学功能

多媒体教室具备多种功能,能够满足现代教学的多样化需求。

1.教学展示功能

多媒体教室配备大屏幕投影仪、电脑、音响等设备,可以展示教师准备的课件、视频、音频等材料,使学生更直观地理解课程内容。同时,通过互动白板,教师可以进行实时书写和标注,增强教学的互动性和生动性。

2.视听体验功能

多媒体教室提供高质量的视听体验,音响系统和显示设备经过优化,能够传递清晰的声音和逼真的图像,使教学过程更加流畅和愉悦。

3.互动教学功能

教室支持多种互动方式,如通过互动白板让学生直接在屏幕上答题和操作,增强参与感和实际操作能力。此外,配备麦克风和扩音系统,促进课堂讨论和交流。

4.辅助教学管理功能

多媒体教室通常配备智能化管理系统,可以进行设备控制、课程安排、学生管理等任务。教师可以通过管理系统远程控制多媒体设备,实现无缝切换教学素材。

二、基于多媒体教学环境的多媒体教学

(一)多媒体教学环境下的教学模式

1.讲授式教学模式

在传统的以教为中心的教学模式中,多媒体主要用于教学内容的演示,所谓教学演示是指根据教学计划和大纲要求,采用多媒体的表现方式,将教学的主要内容、材料、数据、示例等呈现在特定的显示设备上,以辅助教师的讲解,从而达到知识的高质量的传播,在一机多人的多媒体教室里,教师通过多媒体和电子投影仪的结合,将教学内容的重点、难点以图片、活动图像或自制动画的方式表现出来,有利于学生的理解和接受,从而达到知识的有效传播。

2.演示式教学模式

实物本身具有直观性和具体性,学生可以通过视觉直接观察到实物的形状、颜色、结构等特征,这种直观的感知比单纯的文字及动画描述更易于理解和记忆。视频展示台可以清晰地将实物及操作过程投射到大屏幕上,使每位同学都可以清晰地观察到实物及操作过程,教师还可以利用其放大、聚焦等功能,突出实物及操作的关键细节,还可以对展示过程进行录制,便于后续讨论、复习及总结。

(二)多媒体教学应注意的问题

在多媒体教室上课,课前需检查设备是否正常运行,应提前熟悉多媒体教室的设备操作,包括投影仪、电子白板、音响系统、视频展示台、操作台等,避免因不熟悉操作导致课堂延误。

准备移动硬盘或 U 盘,备份教学资料,确保教学课件、视频音频文件等资料完整无缺,提前在教室电脑上试播,检查文件能否正常打开、播放,如需特殊播放软件或平台,及时安装,避免出现格式不兼容、网络故障等导致课堂延误。

规范操作设备,如关闭投影仪后等待散热再切断电源,避免频繁开关机。避免在设备运行时强行拔插连接线等操作,以免损坏设备。

第三节 混合式教学环境与混合式教学

混合式教学(Blended Learning)是一种将传统面对面教学与在线学习有机结合的教学模式。它通过整合线上和线下的教学资源与活动,为学生提供更加灵活和个性化的学习体验。混合式教学不仅保留了传统课堂的互动性和教师的引导作用,还充分利用了在线学习的便捷性和丰富资源,有助于提升教学效果和学习效率。

一、混合式教学环境

混合式教学环境是指支持混合式教学的物理和虚拟空间,不仅包括传统的教室设施,还整合了数字化工具和在线平台,旨在通过技术手段优化教学过程,提升学习效果。

(一)硬件环境

1.传统教室设备:黑板、投影仪、电子白板、音响系统等。
2.学生终端设备:计算机、平板、智能手机等,用于在线学习和互动。
3.网络基础设施:Wi-Fi、局域网等,确保网络连接的稳定性和高速性。
4.录播设备:摄像头、麦克风等,用于录制课堂内容或进行远程教学。

（二）软件环境

1.学习管理系统（LMS）

学习管理系统是混合式教学和在线学习的核心工具，它通过集中管理课程、学生和资源，支持灵活、互动和数据驱动的教学模式。教师可以通过 LMS 发布课程、布置作业、跟踪学习进度，学生可以通过 LMS 访问资源、参与互动、完成学习任务。

常见的学习管理系统有：

（1）超星学习通

超星学习通提供丰富的教学功能，包括课件上传、作业布置、测验考试、讨论互动等，支持教师创建课程、组织教学活动，并实时跟踪学生的学习进度，数据与超星平台无缝对接，便于教学资源管理和分析。

官网链接：https://app.chaoxing.com

（2）雨课堂

雨课堂能结合 PPT 和微信小程序，教师可以直接在 PPT 中插入测验题目或投票，学生通过微信扫码参与课堂互动，操作简单。雨课堂提供课堂互动、作业布置、考试测评等多种功能，数据可自动同步到云端，便于教师分析和管理。

官网链接：https://www.yuketang.cn

（3）学堂在线

学堂在线能提供丰富的在线课程资源，支持 MOOC（大规模开放在线课程）模式，教师可以创建专属课程，并进行教学设计和管理，支持多种教学活动（如测验、讨论、作业等），并提供数据分析报告。

官网链接：https://www.xuetangx.com

2.在线教学工具

在线教学工具是现代教育的重要组成部分，它们为教师和学生提供了便捷的教学和学习方式。

常见的在线教学工具有：

（1）腾讯会议

腾讯会议全平台一键接入音视频、智能降噪、美颜、背景虚化、锁定会议、屏幕共享、参会者在线视音频交互等功能，具备录制功能，可生成课程回放供学生复习。

官网链接：https://meeting.tencent.com

（2）钉钉（Ding Talk）

钉钉是阿里巴巴集团打造的企业级智能移动办公平台，其拥有集成直播、录播、作业布置、成绩管理等功能，可以支持大班直播和小班互动，适合多种教学场景，能提供班级群聊功能，方便师生沟通。

钉钉还可以直接在群组中开启会议，可以直接与好友开启单独的视频会议。除此之外，钉钉电脑版上还可以发起直播，可以进行视频和课程直播。

（3）Zoom

如果要进行国际交流、讨论，可以使用Zoom，它是一款在国外广受欢迎的视频会议和在线协作工具。

Zoom支持高清音视频通话，能够提供流畅的实时通信体验，具备自动降噪功能，减少背景噪声干扰，用户可以选择虚拟背景，提升隐私性和个性化体验，支持将参会者分成多个小组进行独立讨论，适合团队协作场景，支持多种屏幕共享模式，包括窗口、应用或整个桌面。

官网链接：https://www.zoom.com/zh-cn

其他在线教学工具有学习通、Google Classroom等，其功能和上面的教学工具相似。

（三）线上教学资源

线上教学资源是混合式教学的重要组成部分，为教师和学生提供了丰富的学习材料和工具，涵盖了从电子书、在线课程到虚拟实验室等多种形式。

常见的线上教学资源类型有：

1.电子书与电子教材

电子书与电子教材是以数字化形式呈现的书籍和教材，支持在线阅读和下载，常见格式有：PDF、ePub、mobi等。其优势是便于携带和存储，学生可以随时随地访问，支持搜索、标注和笔记功能，方便学习。

常见的电子书平台有Google Books、超星电子书、Kindle。

2.在线课程

在线课程是教育领域的新常态，它们提供了前所未有的学习机会，让学习者可以在任何时间、任何地点获取知识和技能。

在线课程是指通过互联网平台进行的教学课程，它突破了传统教室的物理限制，使学习者可以在家中、图书馆、咖啡馆等任何有网络连接的地方进行学习。在线课程通常包括视频讲座、阅读材料、在线测验、讨论区等学习资源，学习者可以根据自己的节奏和兴趣进行学习。在线课程的优势在于其灵活性和个性化，学习者可以根据自己的时间安排和兴趣选择适合自己的课程。

3.虚拟实验室与仿真工具

虚拟实验室是一种基于Web技术和VR虚拟现实技术构建的开放式网络化的虚拟实验教学系统。它由虚拟实验台、虚拟器材库和开放式实验室管理系统组成，为学生提供了一个数字化的实验环境，可以在其中进行各种虚拟实验操作。仿真工具是用于模拟真实系统或过程的软件或平台。它们通过数学模型和算法来模拟系统的动态行为,帮助用户进行分析、预测和优化。

常见平台:

(1)NOBOOK 虚拟实验室(https://www.nobook.com/index.html)

NOBOOK 虚拟实验室是国内知名虚拟仿真实验平台,致力于通过虚拟现实技术为教育领域提供高效、安全且丰富的实验教学解决方案,广泛应用于中小学理化生等学科的实验教学,为师生打造沉浸式虚拟实验环境,提升教学效果与学生学习体验。

(2)Labster(https://www.labster.com/)

Labster 是一个提供虚拟实验室仿真平台的在线教育工具,主要用于科学教育领域。它通过虚拟现实(VR)和 3D 模拟技术,为学生提供沉浸式的实验体验,涵盖生物、化学、物理、工程等多个学科。

(3)PhET(https://phet.colorado.edu/)

PhET 是由美国科罗拉多大学博尔德分校(University of Colorado Boulder)开发的一个免费在线教育平台,提供物理、化学、生物、地球科学和数学等学科的互动模拟实验。PhET 的目标是通过互动式的学习工具,帮助学生更好地理解复杂的科学和数学概念。

(4)ChemCollective(https://chemcollective.org/)

ChemCollective 是一个由美国卡内基梅隆大学(Carnegie Mellon University)开发的在线化学教育平台,提供虚拟实验室和互动化学实验模拟。旨在帮助学生通过虚拟实验更好地理解化学概念,并支持教师设计和分享化学实验课程。

线上教学资源为教师和学生提供了丰富的学习材料和工具,涵盖了从电子书、在线课程到虚拟实验室、互动课件等多种形式。教师可以根据教学需求选择合适的资源,学生也可以通过这些资源进行自主学习和复习。合理利用线上教学资源,可以显著提升教学效果和学习体验。

二、基于混合式教学环境的混合式教学

混合式教学包含同步和异步学习工具,可以提供以最优方式安排有效学习过程的可能性。混合式教学不是简单地将线上和面对面教学活动混合,而是一个精心设计的两种模式的有机结合,混合式教学通过将面对面的学习活动与在线学习活动相结合,增强了教师和学生的教学体验。

(一)线上教学环节

1.教学准备

学习资源准备:教师根据教学目标和内容,精心挑选或制作适合线上学习的资源,如教学视频、课件、电子教材等,并上传至学习平台。

学习任务布置:明确线上学习的任务和要求,如观看视频、阅读资料、完成预习作业等,让学生清楚知道需要做什么。

学习平台搭建与维护:确保学习平台稳定运行,提前测试平台的各项功能,如视频播放、作业提交、讨论区等,保证学生能够顺利进行学习。

2.教学实施

学生自主学习:学生按照教师布置的任务,自主安排时间进行线上学习,通过观看教学视频、阅读资料等方式获取知识。

互动交流:教师在平台上设置讨论区或论坛,鼓励学生就学习内容进行提问、讨论和交流,教师及时参与并引导讨论方向,解答学生疑问。

学习监督与反馈:教师通过学习平台的数据分析功能,了解学生的学习进度和参与度,对学习困难的学生进行个别辅导,同时根据学生的学习情况调整后续教学内容和方法。

3.知识梳理与学习评价

知识梳理与巩固:教师在线上对学习内容进行总结梳理,帮助学生巩固所学知识,加深理解。

学习评价:通过在线测试、作业等方式对学生的学习效果进行评价,及时反馈评价结果,让学生了解自己的学习情况和不足之处。

(二)线下教学环节

1.教学准备

线上教学分析反馈:教师在课堂上简要回顾线上学习的主要内容,通过提问、讨论等方式了解学生的学习情况,为线下教学做铺垫。

教学资源准备:准备好线下教学所需的教具、实验器材等教学资源,确保教学活动能够顺利开展。

2.实施阶段

知识讲授与拓展:根据学生在线上学习的反馈,教师在课堂上有针对性地进行知识讲授和拓展,解答学生在自主学习中遇到的疑难问题,进一步深化学生对知识的理解。

互动交流与讨论:组织学生进行小组讨论、案例分析等互动活动,促进学生之间的交流与合作,培养学生的团队协作能力和批判性思维。

实践操作与演练:安排学生进行实践操作、实验等实践活动,让学生在实践中巩固理论知识,提高动手能力和解决实际问题的能力。

教师指导与反馈:教师在学生实践过程中进行巡视指导,及时发现学生存在的问题并给予纠正和反馈,确保学生能够正确掌握所学知识和技能。

3.教学总结

总结归纳:教师对本节课的教学内容进行全面总结,强调重点和难点,帮助学生构建完整的知识体系。

作业布置:根据教学内容和学生的学习情况,布置适量的课后作业,巩固学生所学知识,培养学生的自主学习能力。

(三)实施混合式教学的注意事项

1.线上线下衔接自然流畅

教师要合理安排线上和线下教学内容,确保两者之间相互衔接、相互补充,避免出现脱节或重复的情况。

2.整合多种教学资源

充分利用线上丰富的教学资源,同时结合线下实际教学情况,整合出适合学生学习的优质教学资源,提高教学效果。

3.关注学生学习情况

在教学过程中,教师要密切关注学生的学习状态和学习效果,及时调整教学策略和方法,满足不同学生的学习需求。

4.开展多元化教学评价

采用多元化的教学评价方式,既要关注学生的学习结果,又要关注学生的学习过程,全面客观地评价学生的学习表现和学习成果。

相对于传统教学,混合式教学具有很多优势,如提高学生的学习参与度,加强师生互动,增强学习积极性,增强学生时间管理能力,提高学生的学习成果,提供更灵活的教学环境和更好的体验式学习机会。混合式教学还可以提高学生的信息技术学习技能,这是成为终身学习者的必要条件。

混合式教学在具体实施当中还面临一些挑战,如教师的信息技术应用能力还需进一步提高;教师需要加强团队建设和分工,提高备课效率和线上资源建设速度。教师还应加强教学管理及评价能力,做好学生学习的促进者;学生应提高自律和时间管理能力,新的教学模式也需要学生转变角色,变被动学习为主动学习。从单兵作战到合作学习,提高自己的学习能力,成为一个终身学习者。

第四节　智慧教学环境与智慧教学

一、智慧教学环境

智慧教学环境是指利用物联网、大数据、人工智能、云计算等先进技术构建的智能化、数字化的教学场所和平台。它通过实时监测学生的学习状态和学习效果,为教师提供精准的教学支持和决策依据,同时为学生提供个性化的学习体验。智慧教学环境的核心目标是提升教学效率、优化学习效果,并推动教育模式的创新。

(一)智慧教学环境的硬件构成

智慧教学环境的硬件构成是支撑其智能化功能的基础,主要包括以下部分:

1.智能黑板:支持触摸操作、实时标注、内容保存和共享,教师可以通过智能黑板展示多媒体教学内容,并与学生进行互动。

2.智能课桌:支持多点触控、小组协作、内容共享,学生可以通过智能课桌完成小组讨论和协作任务。

3.智能投影仪:支持高清投影、无线连接、互动操作,教师可以通过智能投影仪展示教学内容,并与学生进行实时互动。

4.环境监测传感器:实时监测教室的温度、湿度、光照等环境参数,自动调节灯光、空调等设备,为学生提供舒适的学习环境。

5.学生行为监测传感器:通过摄像头、可穿戴设备等,实时监测学生的学习状态(如注意力、参与度等),为教师提供教学反馈。

6.数据中心:存储和管理教学数据、学生数据、课程资源等,支持大规模数据处理和分析。

7.云计算平台:提供强大的计算能力和存储能力,支持教学管理系统、学习分析系统等软件的高效运行。

8.学生终端设备:平板电脑、笔记本电脑、智能手机等,学生可以通过这些设备访问在线资源、参与课堂互动、完成作业和测验。

（二）智慧教学环境的软件构成

智慧教学环境的软件构成（见图 2-1）是实现智能化教学的核心，主要包括以下系统：

1.教学管理系统

支持教师管理课程内容、布置作业、进行在线考试等，能与硬件设备无缝集成，支持自动化考勤、课堂互动、学习数据分析等功能。

2.学习分析系统

通过大数据技术分析学生的学习行为，提供学习进度、成绩预测等数据，支持实时反馈和个性化学习路径推荐，帮助教师优化教学策略。

3.智能评估系统

通过 AI 技术自动评估学生的作业和考试，提供即时反馈，支持多种题型（如选择题、填空题、简答题等），可以自动生成成绩报告。

4.个性化学习平台

根据学生的学习数据，推荐适合的学习资源和学习路径，能支持自适应学习，学生可以根据自己的进度和兴趣选择学习内容。

5.虚拟现实（VR）与增强现实（AR）系统

提供沉浸式学习体验，如虚拟实验室、历史场景重现等，通过 VR 和 AR 技术，增强学生的学习兴趣和理解能力。

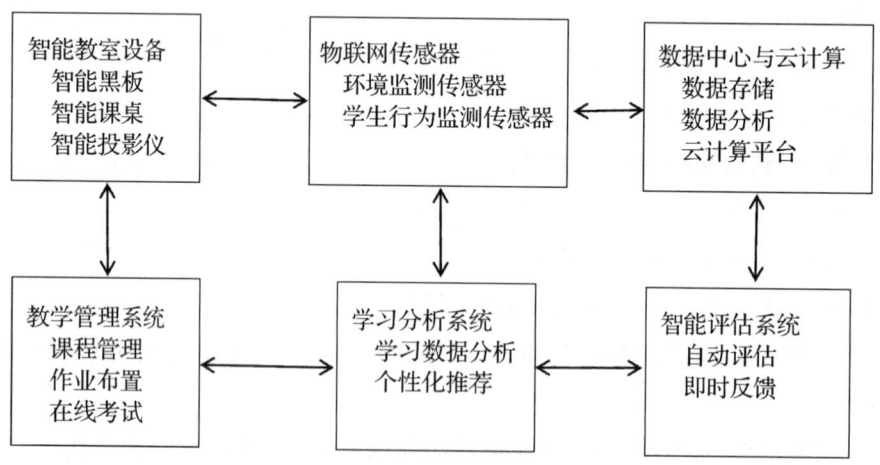

图 2-1 智慧教学环境的架构图

二、智慧教学环境的主要功能

(一)智能黑板的应用

智能黑板是智慧教学环境中重要的教学工具,它集成了传统黑板与现代多媒体技术的优点,为教学提供了更加丰富的展示形式和互动体验。

1.多媒体内容展示

教师可以通过智能黑板展示多种格式的多媒体教学内容,如 PPT、视频、动画等。这种形式不仅能够吸引学生的注意力,还能帮助学生更直观地理解复杂的概念。

2.实时标注与互动

智能黑板支持教师在展示内容上进行实时标注和批注,学生也可以通过连接的智能设备(如平板电脑或手机)参与课堂互动,例如实时提问、答题和讨论。这种互动能够增强学生的参与感和学习积极性。

3.教学资源的无缝整合

智能黑板可以与学校的教学资源平台无缝对接,教师能够快速调用和展示预先准备好的教学资源,从而提高教学效率。

(二)学生行为监测传感器的应用

通过摄像头、可穿戴设备等传感器,智慧教学环境能够实时监测学生的学习状态,如注意力、参与度等。

1.实时数据监测

利用摄像头和图像识别技术,系统可以实时监测学生的课堂表现,包括出勤率、前排就座率以及课堂参与度等。这些数据能够帮助教师及时了解学生的学习状态。

2.个性化教学调整

教师可以根据监测数据调整教学节奏和内容。例如,如果发现学生在某个知识点上注意力不集中,教师可以适当调整讲解方式或增加互动环节。

3.行为分析与反馈

系统通过多模态数据(如文本、视频、语音等)分析对学生的课堂行为进行分类和分析,从而为教师提供详细的课堂行为报告。

(三)学习分析系统的应用

学习分析系统通过大数据技术对学生的学习行为和学习成果进行分析,为教师和学生提供个性化的反馈和建议。

1. 个性化学习建议

系统根据学生的学习进度、作业完成情况、测验成绩等数据,生成个性化的学习建议。例如,为学习进度较慢的学生推荐补充学习资源。

2. 教学策略优化

教师可以根据学习分析系统的报告,了解学生的学习难点和薄弱环节,从而优化教学策略。例如,针对学生普遍存在的问题,教师可以安排专门的辅导课程。

3. 动态监测与预警

学习分析系统能够实时监测学生的学习状态,对可能出现的学习问题(如成绩下滑、参与度降低)进行预警,帮助教师及时干预。

(四)虚拟现实(VR)与增强现实(AR)的应用

VR 和 AR 技术为学生提供了沉浸式的学习体验,极大地提升了学习兴趣和理解能力。

1. 沉浸式学习场景

学生可以通过 VR 设备进入虚拟实验室、历史场景重现等沉浸式学习环境。例如,在学习物理实验时,学生可以在虚拟实验室中自由操作实验设备,而不受实际条件的限制。

2. 增强现实辅助教学

AR 技术可以将虚拟信息与现实场景相结合。例如,在学习生物课程时,学生可以通过 AR 设备观察虚拟的细胞结构与实际标本的结合。

3. 提升学习兴趣与理解能力

沉浸式体验能够激发学生的学习兴趣,帮助他们更好地理解抽象概念,从而提高学习效果。

(五)个性化学习平台的应用

个性化学习平台通过智能算法为学生提供定制化的学习路径和资源,满足不同学生的学习需求。

1. 自适应学习资源推荐

平台根据学生的学习数据(如学习进度、兴趣偏好、知识掌握程度等)推荐适合的学习资源,如视频教程、练习题、学术文章等。

2. 动态学习路径规划

学生可以根据自己的学习进度选择学习路径,平台会根据学生的表现动态调整学习计划。例如,如果学生在某个知识点上掌握较好,平台会自动跳过相关内容。

3.智能助教与辅导

平台配备AI智能助教,能够实时回答学生的问题,提供学习建议,帮助学生自主学习。

三、基于智慧教学环境的智慧教学

在智慧教学环境中,智慧教学通过深度融合信息技术与教育教学理念,形成了多种创新的教学方式,以满足不同学生的学习需求,提升教学效果。

(一)多维互动教学模式

1.人机协同互动

智能黑板支持多屏联动与手势操控,教师可实时调用云端资源库(如3D模型库、虚拟仿真系统),实现跨学科知识可视化呈现。例如,在物理教学中通过AR技术动态演示电磁场分布,学生可通过移动终端进行多角度观测。

学生行为监测系统(如眼动仪、表情识别摄像头)实时捕捉和识别学习者注意力分布,自动生成课堂参与热力图,为教师调整互动策略提供数据支持。

2.生生协作互动

智能课桌内置协作白板与无线投屏功能,支持小组实时协同编辑文档、绘制思维导图。系统自动记录协作过程数据,并通过同伴互评算法生成小组协作效能评估报告。

虚拟现实(VR)实验室创设沉浸式研讨空间,如历史事件虚拟重现场景中,学生以第一人称视角参与"历史决策模拟",通过语音交互与虚拟人物辩论,培养批判性思维。

3.虚实融合互动

学生通过移动终端扫描实体教具二维码即可调取关联微课视频、三维动画解析。例如,在生物实验课中,扫描显微镜下的细胞样本即可触发显微结构动态演示。5G直播课堂支持多校区同步互动,主讲教师通过AR眼镜实现"虚实叠加"教学示范,远程学生端同步接收第一视角画面并参与实时问答。

(二)精准适配教学模式

1.学习者画像构建

多模态数据采集系统整合课堂表现(眼动/语音/交互频率)、作业完成轨迹(作答时长/修改痕迹)、在线学习日志(资源访问路径/互动参与度)等多维度数据,生成包含认知特征、学习风格、情感状态等的学习者画像。

基于知识图谱的诊断系统自动定位知识盲区,如数学学科通过错题聚类算法识别学生代数运算中的"符号混淆"症结,生成个性化补救方案。

2. 动态资源推送

自适应学习引擎根据学习者画像匹配最优学习路径,如英语写作教学中对词汇量不足的学生自动推送分级词汇微课,对句法错误频发的学生推送语法专项训练包。

微认证体系贯穿学习过程,学生完成特定技能模块(如 Python 基础编程)学习后可获得数字徽章,动态更新的能力证书可直接嵌入电子档案袋。

3. 即时反馈调节

智能评测系统实现作业自动批改与多维度分析,如作文批改系统不仅能识别语法错误,还能通过语义网络分析判断论证逻辑的严密性,并提供修改建议。

课堂应答系统支持复杂题型(如电路设计题)的实时群体决策分析,系统自动统计各选项选择比例并生成概念认知雷达图,辅助教师及时调整教学重心。

(三)虚实融合探究模式

1. 扩展现实(XR)探究

虚拟仿真实验室高危实验提供安全的操作环境,如化学实验中可通过 VR 模拟有毒气体泄漏应急处理流程,系统可实时记录操作规范度并生成风险评估报告。

增强现实(AR)地理考察系统可将虚拟地质构造叠加真实地形影像,学生在校园内即可开展地貌演化探究,通过移动设备拍摄 AR 影像即可获取岩石样本的地质年代数据。

2. 创客式项目学习

智慧工坊配备 3D 打印机、激光切割机、物联网套件等创客工具,学生基于项目需求自主调用资源。例如,智能家居设计项目中,学生可以通过智能硬件开发板实现温湿度传感器与自动窗帘的联动控制。

3. 游戏化深度学习

教育游戏引擎支持教师自定义闯关任务,如在"丝绸之路"历史主题游戏中,学生扮演商队领袖需解决货币兑换(数学)、线路规划(地理)、文化冲突(历史)等复合型问题。

区块链技术可建立学习成就认证体系,学生在虚拟社区中完成的协作任务、创新发明均可转化为可追溯的数字凭证,纳入综合素质评价系统。

四、智慧教学与传统教学的区别

智慧教学并非单纯的技术叠加,而是教育理念革新与技术赋能深度融合的产物。

相较于传统教学,智慧教学在底层逻辑、实施路径和教育价值层面呈现出系统化变革特征,具体差异体现在以下三个核心维度。

(一)教学理念的重构

表 2-1　传统教学与智慧教学对比 1

对比维度	传统教学	智慧教学
教育哲学基础	行为主义主导(知识传递导向)	建构主义支撑(能力培养导向)
教学目标定位	知识记忆与标准化考核	核心素养发展与创新能力培养
师生关系模式	教师中心(权威式知识传授)	学生主体(引导式知识建构)
技术角色认知	辅助工具(PPT演示、作业批改)	认知伙伴(学情分析、智能决策)

传统课堂中,教师依赖"粉笔+黑板"单向输出知识,学生被动接受;智慧课堂则通过自适应学习系统实现"千人千面"的资源推送和个性化学习。如数学学科中 AI 可根据学生解题过程动态调整例题难度,使学习路径从"齐步走"转向"个性跑"。

(二)教学范式的转型

表 2-2　传统教学与智慧教学对比 2

对比维度	传统教学	智慧教学
教学组织形式	班级授课制(固定时空约束)	虚实融合教学(时空弹性化)
互动模式特征	师生单向互动为主	多维协同互动(人机/生生/虚实)
评价机制	终结性评价(考试成绩主导)	过程性评价(学习轨迹全景画像)
资源供给方式	静态资源库(教材+课件)	动态资源生态系统(自动生成/智能推荐)

传统课堂多依赖教师口述与图片展示;智慧课堂可以通过 VR 技术构建虚拟场景,学生佩戴设备即可进入虚拟场景,在交互式导览中完成自主探究学习,理解从二维平面转向三维沉浸。

(三)技术赋能的进阶

表 2-3　传统教学与智慧教学对比 3

对比维度	传统教学	智慧教学
技术应用层次	工具替代(PPT替代板书)	认知增强(AI驱动个性化学习)
数据应用水平	经验判断(凭感觉调整教学)	数据决策(学习分析系统赋能)
系统开放程度	封闭式系统(独立软硬件)	开放式生态(云端协同+跨平台整合)
创新支持能力	低(技术作为点缀)	高(催生新型教学模式)

智慧教学通过构建"感知—分析—决策—执行"闭环系统实现教学效能倍增。例如,英语听说课堂中,AI 口语评测系统可实时捕捉学生发音误差,并联动智能语音助

手提供纠错示范,形成"检测—反馈—修正"的智能训练回路。

『本章知识总结』

【主要知识点】

1.数字化教学环境的定义与构成

以现代信息技术为核心的多维教育生态系统,通过融合计算机网络、物联网、大数据等技术,重构教学资源、工具与空间,支持智能化教学与个性化学习。

构成:硬件基础设施、软件资源。

2.典型教学环境的分类与特点

①多媒体教学环境

硬件:投影仪、电子白板、音响系统等。

教学模式:讲授式(PPT演示)、演示式(实物展示台)。

②混合式教学环境

构成:线下教室(黑板、投影仪)+线上平台(LMS、腾讯会议)+线上教学资源。

教学模式:同步(直播互动)与异步(自主学习)结合,强调"线上预习—线下深化—线上巩固"的闭环。

③智慧教学环境技术支撑:物联网、AI、VR/AR、大数据分析。

核心功能:智能黑板(实时标注)、学生行为监测(注意力分析)、学习分析系统(个性化推荐)、VR/AR沉浸式学习。

3.教学模式对比与创新

传统教学:单向知识传递,以教师为中心,工具辅助有限(如PPT)。

智慧教学:多维度互动(人机协同、生生协作、虚实融合),数据驱动决策(学情分析、动态资源推送),支持个性化与创新能力培养。

【重难点解析】

1.混合式教学的有效衔接

线上资源(如虚拟实验室)与线下活动(如小组讨论)需逻辑连贯,避免脱节。例如,学生线上预习实验原理,线下进行实体操作验证。

2.智慧教学环境的系统集成:智能硬件(如传感器)与软件(学习分析系统)需协同工作。例如,通过对学生行为数据(注意力、互动频率)进行AI分析,实时调整教学策略。

『本章学习反思』

【认知冲突】

理论理想与实操差距：

混合式教学倡导"线上线下自然衔接"，但学生自律性差异大，异步学习任务完成度低，如何设计激励机制（如游戏化积分）提升参与度？

【行动启示】

强化数据素养培训

需掌握基础数据分析技能（如学习平台日志解读），避免智慧环境沦为"数据展示橱窗"。

【未来追问】

当 AI 能自动生成个性化学习路径时，教师角色如何从"知识传递者"转向"情感引导者"与"创新催化剂"？

如何在无网络教室中，通过离线工具（如预装虚拟实验的平板）实现沉浸式学习？

如何在量化智慧教学效果（如课堂互动率）的同时，保留对学生批判性思维、合作能力的质性评价？

『本章拓展学习资源』

学习资源编号	学习资源类型	学习资源名称	资源获取方式
2-1	学术论文	"知情共育"智慧教育新范式：内涵与进路（王一岩、塔卫刚、郑永和，电化教育研究，2025.2）	中国知网、期刊官网
2-2	书籍	《智慧学习》（杨玲，中国书籍出版社，2023）	各大电商书店、图书馆
2-3	学术期刊	电化教育研究、中国电化教育	中国知网、期刊官网
2-4	政策文件	教育信息化标准化工作管理办法	教育部官网

『本章参考文献』

[1]曹晓明.数字化学习中的新媒体与新技术[M].北京：清华大学出版社，2022.

[2]杨玲.智慧学习[M].北京：中国书籍出版社，2023.

[3]刘和海，宋灵青.数字化学习："互联网+"时代学习科学与思维[M].芜湖：安徽师范大学出版社，2019.

[4]李志河.信息化时代的教学创新：环境、资源与模式[M].北京：中国社会科学

出版社,2020.

[5]郭娟.高校混合式教学改革与创新[M].北京:中国商务出版社,2023.

[6]朱瑞晶.多媒体教学环境能力点深度解析[M].长春:东北师范大学出版社,2021.

[7]杨现民,余胜泉.智慧教育体系架构与关键支撑技术[J].中国电化教育,2015(1):77-84+130.

[8]李思薇,刘斌.智慧教育环境下过程性评价的系统设计与实施策略[J].西部素质教育,2024.10(21):141-144.

[9]赵涛.智慧技术支持下混合式学习模式建构与实践研究[J].中国电化教育,2021(9):137-142.

[10]黄广芳,苏楠.混合式教学中技术赋能评价的实践及效果研究——基于国家一流课程《英语高级写作》的质性分析[J].电化教育研究,2024(6):94-101.

[11]孙立会,周亮.生成式人工智能融入国家中小学智慧教育平台的实践逻辑[J].中国电化教育,2024(8):71-79.

[12]罗江华,冯瑞.智慧教育平台的适应性服务框架和实施路径探析[J].中国电化教育,2024(6):46-53.

第三章　数字化教育资源的检索与获取

『本章知识图谱』

第一节　数字化教育资源检索概述
- 一、数字化教育资源的一般检索方法与途径
  - 网络资源检索的基本步骤
  - 网络资源检索的注意事项
- 二、数字化教育资源检索工具的分类与使用策略
  - 网络搜索引擎分类
  - 网络搜索工具的使用策略
- 三、搜索引擎的检索规则与技巧
  - 信息资源检索的一般规则
  - 搜索引擎的高级搜索

第二节　数字多媒体资源的获取
- 一、文本资源的获取
  - 文本识别
  - 文档格式转换
- 二、图像资源的获取
  - 通过截图工具获取图像
  - 以图识图
  - 各种图像网站分类
- 三、音视频资源的获取
  - 通过浏览器缓存下载音视频资源的方法
  - 使用专门工具下载音视频资源的方法

第三节　开放教育资源
- 一、国外开放教育资源
  - 开放课件项目与国际开放课件共享联盟
  - MOOC 资源
  - 其他开放教育资源
- 二、国内开放教育资源
  - 官方资源平台
  - MOOC 资源
  - 网络公开课
  - 国家开放大学系列课程

第四节　生成式人工智能应用
- 一、生成式人工智能概述
  - 生成式人工智能的定义
  - 生成式人工智能的发展历程
  - 生成式人工智能在教育领域的应用
- 二、生成式人工智能的使用
  - 基本语法规则
  - 与 AI 有效对话的逻辑
  - AI 智能体工具
- 三、生成式人工智能的伦理与法律问题
  - 生成内容的版权问题
  - 人工智能生成内容的可信度
  - 教育领域中的伦理考量

『本章学习任务清单』

1.在给定具体教学主题(如某一教学主题的教案)和资源需求场景下,能准确区分水平/垂直/AI搜索引擎的适用场景与核心差异,阐述其检索结果特点及效率差异,选择依据清晰合理。

2.运用布尔逻辑运算符(与、或、非)及限定词(site:、filetype:等)或高级搜索功能,能构建高效检索式,在限定时间内从指定平台或开放资源库中精准定位符合特定格式(如PPT课件)和主题(如"信息技术融入教学")的教学资源。

3.面对图文、音视频等多媒体教学素材获取任务(如无水印高清图、教学视频),能熟练运用文本识别、以图搜图、缓存提取或专业工具(如音频下载工具)等至少三种方法成功获取所需资源,并说明各方法的适用条件与效率考量。

4.在获取国内外开放教育资源(如国家智慧教育云平台、MOOC)时,能独立操作完成资源查找、筛选与下载流程,并评估所选资源在支持特定教学目标(如核心素养培养)上的适配性与质量优劣。

5.针对生成式AI生成的教学方案或素材(如智能体设计的教案),能识别其潜在的版权归属争议、内容可信度风险及伦理偏见,并阐述在教学应用中应遵循的负责任的使用原则与应对策略(如审核、标注来源、隐私保护)。

第一节 数字化教育资源检索概述

信息资源是可以为人类创造物质财富和精神财富的一切信息。可以从两个层面对其进行理解:从狭义上讲,信息资源是由信源发出,通过人脑和智能机器加工处理的一切信息;从广义上讲,信息资源是指人类社会信息活动中积累的以能创造物质财富和精神财富的信息为核心,以及参与加工、存储和利用这些信息的一切设备、技术、人才的集合,也就是与信息活动相关的各种资源的总称。

随着网络技术及其终端技术的高速发展,我们的信息渠道已不再局限于书籍、报纸、杂志等,人们大量地使用计算机、手机等电子化手段来获取数字信息资源。数字化信息资源是指以电子数据的形式,将文字、图像、声音、动画等多种形式的信息储存在光、磁等非印刷质的介质中,利用计算机通过网络进行发布、传递、储存的各类信息资源的总和。

数字化信息资源检索是人们在计算机或计算机检索网络的终端机上,使用特定的检索指令、检索词和检索策略,从万维网、局域网或特定资源信息数据库中搜寻所需信息,再由终端设备显示或打印的过程。本章所述数字化信息资源主要指数字化教育资源。

一、数字化教育资源的一般检索方法与途径

目前,在互联网中搜索信息,是以找到网址(URL)为目标,通过网址去访问和浏览网页信息。其主要方法如图3-1所示。

①在已知网址的情况下,直接进入网站主页浏览信息。
②在未知网址的情况下,通过其他站点的链接进入网站主页。
③在未知网址,也没有其他站点链接的情况下,通过查询检索,获得网站URL,进入网站主页。这里必须借助于Web检索工具——搜索引擎。

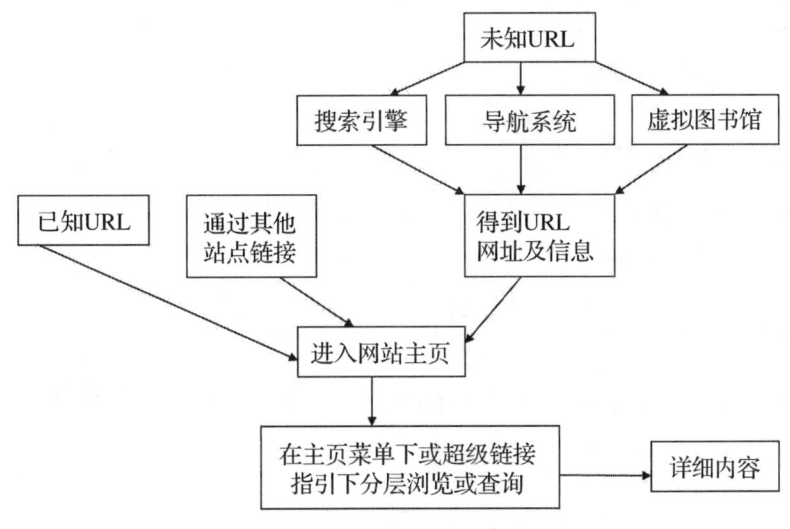

图3-1 网络资源的一般检索方法

二、数字化教育资源检索工具的分类与使用策略

数字化教育资源主要包括WWW万维网资源、FTP资源、Telnet资源、P2P资源等。本章主要论述如何获取WWW万维网资源。

(一)网络搜索引擎分类

1.水平搜索引擎

水平搜索引擎就是传统意义上的搜索引擎,主要指全文搜索引擎,用户可以通过在检索栏中输入检索词来检索几乎任何类型、任何主题的资源。水平搜索引擎匹配

的原则是网页描述与关键字的相关度,提供的搜索结果是网页链接。其收录的资源范围种类繁多、数量巨大,通过水平搜索用户可获取大量的信息,但同时也可能导致其搜索结果广泛而杂乱,使得搜索深度不深、相关度较低,甚至经常造成信息污染。

【示例】搜狗、百度。

2.垂直搜索引擎

垂直搜索引擎也被称为主题搜索引擎或者专业搜索引擎。与其他搜索引擎不同,它是专门针对某一特定领域或者主题提供搜索服务的。垂直搜索引擎专门收录某一方面、某一行业或某一主题的信息,在解决某些实际查询问题时比水平搜索引擎更高效。它能对网页库中的某类专门的信息进行一次整合,定向分字段抽取出需要的数据,进行处理后再以某种特定形式返回给用户,它是水平搜索引擎的细分和延伸,所提供的搜索结果是结构化的数据,用户几乎不需要打开网页就可以断定是不是自己需要的结果。

【示例】百度学术、搜狗微信、360公益。

3.AI智能搜索

AI智能搜索是指利用人工智能技术(如机器学习和自然语言处理)来改进和优化搜索引擎的功能和性能的搜索。它能够更精准地理解用户意图,提供个性化的搜索结果,并不断优化搜索算法以提高搜索效率和准确性。

我们可从表3-1理解AI智能搜索与传统搜索引擎的差异。

表3-1 AI智能搜索与传统搜索引擎的对比

特性	AI智能搜索	传统搜索引擎
技术基础	人工智能(机器学习、自然语言处理)	关键词匹配和网页排名
用户意图理解	能够理解复杂的自然语言查询,提供更精准的结果	主要依赖关键词匹配,理解能力有限
个性化推荐	根据用户历史行为和偏好,提供个性化的搜索结果	个性化程度较低,主要基于关键词和链接排名
搜索结果	提供整理好的答案或信息摘要,减少用户筛选信息的时间	提供链接列表,用户需自行筛选和判断
查询优化	通过机器学习不断优化搜索算法,提高搜索效率和准确性	依赖预定义的算法和规则,优化速度较慢
数据处理能力	能处理大规模的非结构化和结构化数据,提供实时洞察	主要处理结构化数据,处理非结构化数据能力有限
商业模式	可能依赖广告收入、高级搜索服务、定制智能体等多种盈利模式	主要依赖广告收入
隐私和安全	通过端侧计算减少对服务器资源的依赖,提高数据隐私性和安全性	依赖服务器资源,隐私和安全性相对较低

目前,国内主流的AI智能搜索主要有以下产品:

- 纳米 AI 搜索
- 天工 AI 搜索
- 秘塔搜索

以纳米 AI 搜索为例,当我们需要搜索朱自清的《背影》一文的教案时,它将会通过以下步骤进行搜索并返回结果:

①数据收集:AI 搜索引擎首先会广泛收集互联网上的相关信息,包括网页、图片、视频等多种形式的数据。这些数据随后会经过清洗、去重、分词等预处理步骤,转化为计算机可理解的格式。

②理解用户意图:当用户输入查询时,AI 搜索引擎会利用自然语言处理技术来理解用户的意图。这不是对关键词的简单匹配,而是通过分析用户的查询历史、上下文信息,甚至用户的情绪状态,来推断用户真正想要的内容。

③智能排序与筛选:在理解了用户的意图后,AI 搜索引擎会从海量的互联网资源中筛选出与用户需求相关的内容。这一过程依赖于复杂的机器学习模型和算法,它们能够评估每个网页或文档与查询的相关性、权威性、时效性等因素,并据此进行排序。

④语义理解与问答系统:AI 搜索引擎不仅限于提供网页链接,它还能进行更深层次的语义理解,直接回答用户的问题。这得益于自然语言处理技术的进步,使得计算机能够理解和分析人类语言中的复杂语义关系。

⑤个性化推荐:根据用户的历史行为和偏好,AI 搜索引擎能够提供个性化的搜索结果和推荐。这种推荐不仅基于用户的显性需求(如搜索关键词),还考虑了用户的潜在兴趣和偏好。

当完成上述步骤后,纳米 AI 搜索给出答案,如图 3-2 所示。

(二)网络搜索工具的使用策略

根据搜索引擎的分类及特点,在实际的搜索中,使用者可根据以下策略进行搜索引擎的选择与选用:

1.根据主题进行选择。由于不同的搜索引擎,其工作原理、产品范围、服务内容与搜索结果皆各有侧重,因此,在实际使用时可先具体了解不同搜索引擎的特点与差异,根据个人搜索主题进行精准选择,以便为自己选择最合适、最高效的搜索工具。从百度、搜狗、360 搜索、必应等搜索引擎的主页可以看出它们服务内容侧重点的差异。例如,如果需要搜索微信文章,可优先选择搜狗引擎中的"微信"版块进行搜索,这样就能高效获取微信文章信息。

2.根据需求进行选择。在实际搜索时,用户往往有明确的搜索目标,比如图片、视频、学术资源等。垂直搜索信息集中,往往能快速获取更专业和更深入的资源。因

图 3-2 纳米 AI 智能搜索示例图

而,在需要更专业的资源时,用户应优先使用垂直搜索引擎。其方法有以下两种:

①直接使用垂直搜索引擎。例如,如果我们需要查找学术资源,可先通过百度主页进入百度学术搜索(见图 3-3),即可通过相应的搜索获取大量的学术资源。

图 3-3 百度学术搜索主页图

②先找到导航网站再进行搜索。在网络中,有一类集成性网站不提供内容,而是专门针对某类主题或内容,进行网站地址的整理与呈现,这类网站称为导航网站。在

实际使用时,可使用类似"××网址导航""××网址宝典""××网址大全"之类的搜索关键词,先找到导航网站,再进入相应的主题搜索。例如,如果我们需要找设计资源,则可在水平搜索引擎中使用"设计网址大全导航"这样的关键词,先找到设计导航网站,再选择自己感兴趣的网站进行浏览,如图3-4所示。

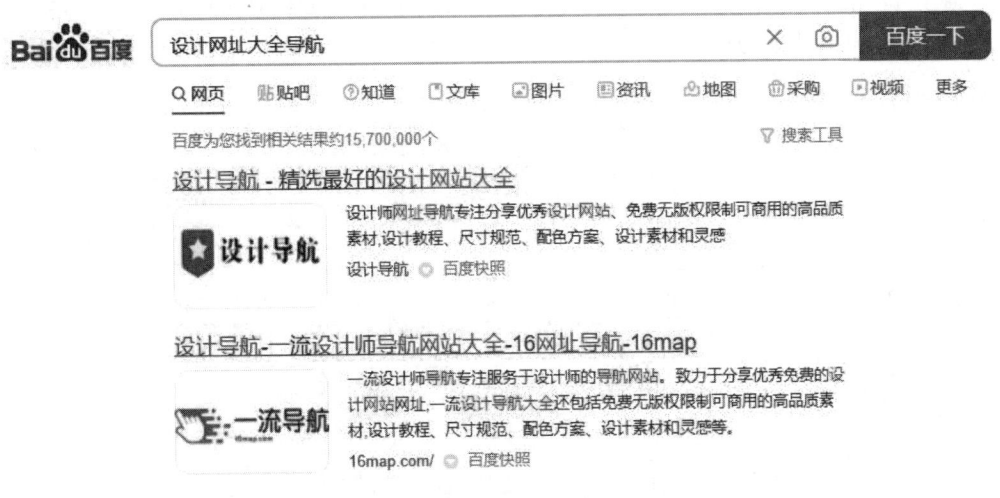

图3-4 水平搜索网站搜索技巧示例图

三、搜索引擎的检索规则与技巧

1.信息资源检索的一般规则

目前,信息资源的检索,主要通过设置关键词在搜索引擎中进行搜索。关键词设置时,除了需要科学、精确外,还可以借助运算符与限定词提高搜索效率。

(1)运算符

搜索式中的运算符主要包括与(空格)、或(|)、非(-)、双引号和书名号。在不同的搜索引擎中,其表示方法可能略有不同。以百度搜索为例,与、或、非运算符遵从布尔逻辑关系,所构成的关系见图3-5。

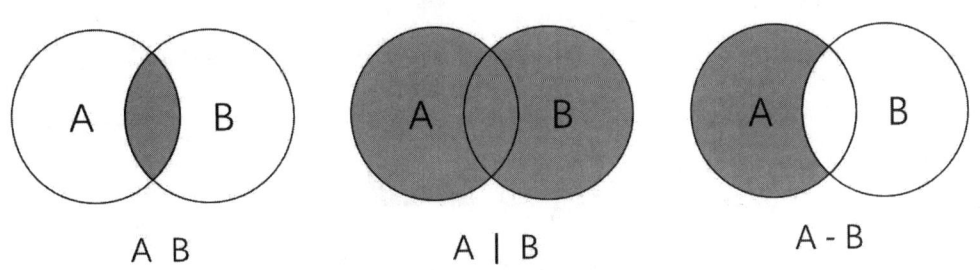

图3-5 三种布尔逻辑运算示意图

"A B"表示"A 与 B","与"运算符用空格表示,检索结果中会同时出现A和B信

息;"A|B"表示检索结果中包含 A 或 B 均可;"A−B"表示检索结果中只包括 A,不包括 B,也不包括同时包含 A 和 B 的信息;双引号运算符表示以完整的字句为单位检索。书名号则表示连符号一起作为一个整体检索单位。

(2)限定词

限定词是指用来限定检索的网域、搜索位置、文件类型的关键词。例如,要在清华大学网站查找"教育技术"的内容,可在检索框输入:教育技术 site:tsinghua.edu.cn,即可得到有关检索结果,限定词含义及用法如表 3-2 所示。

表 3-2 限定词用法一览表

限定词	含义	示例
define:	搜索网上的定义	define:教育技术
site:	在指定的网站或网域中搜索	site:tsinghua.edu.cn
inurl:	该词必须出现在 URL 中	inurl:设计
intitle:	该词必须出现在网页标题中	intitle:中国
intext:	该词必须出现在网页正文中	intext:清华大学
filetype:	搜索特定的文件类型(支持 ppt、doc、PDF 等常用格式)	文件检索 filetype:ppt

2.搜索引擎的高级搜索

在实际使用的时候,因为难以轻易记住上述所有规则,所以一些搜索引擎就开发了高级搜索功能,集成了一般的搜索规则,帮助用户实现更高效的搜索。下面,我们以百度高级搜索为例,说明如何进行高级搜索。

图 3-6 百度高级搜索

在图 3-6 的搜索设置中,【搜索结果】框中的"包含全部关键词""包含任意关键词""不包括关键词"分别对应布尔逻辑关系的"与、或、非";"包含完整关键词"意味着带双引号的搜索。【文档格式】、【关键词位置】、【站内搜索】分别对应搜索限定词"filetype""inurl、intitle、intext""site"。

【任务】请通过高级搜索的方法,搜索关于信息技术方面的课件,并将它下载到电脑中。

第二节 数字多媒体资源的获取

一、文本资源的获取

获取文本资源的方法主要有键盘输入、通过网络下载或复制、通过工具进行文本识别,以及将 PDF 转化为文本文档等。由于前面的两种方法比较简单和容易实现,本章主要介绍后面两种方法。

1.文本识别

(1)使用截图工具进行文本资源识别

以 QQ 截图工具为例,当我们需要进行文本资源识别时,可按以下操作步骤进行:

【方法一】

打开需要识别的图片;选择并打开一个 QQ 对话窗口;将鼠标移到截图工具图标上,直到出现截图选项。

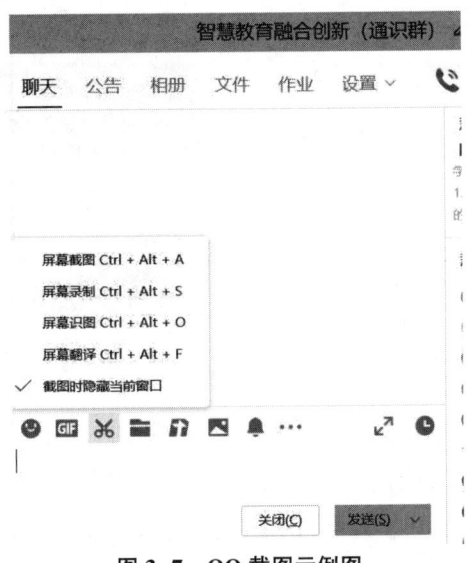

图 3-7 QQ 截图示例图

选择第三项"屏幕识图"(如图3-7),框选出需要截图的范围,确定后即可通过弹出的窗口看到识别结果,然后将识别后的文字复制下来即可在文本文档中进行使用(如图3-8)。

【方法二】

打开需要识别的图片;按下快捷键Ctrl+Alt+A,框选出需要截图的范围,然后在弹出的截图工具栏中选择图标"✂"或图标"🔤",均可出现文字识别结果,然后将识别后的文字复制下来即可在文本文档中进行使用。

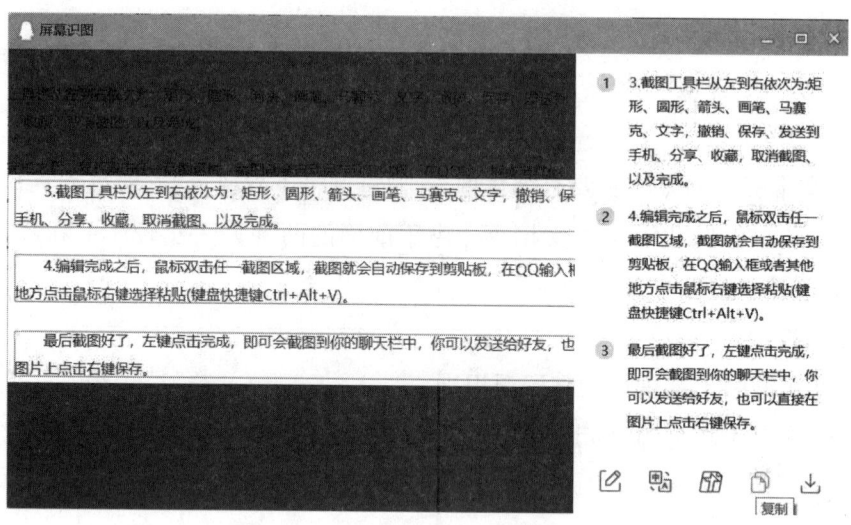

图3-8　QQ截图工具识别结果示例

如果需要识别的是表格,则在出现识别结果后,点击图标"📋"转为在线文档,然后在弹出的腾讯在线文档中对识别的内容进行编辑即可(如图3-9、3-10)。

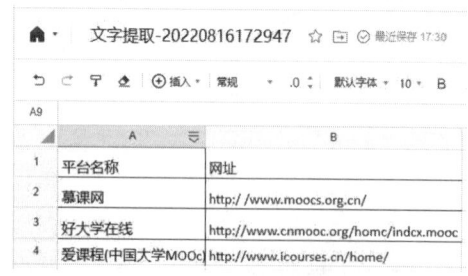

图3-9　使用QQ进行表格识图示例1

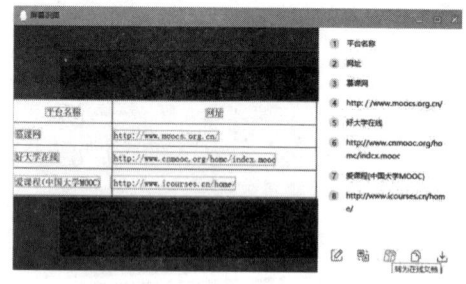

图3-10　使用QQ进行表格识图示例2

(2)使用手机App、小程序等工具进行文本识别的方法

如果是手机上的图片,我们可以通过手机App或小程序进行文字识别。以"传图识字"微信小程序为例,识别步骤如图3-11所示。

打开"传图识字"小程序,对准需要识别的图片点击"开始拍摄",然后点击"开始识别",并在弹出的识别结果中进行选择,将文字复制下来后可以粘贴到手机微信的任意对话框(如"文件传输助手")中进行转发、编辑等后续操作。

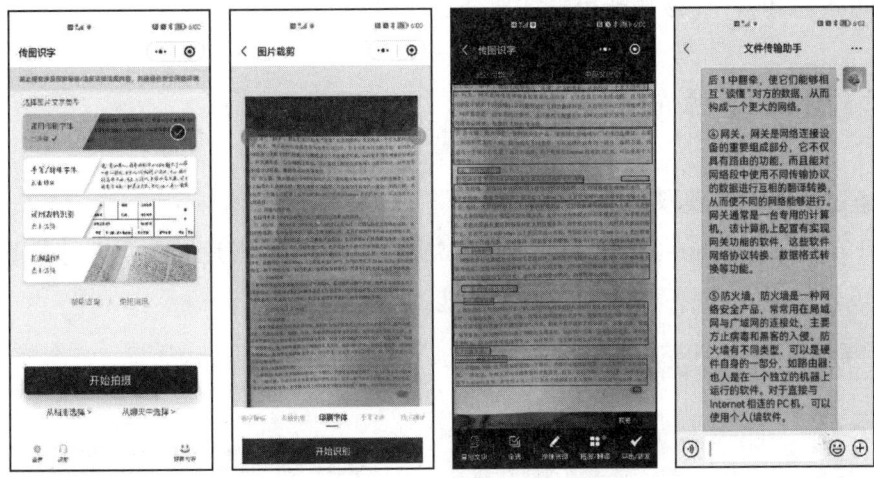

图 3-11　使用手机进行识图示例图

2.文档格式转换

(1)使用复制功能转换文本

以 Adobe Acrobat Reader 为例,用它打开 PDF 文档后,使用工具栏中的"文本选择工具"按钮,选定需要复制的文本内容,然后使用右键将其复制下来,再粘贴到其他的文本编辑器中进行编辑即可。

(2)使用在线转换工具进行转换

以"在线文件转换器"网站(https://cn.office-converter.com)为例,在打开的网站首页中点击"选择要上传的文件"(如图 3-12),然后将需要转换的文件上传到网站后,点击随即弹出"转换"按钮即可完成转换,然后将转换后的文件下载到本机使用。

图 3-12　在线文件转换示例图

（3）使用软件工具进行转换

目前，能够进行 PDF 转换的软件工具非常多。常规方法是找到软件工具，直接进行转换或使用"另存为"功能即可。例如，使用 2013 以上版本的 Word 软件或 WPS 软件即可进行转换。（该功能可能需要会员权限）

二、图像资源的获取

1.通过截图工具获取图像

以 FastStone Capture（简称 FS Capture）抓屏工具为例，当我们需要进行截图时，可在打开该软件后，实现各种类型的截图功能。（如图 3-13）

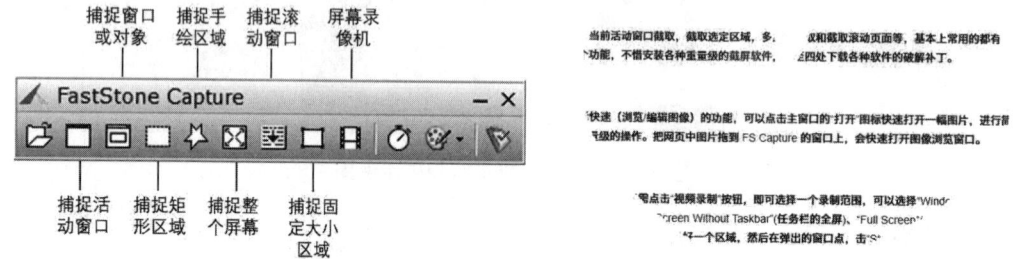

图 3-13　FS Capture 抓屏工具工具栏及捕捉手绘图像示例图

2.以图识图

以图识图，是通过搜索图像文本或者视觉特征，为用户提供互联网上相关图形图像资料检索服务的专业搜索服务，是搜索引擎功能的一种细分。这里主要介绍通过上传与搜索结果相似的图片或使用图片 URL 进行搜索的操作。一般而言，以下几种情况需要用到以图识图的功能：

①图片清晰度不符合使用要求，需要找到分辨率更适合的相同图片；

②图片带有无法去除的水印，需要使用无水印的图片；

③需要通过图片挖掘更多的相似图片素材。

下面以一张网络图片为例，说明如何通过"搜狗图片"以图识图。

（1）下载一张图片，如图 3-14。

图 3-14　以图识图示例图①

(2)进入搜狗图片主页,然后点击搜索框中的小相机图标,进入"以图搜图"功能。(如图 3-15)

图 3-15　搜狗图片主页图

(3)在弹出的对话框中,选择合适的方式上传图片。(如图 3-16)

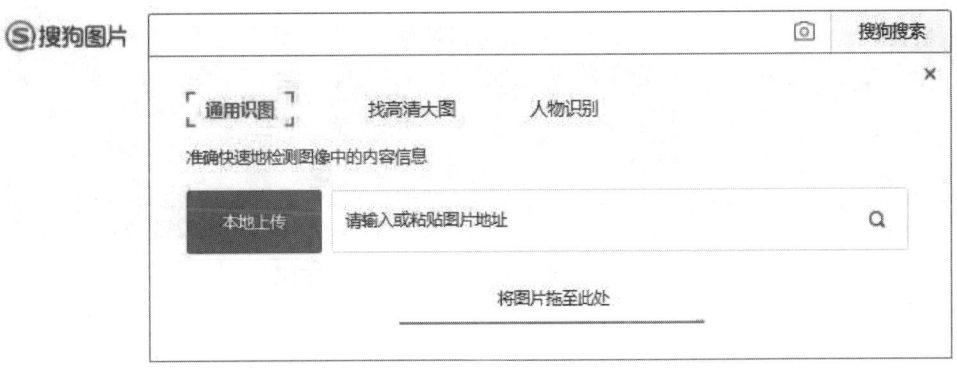

图 3-16　搜狗图片上传页面图

(4)图片上传完成后,将出现搜狗图片的识别结果。(如图 3-17)

---

①　图片为使用搜狗图片搜索到的图片。https://pic.sogou.com/d? query=%E5%8A%A8%E7%89%A9%20%E8%B5%B0%E7%BA%A2&forbidqc=&entityid=&preQuery=&rawQuery=&queryList=&st=&did=19

图 3-17　搜狗图片识别结果图

（5）点击"全部尺寸"，可在网页下方看到搜狗图片提供的关于该图片的所有分辨率的识图结果，选择合适的图片下载即可。同时，还可选择"相似图片"，找到相似图片的识别结果进行下载。（如图 3-18、3-19）

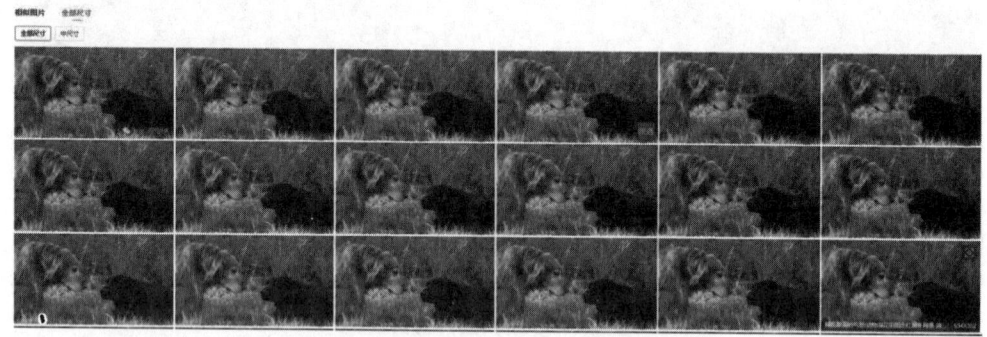

图 3-18　搜狗图片识别结果图-全部尺寸

图 3-19　搜狗图片识别结果图-相似图片

3.各种图像网站分类

在实际使用中，对于图像资源的获取，除了通过搜索引擎直接获取图像资源，进入各类专门的图片网站是获取高质量图片更直接的方法。读者可通过直接进入以下各类图像网站进行图像资源的获取或处理。（如表 3-3）

表3-3 图像网站资源列举

平台名称	网　　址	功能简介
1X	https://1x.com/	图片欣赏
LFI	http://lfi-online.de/ceemes/en/	图片欣赏
Behance	http://behance.bg/	图片欣赏
500px	https://500px.com/popular	图片欣赏
Michael Kenna	http://www.michaelkenna.net/	图片欣赏
LT2	https://www.lt2.fr	图片欣赏
P Magazine	http://pmagazine.co/	图片欣赏
Magnum Photos	https://www.magnumphotos.com/	图片欣赏
Anne Geddes	http://www.annegeddes.com/	图片欣赏
Models	https://models.com/	图片欣赏
色影无忌	http://ww.xitek.com/	图片欣赏
蜂鸟网	http://www.fengniao.com/	图片欣赏
POCO摄影网	http://photo.poco.cn/	图片欣赏
cnu中国视觉联盟	http://www.cnu.cc/	图片欣赏
胶片的味道	http://letsfilm.org/	图片欣赏
网易摄影社区	http://photo163.lofter.com/	图片欣赏
图虫网	https://tuchong.com/	图片欣赏
花瓣	https://huaban.com/	图片欣赏
Padmag	http://www.padmag.cn/	图片欣赏
视觉圣经	https://www.mlito.com/	图片欣赏
美图秀秀	https://pc.meitu.com/	在线拼图
MOOSE	https://icons8.com/photos/s/creator	在线拼图
稿定抠图	https://www.gaoding.com/koutu?hmsr=uisdc-dhl-home-home-xl-bdqd	在线抠图
remove.bg	https://www.remove.bg/zh	在线抠图
AI图片放大	https://bigjpg.com/	图片放大
图好快	https://www.tuhaokuai.com/	图片压缩
智图	https://zhitu.isux.us/	图片压缩
Animated	https://ezgif.com/	GIF处理
iLoveIMG	https://www.iloveimg.com/	图片处理
Pho.to	https://funny.pho.to/zh/	趣味照片处理
MakePic	http://www.makepic.com/print.php	文字生成图章

续表

平台名称	网址	功能简介
微词云	https://www.weiciyun.com/	文字云制作
草料二维码	https://cli.im/	二维码制作
Vector Magic	https://zh.vectormagic.com/	位矢转换

三、音视频资源的获取

音视频资源的获取途径,一般有通过浏览器缓存、通过软件工具下载及通过在线网站下载等几种方式。

1.通过浏览器插件下载音视频资源的方法

使用浏览器的插件下载在线音视频,是一种简单、无须另外安装工具软件的方法。以在"Chrome"浏览器中下载视频为例,具体步骤如下:

①打开浏览器,点击右上角的三个垂直点菜单图标,选择"扩展程序",进入"管理扩展程序"或"访问 Chrome 应用商店",然后搜索"视频下载",在显示的列表中选择一个视频下载工具(如"视频下载器4S"),将其"添加至 chrome",即可将该插件安装在浏览器了。②打开一个视频网页(如"bilibili"网站中的一个视频),然后在地址栏旁边的插件栏找到"视频下载器4S"插件,点击下载按钮,即可将视频下载到指定文件夹。

2.使用专门工具下载音视频资源的方法

以"稞麦综合视频站下载器"(如图3-20)为例,当我们需要下载一个音视频文件时,操作步骤如下:

①安装软件:打开浏览器,搜索并下载"稞麦综合视频站下载器";下载完成后,双击安装包进行安装,按照提示完成安装。

②复制视频链接:打开想要下载的视频页面;复制视频页面的 URL 链接。

③粘贴链接并下载:打开稞麦综合视频站下载器;在软件界面的"输入视频地址"栏中粘贴刚才复制的视频链接;点击"下载"按钮。

④选择视频质量:软件会提示你选择视频的下载质量(如标清、高清等);选择需要的质量等级后,点击"确定"。

⑤下载与合并:软件会开始下载视频,并将视频分块下载;下载完成后,软件会自动将分块视频合并成一个完整的视频文件。

⑥查找下载文件:下载完成后,可以在软件中查看下载历史,找到下载的视频文件;也可以打开文件夹,找到下载的视频文件进行播放。

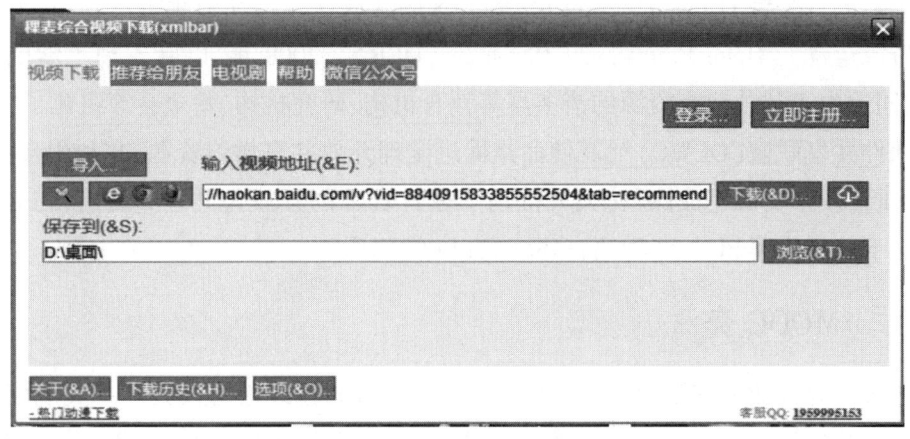

图3-20 稞麦综合视频站下载器下载界面图

第三节 开放教育资源

开放教育资源运动的发展历程先后经历了开放课件项目、开放教育资源再到大规模在线开放课程三个阶段,开放的水平已从提供静态的课程资源过渡到呈现完整的教学、学习环节,涉足的机构从麻省理工学院扩展到全球多个国家和地区的多所大学和科研单位。从性质上看,开放课件项目、开放教育资源、大规模在线开放课程都是以课程为载体和基本单位的教育资源开放共享行为,开放教育资源所涉及的范围要大于开放课件项目,大规模在线开放课程是开放教育资源的最新发展,故统称为开放教育资源运动。

一、国外开放教育资源

(一)开放课件项目与国际开放课件共享联盟

2001年,美国麻省理工学院启动"开放课件"项目(Open Course Ware,简称OCW),宣布将学校全部课程教学材料通过互联网向世界免费开放,通过网络平台发布了从本科生到研究生的近1 800门课程资源。随后其他著名高校也纷纷加入提供开放课程的大军,例如耶鲁大学启动开放课程项目(Open Yale Coursees)(2006年),加州大学伯克利分校将其课堂视频上传到YouTube网站(2007年),斯坦福大学加入网络虚拟教育平台 iTunes U(2009年)等。这场开放课程运动引领了一场"世界开放教育资源运动"(Open Educational Resources, OER)。2008年,以麻省理工学院为代表,共同致力于开放教育资源的诸多高等教育机构、研究机构、基金会等组建了"国际开放课件共享联盟(OCWC)",其使命是促进全球开放共享学习资源,并利用自有、开放、高质量教学资源组成课程,大大推动了教育资源的开放与共享。目前,在 OCWC 的框架下共提供了超过 20 种语言环境的 14 000 门课。

(二)MOOC 资源

随着世界开放教育资源运动的发展,一种全新的在线教育模式——大规模开放在线课程(Massive Open Online Course,译为"慕课")于 2012 年在美国诞生,美国相继推出 edX、Coursera、Udacity 等在线平台,许多著名大学如哈佛大学、麻省理工学院、斯坦福大学、普林斯顿大学等都开始提供免费在线课程,使得美国高校在线教育出现爆炸式扩增,同时在世界主要国家英国、法国等开始兴起,2012 年已成为世界慕课元年,并在短短数年快速发展起来。目前,MOOC 三大平台——Coursera、Udacity、edX 并驾齐驱,其中 Coursera、Udacity 是斯坦福多名教授创办的营利性质的 MOOC 平台,课程是需要付费的,而 edX 是哈佛大学和麻省理工学院合作创办的非营利性质的 MOOC 平台,平台上的大部分课程以公益性质为主。(如表3-4)

表 3-4 国外三大 MOOC 平台网址

平台名称	网址
Coursera	https://www.coursera.org/
Udacity	https://www.udacity.com/
edX	https://www.edx.org/

(三)其他开放教育资源

1.联合国大学(https://unu.edu/)

联合国大学(United Nations University——UNU)是联合国下设的国际大学,是一个为了达成联合国的诸项目标,以就有关国际共同的课题进行研究及人才培养为目标的研究者们的国际共同体。

2.国际著名大学开放课程

继麻省理工学院后,世界许多大学也相继向全世界开放了本校的优质课程资源。(如表3-5)

表 3-5 世界名校或平台课程列举

平台名称	网址
麻省理工学院开放课程	https://ocw.mit.edu/
哈佛大学开放课程	https://pll.harvard.edu/
耶鲁大学开放课程	http://oyc.yale.edu/
英国开放大学开放课程	http://openlearn.open.ac.uk/
卡耐基梅隆大学开放课程	http://oli.web.cmu.edu/openlearning/
斯坦福大学开放课程	http://itunes.stanford.edu/
加州大学伯克利分校开放课程	http://webcast.berkeley.edu/courses.php
台湾开放式课程联盟	http://tocwc.nctu.edu.tw/ocw.php

二、国内开放教育资源

2003年4月发布的《教育部关于启动高等学校教学质量和教学改革工程精品课程建设工作的通知》，明确提出启动精品课程建设，开始实施国家级、省级、校级三级精品课程建设。精品课程建设的启动也标志着我国的开放教育资源运动的开始。随后，通过自建、引进等方式，逐步形成了形式多样、内容丰富的开放教育资源体系。

（一）官方资源平台

1.国家精品课程与精品开放课程项目

2003—2010年，教育部组织建设和评审3 910门国家精品课程，包括本科、高职高专、网络教育、军队院校课程，目的是推动优质教育资源共享尝试，积累资源与经验。随着信息技术发展，2011年教育部、财政部启动国家精品开放课程建设，包括精品视频公开课与精品资源共享课，分别可通过中国大学MOOC平台（http://www.icourse163.org）和"爱课程"网站（http://www.icourses.cn/home/）学习。

2.国家教育资源公共服务平台（https://www.eduyun.cn/）

国家教育资源公共服务平台是教育部主办，中央电化教育馆制作维护的免费中小学学习服务平台。2012年12月，国家教育资源公共服务平台上线试运行，作为"三通两平台"的重要组成部分，目前提供了多达2 000多万门高质量课程，并且包括全国范围内的小学、初中、高中课程，甚至还可以通过选择学校来筛选课程，分布在全国31个省、自治区、直辖市和新疆生产建设兵团的30多个试点地区，从2013年开始了教育资源公共服务平台的示范应用，为在全国范围内广泛推进"网络学习空间人人通"提供了示范基地和典型经验。目前，该平台资源也集成到国家智慧教育云平台中了。

3. 国家智慧教育云平台(https://www.smartedu.cn/)

2022年3月28日,国家智慧教育公共服务平台正式上线。该平台是由中华人民共和国教育部指导,教育部教育技术与资源发展中心(中央电化教育馆)主办的智慧教育平台。平台栏目主要包括"中小学智慧教育平台""智慧职业教育平台""智慧高等教育平台"和"智慧终身教育平台"等4个子平台,为广大师生提供了丰富的课程资源和教育服务。这是教育部推出的教育数字化战略行动取得的阶段性成果,是构建网络化、数字化、个性化、终身化教育体系迈出的重要一步。

4. 粤教翔云平台(https://www.gdtextbook.com)

粤教翔云平台是广东省教育部门为响应国家教育数字化战略而精心打造的综合性教育服务平台。该平台由广东省教育厅主导、南方出版传媒股份有限公司承建,旨在通过先进的信息技术,为广东省的师生提供全面、高效、便捷的教育资源与服务,是一款面向信息化时代教与学需求的应用平台,为广东省义务教育阶段1 200余万师生提供全学段、全学科、多版本的国家课程数字教材及应用服务。

(二)MOOC资源

2013年5月,清华大学、北京大学先后宣布加入edX,并着手创建本校开放课程平台。随后,国内多家大学也纷纷加入或建设MOOC课程与平台。目前,我国已建有爱课程(中国大学MOOC)、智慧树、学堂在线、好大学在线、超星尔雅、学银在线、华文慕课、中国高校外语慕课平台等多家在线开放慕课平台。(如表3-6)

表3-6 中国慕课平台列举

平台名称	网址
好大学在线	http://www.cnmooc.org/home/index.mooc
爱课程(中国大学MOOC)	https://www.icourses.cn/imooc/
学堂在线	https://www.xuetangx.com
智慧树	https://www.zhihuishu.com
超星尔雅	https://erra.mooc.chaoxing.com/
华文慕课	https://www.chinesemooc.org/
MOOC学院	http://mooc.guokr.com/
学银在线	https://www.xueyinonline.com/
顶你学堂	https://study.163.com/provider/1015825716/index.htm
中国高校外语慕课平台	https://moocs.unipus.cn/
人卫慕课	http://www.pmphmooc.com/#/home

续表

平台名称	网址
浙江省高等学校在线开放课程共享平台	https://www.zjooc.cn/
粤港澳大湾区高校在线开放课程联盟/优课联盟	http://gdunion.org-beta.uooconline.com/
重庆高等教育智慧教育平台	http://www.cqooc.com/
Ewant 育网	https://www.ewant.org/
台湾清华大学联合 MOOC 平台	http://mooc.ct.nthu.edu.tw/sharecourse/

(三) 网络公开课

2010 年 11 月 1 日,秉承"开放、平等、协作、分享"的互联网精神,网易率先推出公益项目网易公开课"国际名校视频公开课",首批 1 200 集课程上线,公开课视频来自哈佛大学、牛津大学、耶鲁大学等世界知名学府,内容涵盖人文、社会、艺术、金融等领域,其中有 200 多集配有中文字幕。2011 年 1 月网易公开课宣布加入国际开放课件联盟。

2011 年 11 月 9 日,网易公开课又推出"中国大学视频公开课",首批上线了 20 门国内大学课程,分别来自北京大学、清华大学等十余所国内著名的高等院校。除国内外视频公开课,网易公开课继续推出了 TED 演讲、可汗学院、精品课程、赏课等栏目。目前,网易公开课已拥有超过 6 000 门课程。继网易公开课后,新浪、搜狐、腾讯、豆瓣等平台也纷纷开辟了自己的公开课频道。

(四) 国家开放大学系列课程

国家开放大学前身是邓小平同志于 1978 年亲自倡导并批示创办的中央广播电视大学。2012 年 6 月,中央广播电视大学更名为国家开放大学。截至目前,该平台已汇聚国家开放大学自建学习资源、338 所知名高校的课程资源、10 个头部平台的特色课程等共计 50 万门。其教学平台主要包含终身教育平台(https://le.ouchn.cn/home)、学习平台(https://one.ouchn.cn/)与国家老年大学(https://lndx.edu.cn/)。

除学历教育,国家开放大学还向社会提供了大量在线教育资源。其学习资源版块包含"精品学历课""院士讲堂""工匠劳模讲堂""艺术名家课""国医名师课""五分钟课程"等系列课程。

第四节　生成式人工智能应用

一、生成式人工智能概述

(一)生成式人工智能的定义

生成式人工智能(Generative AI)是机器学习领域的一个新兴分支,是一种利用机器学习算法生成新内容的技术。它通过学习数据的规律,能够自动创造出全新的内容,如文本、图像、音频等。与传统的人工智能程序,只能对已有数据进行分类、预测等操作不同,生成式人工智能展现出更强的创造力和想象力,其核心在于其能够学习和模仿现有数据的模式,从而创造出新的内容。其核心技术包括生成对抗网络(GAN)、变分自编码器(VAE)、大型语言模型(LLM)等深度学习方法。

(二)生成式人工智能的发展历程

生成式人工智能的发展历程可以分为几个重要阶段:

1.早期探索阶段(20世纪50年代至20世纪末)

基于规则和简单统计模型的初步探索,如计算机艺术实验和自动问答系统,受限于计算能力和数据资源。

2.机器学习阶段(21世纪初)

机器学习算法(如SVM、决策树)的应用提升了生成模型性能,初步应用于文本和图像生成。

3.深度学习和神经网络阶段(2010年代至今)

深度学习技术(如GAN、Transformer)和大规模预训练模型(如GPT系列)显著提升生成内容质量与多样性,广泛应用于多领域。

(三)生成式人工智能在教育领域的应用

生成式人工智能在教育领域有着广泛的应用前景,主要体现在以下几个方面。

1.自动生成教学材料: 生成式人工智能可以根据课程大纲和教学目标自动生成教学材料,如讲义、练习题和测验。这不仅可以减轻教师的工作负担,还能确保教学材料的多样性和创新性。

2.个性化学习内容:生成式人工智能可以根据学生的学习进度和兴趣生成定制化的学习内容。例如,系统可以根据学生的学习记录生成个性化的复习资料和练习题,从而提高学习效率和效果。

3.智能辅导系统:生成式人工智能可以用于开发智能辅导系统,为学生提供即时的学习支持和反馈。例如,AI辅导系统可以根据学生的提问生成详细的答案和解析,帮助学生更好地理解学习内容。

4.教育游戏和虚拟现实:生成式人工智能可以用于教育游戏和虚拟现实教学环境的内容创作,增强学生的学习体验。例如,AI可以生成互动式的学习场景和任务,使学习过程更加生动有趣。

总的来说,生成式人工智能在未来的教育实践中将扮演越来越重要的角色。其在内容生成、教学辅助、学习分析等方面的应用,必将为师生提供更智能、更具个性化的教学体验,助力教育质量的全面提升。

二、生成式人工智能的使用

(一)基本语法规则

生成式人工智能的使用语法通常包括以下几个方面:

1.输入格式:大多数生成式人工智能工具需要用户提供特定格式的输入。例如,文本生成工具通常需要输入一个或多个关键词或句子,图像生成工具则需要输入描述性文本。

2.参数设置:用户可以通过设置参数来控制生成内容的风格和复杂度。例如,在文本生成工具中,用户可以设置生成文本的长度、语气和主题。

3.输出格式:生成式人工智能工具通常会生成多种格式的输出内容,如文本、图像、音频或视频。用户可以根据需要选择合适的输出格式。

(二)与AI有效对话的逻辑

与生成式人工智能进行有效对话需要理解其工作原理和对话逻辑。在与AI对话时,完整的对话包含以下要素(见图3-21):

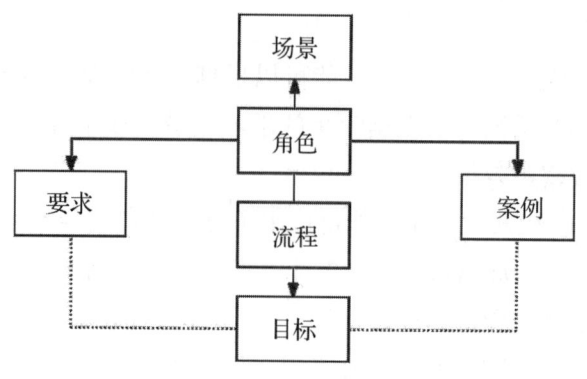

图 3-21 提示词完整要素

- 场景：使用者需要明确具体使用情境。
- 角色：大模型的模拟身份属性。
- 流程：完成一项具体任务所经历的流程和步骤。
- 案例：需要大模型参考的任何模板、模式、材料、上下文等。
- 要求：在实现目标的过程中约束输出结果的各种要求。
- 目标：角色在一个任务中所需要完成的主要目标。①

【实例分析】如果我们需要为朱自清的《背影》一课进行教案设计，完整的提示词可以这样写：

[场景]我是一名中学语文教师，需要编写一份关于朱自清的《背影》的教案，[角色]您是资深的语文教育专家，具备深厚的文学素养和丰富的教学经验，能够准确把握文学作品的教育价值。[流程]请您依据以下流程完成教案编写：

文本分析：深入分析《背影》的文学特色和情感内涵。

教学目标设定：明确学生通过学习本课应达到的知识掌握、技能提升和情感体验。

教学方法选择：采用适宜的教学方法，如引导式讲解、互动式讨论等。

学生活动设计：设计学生参与度高的活动，如角色扮演、情感体验分享等。

教学材料准备：准备教学所需的 PPT、阅读材料、讨论问题等。

评估方法制定：确定如何评估学生的学习成果，包括课堂表现和作业。

[案例]您可以参照以下案例完成这项工作(此处如有优秀案例可提供)

[要求]要求：

①教案应符合《义务教育课程方案和课程标准》(2022 年版)，教学目标符合新课标核心素养要求，适合学生的认知水平，同时能够激发学生的思考和情感共鸣。

②教案要素应包含教学目标、教学重难点、学情分析、教学过程、板书设计、教学

---

① 以上内容摘自"学术志"课程.https://www.xueshuzhi.net/。

反思等要素,其中,教学过程以表格方式呈现,其中应包含时间分配、教师行为、学生活动、教学手段、设计意图。

[目标]通过本教案,学生能够深入理解《背影》的文学价值,体验文中的情感,提升文学鉴赏能力和语言表达能力。

(三)AI智能体工具

AI智能体(Artificial Intelligence Agents),也叫AI Agent,是能够自主执行任务并与用户进行交互的智能系统。与传统的人工智能(AI)相比,用户不需要时时刻刻地指挥智能体,它能像人类一样,独立地思考、计划和行动,具有更强的自主性和适应性。例如,假设您是一名厨师,想为下周的朋友聚会准备一道特别的菜肴。传统的AI可能会根据您提供的食材,给您一些菜谱建议,但智能体可以做得更多。它会在网上查找最新的菜谱趋势,制订详细的步骤计划,包括购买食材、烹饪步骤等。它甚至可以根据您的反馈,调整菜谱,确保每一位朋友都能满意。

1. 常见的AI智能体工具类型

(1)对话式智能体

以Google Assistant、Amazon Alexa、Microsoft Cortana为代表,通过语音/文本交互实现信息查询、日程管理等功能,应用于家庭、办公及教育场景。

(2)教育机器人

由SoftBank Robotics开发的教育机器人NAO和Pepper可通过编程教学、情感识别等互动功能,服务于教育、零售及客户服务领域。

(3)智能教学系统

Knewton(自适应学习平台)与DreamBox(数学教育平台),利用AI分析学习行为并提供个性化学习路径,聚焦数学等学科教育。

(4)智能客服

IBM Watson Assistant和Zendesk Answer Bot基于自然语言处理技术,支持自动化应答与问题解决,应用于金融、医疗等行业客服场景。

(5)智能家居

Google Nest和Samsung SmartThings等系统通过AI集成控制智能设备,实现家庭自动化与安全监控。

AI智能体的实用场景涵盖家庭生活、办公自动化、客户服务及教育领域,例如控制家居设备提升生活便利性、管理日程优化办公效率、借助智能客服工具、快速响应客户需求,或结合教育机器人及自适应学习平台、实现个性化教学与技能培训等。

2. 实例分析

下面使用"智谱清言"工具,构建一个名为"教学设计专家"的智能体。

【智能体构建流程】

（注：以下流程由 Kimi 大模型给出）

①确定智能体的目标和功能

首先，需要明确智能体的目标和功能。构建"教学设计专家"智能体的主要目标是帮助教师进行教学设计，提供教学方案建议、资源推荐和教学效果评估等功能。

②数据收集与准备

收集与教学设计相关的数据，包括教学大纲、课程内容、教学案例、教学资源等。这些数据将用于训练智能体，使其能够生成高质量的教学设计方案。

教学大纲：收集不同学科和年级的教学大纲，了解教学目标和要求。

课程内容：收集各类课程的详细内容，包括教材、课件、视频等。

教学案例：收集优秀的教学案例，分析其设计思路和实施效果。

教学资源：收集与教学相关的资源，如课件、习题、实验材料等。

③模型选择与训练

选择合适的生成式人工智能模型，并使用收集到的数据进行训练。

模型选择：选取某一智能体生成工具。

模型训练：使用收集到的教学数据对模型进行训练，使其能够生成符合教学设计要求的文本。

④构建智能体框架

构建智能体的框架，包括输入处理、核心逻辑和输出生成等部分。

输入处理：设计用户输入的处理逻辑，确保智能体能够理解教师的需求。例如，教师输入课程主题和教学目标，智能体需要解析这些信息。

核心逻辑：设计智能体的核心逻辑，包括教学设计方案的生成、资源推荐和效果评估等功能。

输出生成：设计智能体的输出逻辑，确保生成的教学设计方案清晰、详细，并符合教师的需求。

⑤测试与优化

对智能体进行测试，确保其功能正常，并根据测试结果进行优化。

功能测试：测试智能体的各项功能，确保其能够生成高质量的教学设计方案。

用户反馈：收集教师的使用反馈，根据反馈进行优化，提升智能体的实用性和用户体验。

⑥部署与应用

将智能体部署到实际应用环境中，供教师使用。

部署平台：选择合适的平台进行部署，如教育管理系统、教学辅助工具等。

用户培训：对教师进行培训，帮助他们熟悉智能体的使用方法，提升使用效果。

⑦持续更新与维护

智能体的构建并不是一劳永逸的，需要持续更新和维护，以适应不断变化的教学需求。

数据更新：定期更新教学数据，确保智能体生成的方案符合最新的教学要求。

功能扩展：根据用户需求，扩展智能体的功能，如增加新的教学资源推荐、教学效果分析等。

【智能体创建图示】

第一步：创建智能体。在随之弹出的对话框中输入智能体相关描述。此步骤也可借助大模型生成相关描述。（如图3-22）

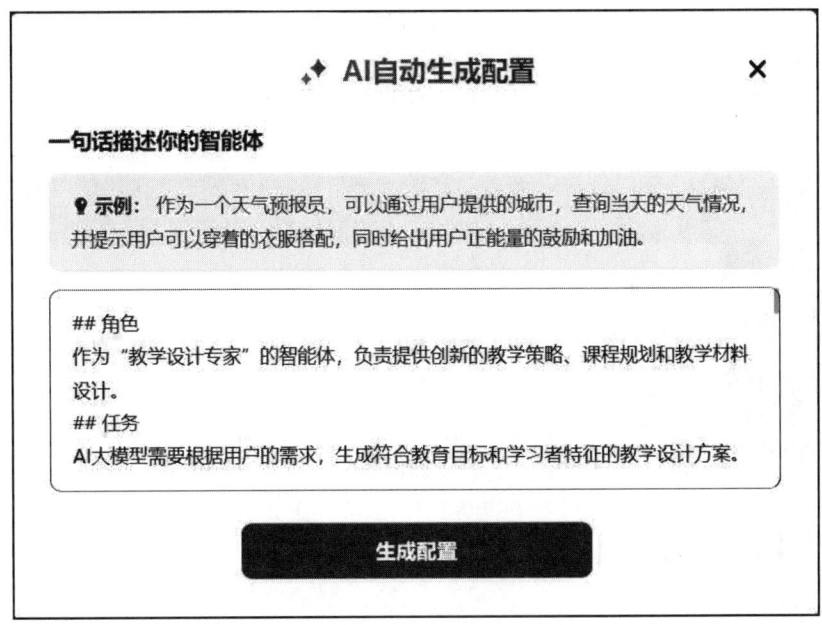

图3-22 创建智能体

第二步：为智能体进行具体的配置。如名称（可由AI自动生成或自行命名）、简介、配置信息介绍等。（如图3-23）

图 3-23　配置智能体图 1

在配置过程中，我们可使用平台提供的插件链接为智能体设置相关功能。（如图 3-24）

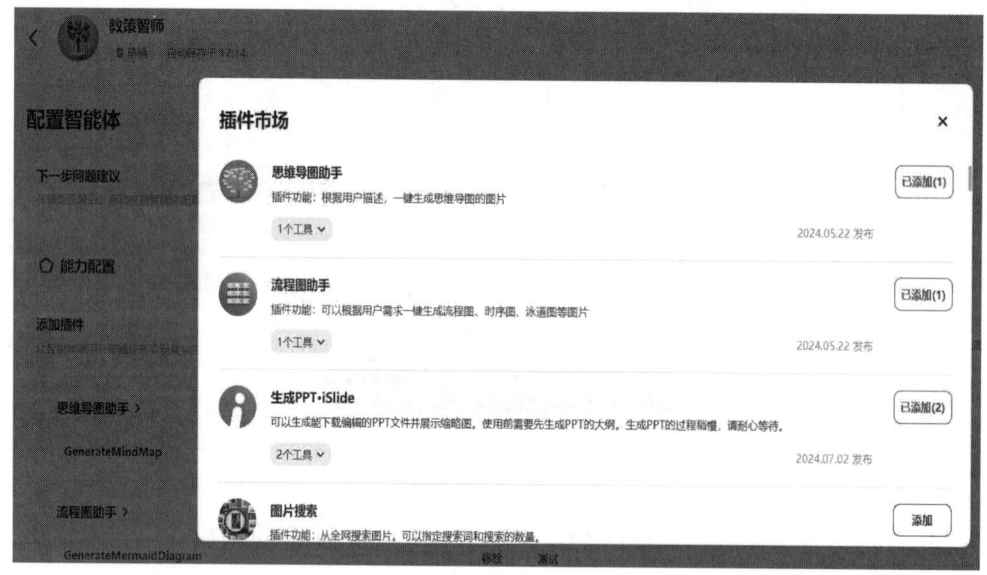

图 3-24　配置智能体图 2

同时，还可为智能体配置知识库，包括本地文件、网页链接等。（如图 3-25）

第三章　数字化教育资源的检索与获取 / 67

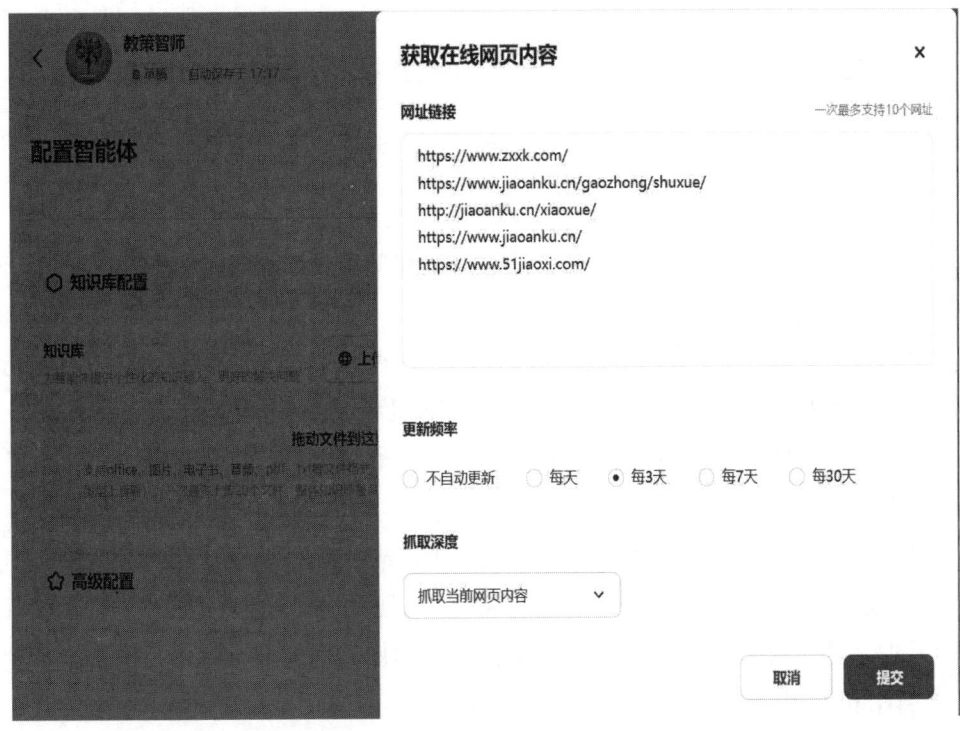

图 3-25　配置智能体图 3

进行完整配置后，可进行测试预览，发布即完成智能体构建。（如图 3-26）

图 3-26　配置智能体图 4

三、生成式人工智能的伦理与法律问题

(一)生成内容的版权问题

生成式人工智能在生成内容时,可能涉及版权问题。在使用生成式人工智能时,需要注意以下关键点。

1. 原创性:生成式人工智能生成的内容是否具有原创性,是否可以被视为独立的创作作品。生成内容的原创性取决于其生成过程和结果是否独立于现有作品。例如,AI生成的一篇文章或一幅画,如果完全基于AI的算法和训练数据生成,而不是直接复制现有作品,则可以被视为原创作品。

2. 版权归属:生成内容的版权归属问题,即生成内容的版权应归属于使用AI工具的用户还是开发AI工具的公司。通常情况下,使用AI工具生成的内容版权归属于用户,但具体情况可能因工具的使用条款和法律规定而异。

3. 引用和使用:在使用生成内容时,应注意如何正确引用和使用,避免侵犯他人的版权。用户在使用生成内容时,应遵循相关的版权法律法规,确保不侵犯他人的版权。例如,在教学材料中引用生成内容时,应注明来源和作者。

【示例】

教学材料:教师使用生成式人工智能生成教学材料时,需要确保这些材料不侵犯他人的版权,并正确引用来源。例如,使用AI生成的图片或文本时,应注明生成工具和生成日期。

学生作业:学生在使用生成式人工智能生成作业时,需要明确生成内容的版权归属,并遵守学校的学术诚信规定。例如,学生在提交作业时,应注明哪些部分是由AI生成的,并确保这些内容不侵犯他人的版权。

(二)人工智能生成内容的可信度

生成式人工智能生成的内容在可信度方面可能存在一些问题。其可信度偏差通常来自以下方面:

1. 内容准确性:生成内容的准确性和可靠性,特别是在教育领域,生成的内容需要经过严格审核和验证。生成式人工智能可能会生成不准确或有误导性的内容,因此在使用这些内容时需要进行仔细审核。

2. 信息来源:生成的内容的信息来源是否可靠,是否基于权威的参考资料。用户应确保生成内容基于可靠的信息来源,避免传播错误信息。

3.偏见和歧视:生成内容是否存在偏见和歧视,如何确保生成内容的公正性和客观性。生成式人工智能可能会反映其训练数据中的偏见,因此在使用生成内容时需要注意其公正性。

【示例】

教学案例:教师在使用生成式人工智能生成教学案例时,需要对生成内容进行审核,确保其准确性和可靠性。例如,教师可以对生成的案例进行修改和补充,确保其符合教学目标和学生需求。

学术论文:研究者在使用生成式人工智能生成学术论文时,需要核实生成内容的信息来源,确保其基于权威的参考资料。例如,研究者可以对生成的论文进行查证和引用,确保其内容准确无误。

(三)教育领域中的伦理考量

在教育领域使用生成式人工智能时,需要考虑一些伦理问题,包括:

1.教师与学生的隐私:在使用生成式人工智能时,如何保护教师与学生的隐私,避免泄露学生的个人信息。学校或教育机构应制定明确的隐私保护政策,确保学生的个人信息不被滥用。

2.公平性:生成式人工智能在教育资源分配和教学过程中,如何确保公平性,避免因技术差异导致的不公平现象。学校或教育机构应确保所有学生都能公平地获取和使用生成内容,避免因技术差异导致的不公平现象。

3.责任归属:在生成内容出现错误或问题时,如何明确责任归属,确保问题得到及时解决。学校或教育机构应制定明确的责任归属机制,确保在生成内容出现错误或问题时能够及时解决。

【示例】

智能辅导系统:在使用生成式人工智能开发智能辅导系统时,需要确保学生的个人信息得到保护,并制定明确的隐私保护政策。例如,智能辅导系统应采用加密技术保护学生数据,并限制数据访问权限。

在线学习平台:在使用生成式人工智能生成在线学习内容时,需要确保所有学生都能公平地获取和使用这些资源,避免因技术差异导致的不公平现象。例如,在线学习平台应提供多种访问方式,确保不同技术条件下的学生都能顺利使用。

『本章知识总结』

【主要知识点】

1. 数字化教育资源检索基本概念

数字化教育资源是以电子形式存储的文字、图像、音视频等信息,检索指利用检索指令、检索词和策略从网络或数据库中获取所需资源的过程。

2. 检索工具的分类与使用策略

水平搜索引擎(如百度、搜狗)适用于广泛主题的初步检索;

垂直搜索引擎(如百度学术、360公益)聚焦专业领域,效率更高;

AI智能搜索(如纳米AI搜索)通过自然语言理解和个性化推荐,提升检索精准度。

3. 检索规则与技巧

关键词设置原则:科学、精准;

布尔运算符(与、或、非)、限定词(site:、filetype:等)的组合使用;

高级搜索功能集成常用规则,简化复杂检索流程。

4. 多媒体资源的获取方法

文本资源:OCR识别、PDF转Word;

图像资源:截图工具、以图识图、专业图像网站;

音视频资源:浏览器缓存、下载器软件、在线下载站点。

5. 开放教育资源的获取与应用

国际OCW与MOOC平台(Coursera、edX等);

国内精品开放课程、国家智慧教育云平台及各省市MOOC联盟。

6. 生成式人工智能在资源检索与获取中的应用

利用AI对话规划检索任务、构建智能体辅助检索;

探讨生成式AI生成内容的版权、可靠性与伦理法律问题。

【重难点解析】

1. 工具选用与策略匹配

根据检索主题和资源类型精准选择水平、垂直或AI搜索引擎,避免资源冗余或遗漏。

2. 检索规则与高级功能掌握

熟练运用布尔运算符、限定词及高级搜索界面,提高检索效率与相关度。

3. 多媒体资源获取的合法性与技术实现

熟悉OCR、以图识图、下载器等技术,实现高质量获取;同时注意版权及合规使用。

『本章学习反思』

【认知冲突】

1.海量资源与信息过载

虽然检索工具能够迅速返回大量结果,但如何在海量信息中甄别高价值资源,避免信息污染成为挑战。

2.高效检索与法律合规

快速获取多媒体资源易触及版权边界,需在效率与合规之间寻求平衡。

【行动启示】

1.制定精准检索策略

根据教学目标与资源类型预先规划关键词和检索工具,提升检索的针对性和效率。

2.深化检索技能训练

定期练习运算符与高级搜索功能,培养"一次命中"能力,减少重复试错。

3.关注资源质量与版权合规

在检索与下载过程中,持续审视资源来源和使用许可,确保教材和课件合法合规。

【未来追问】

1.在信息极度丰富的环境下,如何构建自动化的资源筛选与评价机制,保障教学资源的质量与适配性?

2.随着生成式AI和智能体技术的发展,教育资源检索领域将如何进一步变革,AI搜索能否实现"零干扰"的个性化精准推送?

『本章拓展学习资源』

学习资源编号	学习资源类型	学习资源名称	资源获取方式
3-1	书籍	胡小勇.生成式人工智能:教师应用指南,广东教育出版社,2024	网络、图书
3-2	书籍	柯清超,王萍.教育数字化转型:理论、路径与案例[M].高等教育出版社,2023.	网络、图书

续表

学习资源编号	学习资源类型	学习资源名称	资源获取方式
3-3	网络课程	焦建利.信息化教学能力之五项修炼	网络
3-4	网络课程	《人工智能教育应用》（华南师范大学 胡小勇）	中国大学MOOC：https://www.icourse163.org/course/scnu-1207053817
3-5	报告	UNESCO《生成式人工智能教育和研究应用指南》	网络
3-6	网络视频	DeepSeek从入门到精通	https://www.bilibili.com/video/BV1cRN4eSEoy/?spm_id_from=333.337.search-card.all.click

『本章参考文献』

[1]明均仁.信息检索[M].武汉:华中科技大学出版社,2021.

[2]葛敬民.实用网络信息检索[M].北京:高等教育出版社,2016.

[3]兰国帅.现代教育技术理论建构与实践创新[M].北京:科学出版社,2018.

[4]郑智勇,范卿泽,贾伟.人工智能技术赋能教师发展的三重幻象及破解之道[J].中国电化教育,2024(7):28-34+73.

[5]杨俊锋,褚娟.人工智能教育应用的伦理风险和规范原则[J].中国教育学刊,2024(11):21-27.

[6]徐升,佟佳睿,胡祥恩.下一代个性化学习:生成式人工智能增强智能辅导系统[J].开放教育研究,2024(2):13-22.

[7]张敏.智能时代中小学教师的教育技术观重塑[J].教育理论与实践,2023,43(35):33-36.

[8]张黎,鲍文雨,赵磊磊."智能鸿沟"的教育镜像:教育数字化转型的底层视角[J].现代教育技术,2024,34(7):51-60.

[9]李树英,冯思圆.教师的四种角色与五重教育境界——兼论智慧教育时代教育学的挑战与重塑[J].现代远程教育研究,2024,36(2):28-35.

[10]吴河江,吴砥.生成式人工智能教育应用:发展历史、国际态势与未来展望[J].比较教育研究,2024(6):13-23.

[11]孙立会,周亮.生成式人工智能赋能教育变革的逻辑——基于新质生产力的视角[J].教育研究,2024,45(10):38-49.

[12]杨绪辉.培育智能时代的专家学习者——基于人工智能教育应用逻辑的解构[J].现代教育技术,2024,34(6):35-44.

[13]郑伊贝,曹辉.人工智能教育应用的伦理隐忧及其超越[J].教学与管理,2025(6):7-14.

[14]闫寒冰,杨淑婷,余淑珍,等.生成式人工智能赋能沉浸式学习:机理、模式与应用[J].电化教育研究,2025(2):64-71.

[15]叶俊民,尹兴翰,于爽,等.生成式人工智能赋能学习分析:价值内涵、实践框架及发展路向[J].电化教育研究,2025(1):86-92.

[16]钟柏昌,刘晓凡.生成式人工智能何以、以何生成教育[J].电化教育研究,2024(10):12-18+27.

[17]戴岭,胡姣,祝智庭.ChatGPT赋能教育数字化转型的新方略[J].开放教育研究,2023,29(4):41-48.

[18]于浩.教育公平:数字化转型热潮下的理性思考[J].教育理论与实践,2023,43(25):59-64.

[19]余胜泉,汪凡淙.人工智能教育应用的认知外包陷阱及其跨越[J].电化教育研究,2023(12):5-13.

第四章 数字化教学工具的选取与使用

『本章知识图谱』

- 第一节 数字化教学工具概述
  - 一、数字化教学工具的概念
    - 数字化教学工具的定义
    - 数字化教学工具服务的核心目标
  - 二、数字化教学工具的特点

- 第二节 数字化教学工具的选择与分类
  - 一、数字化教学工具的选择
    - 教学需求诊断
    - 评估工具特性
    - 实施与优化
  - 二、数字化教学工具的分类
    - 调查工具
    - 思维导图工具
    - 课堂演示工具
    - 协作学习工具
    - 互动教学工具
    - 学科教学工具

- 第三节 数字化教学工具的使用
  - 一、问卷星的使用
  - 二、Xmind 思维导图工具的使用
  - 三、Focusky 动画演示大师的使用
  - 四、石墨文档的使用
  - 五、希沃白板 5 的使用
  - 六、PhET 虚拟实验室的使用

『本章学习任务清单』

1.在给定教学场景(如线下课堂、混合式教学)时,能依据"目标—场景—技术"三元匹配原则,准确分析工具功能与教学需求的适配性,形成至少2条工具选择依据(如互动性、成本合理性)。

2.基于数字化工具分类(如调查工具、协作工具),能归纳每类工具的核心功能(如问卷星支持实时反馈、石墨文档支持多人协作),并举例说明其在学科教学中的典型应用场景(如数学实验设计、语文写作互评)。

3.针对 PhET 虚拟实验室等学科专用工具,能阐述其与传统实验的互补价值(如安全性、可视化),并列举3项适用教学场景(如高危化学实验模拟、抽象物理概念演示)。

4.在模拟教学设计任务中(如设计"气候变化"跨学科单元),能整合思维导图工具(Xmind)与演示工具(Focusky),完成一份覆盖教学目标80%以上的融合型技术方案,包含资源匹配说明与风险规避策略。

5.通过小组协作案例,能基于成本与教育价值平衡原则,设计一套轻量化工具组合方案(如"问卷星+希沃白板移动端"),并通过流程图展示实施路径。

第一节　数字化教学工具概述

教学工具作为教与学活动的核心要素,在现代教育体系中发挥着日益重要的桥梁作用。它不仅能够通过多媒体演示、虚拟仿真、即时互动等功能对师生的认知活动进行可视化指引与结构化组织,更能借助人工智能、大数据分析等前沿技术实现教学过程的动态优化。以智能教学平台、学科专用软件、虚拟仿真实验室等为代表的数字工具,正在重构传统课堂的知识传递方式:教师可通过动态图表解析抽象概念,利用AR技术构建三维教学场景,依托学习分析系统实时监测学生认知轨迹。这些工具的深度应用要求教师不仅要具备扎实的学科素养,更需掌握教育技术学的基本原理,能够根据教学目标合理选择技术工具,将信息技术与课程内容进行有机整合,在提升教学效率的同时,确保技术应用的教育适切性。

教育信息化2.0时代的教学革新,本质上是通过技术赋能实现教育生态的数字化转型。信息化工具已突破简单的媒体展示层面,发展为支撑混合式教学、项目式学习等新型教学模式的基础设施。教师通过智慧课堂系统可实施精准化教学策略,利用云平台开展跨校际协同教研,借助学习管理系统实现个性化学习路径规划。疫情防控期间大规模在线教学实践表明,合理运用直播教学工具、在线协作平台、智能测评系统等数字化手段,不仅能突破时空限制保障教学连续性,更能通过游戏化学习设计、虚拟实践社区构建等方式激发学生的深层学习动机。这种工具驱动的教学变革正在重塑师生角色,推动教育范式从"知识传授"向"能力建构"转型,为构建"人人皆学、处处能学、时时可学"的学习型社会奠定技术基础。

一、数字化教学工具的概念

数字化教学工具是指深度融合数字技术与教育场景的辅助系统,其核心是通过云计算、人工智能、大数据等技术重构传统教学流程。这类工具既包含实体设备(如交互智能平板、VR实验套件),也涵盖数字化服务平台(如智慧课堂系统、在线协作空间),通过技术赋能实现教学设计、实施、评价全环节的智能化升级。相较于传统教具,其突出特征在于动态感知教学需求、精准适配学习路径、智能生成教育资源三大能力,成为推动教育数字化转型的关键载体。

从功能维度看,信息化工具主要服务于三大核心目标:其一,优化教学过程,如借助希沃白板的动态课件制作功能,可将抽象概念转化为可视化模型;依托虚拟仿真实验室,能够突破实体设备的时空限制开展高危实验。其二,实现精准化教学,通过学情分析系统追踪学生知识掌握曲线,基于智能算法推送分层学习资源,利用AI批阅系统实现作业的即时反馈与错因诊断。其三,拓展教学场域,在线教学平台支持同步/异步混合式教学,云端协作工具促进跨地域项目式学习,构建起虚实融合的学习生态。值得注意的是,当前工具智能化程度持续深化,如AI教案生成器可依据课程标准自动设计教学框架,智能评课系统能通过课堂语音分析生成教学改进建议。这种技术演进对教师提出新要求:既要掌握工具的操作逻辑,更需具备将技术优势与教育规律有机融合的设计能力,从而在"人机协同"的新型教育生态中实现教学效能的持续提升。

二、数字化教学工具的特点

数字化教学工具在现代教育中扮演着重要角色,其通常具备以下显著特点。

1.**互动性**:数字化教学工具突破了传统课堂单向传播模式,支持师生、生生间的即时双向互动。通过实时问答、协作编辑、虚拟分组等功能,实现课堂讨论、作品互评、项目协作等多样化交互形式,促进教学从被动接受转向主动参与。

2.**便捷性**:这类工具的设计注重用户体验,操作简单易行。对于教师而言,它们易于快速集成到教学计划和课程设计中,无须复杂的培训即可上手。同时,学生也能够随时随地通过各种终端设备(如电脑、平板、手机)访问教学资源和参与学习活动,不受时间和空间的限制,极大地提高了学习的灵活性和便捷性。

3.**个性化**:数字化教学工具能够根据每个学生的学习进度、能力水平和学习风格,提供个性化的学习资源和学习路径。通过智能算法和数据分析,工具可以为学生推荐适合其水平的学习材料,设置符合其进度的学习任务,并根据学生的学习表现动态调整学习计划。

4.**智能化**:这些工具具备一定程度的智能分析能力。它们可以通过收集和分析学生的学习行为数据(如学习时间、答题情况、学习路径等),深入了解学生的学习特点和问题所在。基于这些数据,工具能够为学生提供定制化的反馈和建议,帮助学生更好地调整学习策略,同时也为教师提供教学决策支持。

5.**资源丰富**:数字化教学工具通常提供丰富的教学资源,以满足不同学科和教学场景的需求。这些资源包括高质量的视频教程、音频资料、动画演示、模拟实验等。丰富的教学资源不仅能够激发学生的学习兴趣,还能帮助学生更好地理解和掌握抽象的知识概念。

6.**易于评估**:工具为教师提供了便捷的评估功能,便于教师跟踪学生的学习进度和学习成果。教师可以通过内置的评估系统,进行形成性评价(如实时监测学生的学习过程、完成作业的情况等)和总结性评价(如期末考试成绩分析等)。这些评估功能不仅能够帮助教师及时了解学生的学习情况,还能为教师调整教学策略提供依据,从而更好地促进学生的学习和发展。

7.**网络支持**:数字化教学工具通常基于网络平台运行,这使得它们能够支持远程教育和协作学习。通过网络,学生可以跨越地域限制,参与到在线课程和学习活动中。同时,教师也可以通过网络平台进行远程教学、在线辅导和资源分享。

数字化教学工具的不断发展和创新,引发教育模式的系统性变革,其通过突破时空限制的教学组织方式、数据驱动的精准化教学实施以及智能支持的个性化学习路径规划,显著提升了教育活动的适应性与有效性。随着教育技术的进一步发展,新一代教学工具将实现教育情境感知能力与教学决策智能的深度融合,在保持多样化服务形态的同时,更强调对教育规律与认知科学原理的遵循,从而构建起更具教育适切性的技术赋能体系,更好地满足教育教学的需求。

第二节　数字化教学工具的选择与分类

一、数字化教学工具的选择

在当今数字化教育蓬勃发展的时代，数字化教学工具的选择至关重要。为了确保这些工具能够真正有效地服务于教学活动，必须遵循"目标—场景—技术"三元匹配原则。这一原则强调在选择数字化教学工具时，需要综合考虑教学目标、教学场景以及技术特性三个关键要素，并通过一个系统性评估框架来实现工具与教育要素的精准适配。具体而言，教学目标是教学活动的核心导向，明确教学目标能够帮助我们确定需要达成的知识、技能和素养等方面的要求；教学场景则涵盖了教学发生的具体环境、参与人员以及教学流程等诸多因素，不同的教学场景对工具的功能和使用方式有着不同的需求；技术特性则涉及工具本身的性能、功能、易用性、兼容性等技术层面的属性。只有当这三个要素相互匹配时，数字化教学工具才能在教学过程中发挥出最大的效能，为教学活动提供有力的支持，从而推动教育教学质量的提升。具体选择路径可分解为以下步骤。

1. 教学需求诊断

（1）教学目标定位

教学目标是教学活动的核心导向，明确教学目标能够帮助我们确定需要达成的知识、技能和素养等方面的要求。依据布鲁姆认知目标分类体系，明确知识传递、技能训练或素养培养的侧重层级。例如，通过 PPT 演示、视频讲解等工具，可以将系统的知识传递给学生，帮助他们理解和掌握课程的重点和难点。借助虚拟实验、在线编程平台等工具，可为学生提供实践操作的机会，培养他们的动手能力和解决问题的能力。利用协作工具、在线讨论平台等，促进学生之间的交流与合作，培养他们的团队合作精神、批判性思维和创新能力。

（2）学习者特征分析

学生是教学活动的主体，他们的特点直接影响教学工具的选择和使用效果。因此，需要对学生进行详细的分析。主要包括以下三个方面。

年龄。不同年龄段的学生在认知水平、学习习惯和兴趣爱好等方面存在差异。例如，小学生可能更喜欢直观、生动的教学工具，而大学生则可能更注重工具的深度和专业性。

技术使用能力。了解学生对信息技术的掌握程度,选择适合他们操作水平的工具。如果学生的技术能力较弱,应优先选择操作简单、界面友好的工具。

设备条件。考虑学生所使用的设备类型,如是否支持手机端、平板端或电脑端。例如,如果大部分学生使用手机上课,那么选择的工具必须具备良好的移动端适配性。

(3)场景类型区分

教学场景是教学活动发生的具体环境,不同的场景对教学工具的需求也不同。因此,需要对教学场景进行分类。

线下课堂。在传统的线下课堂中,教学工具需要能够支持教师与学生面对面的互动,如智能黑板、多媒体投影设备等。

线上直播。在线教学场景要求工具具备稳定的视频和音频传输功能,以及实时互动功能,如腾讯会议、钉钉等。

混合式教学。混合式教学结合了线下和线上教学的优点,如"课堂+作业平台"组合,需要选择能够支持线上线下无缝切换的工具,如雨课堂等。

2.评估工具特性

在明确核心需求之后,接下来需要对数字化教学工具的特性进行全面评估,以确保所选工具能够满足教学需求。

(1)功能匹配度

工具的核心功能必须与教学需求高度匹配,才能发挥其应有的作用。具体评估内容包括。

- 核心功能是否满足需求。例如,如果教学场景是线上直播,那么直播工具必须具备互动白板功能,以便教师能够实时标注和讲解;如果教学目标是技能训练,那么工具需要能够提供丰富的实践资源和操作指导。
- 功能的完整性和扩展性。除了满足当前需求的核心功能外,工具还应具备一定的扩展性,能够随着教学需求的变化而进行功能升级或扩展。

(2)技术易用性

工具的易用性直接影响教师和学生的使用体验,因此需要重点评估。

- 工具操作难度。选择操作简单、界面直观的工具,降低教师和学生的使用门槛。例如,工具的操作流程应尽量简洁明了,避免复杂的设置和操作步骤。
- 师生学习成本。评估教师和学生学习使用该工具所需的时间和精力。一般来说,工具应能够在30分钟内让用户基本掌握其主要功能,这样才能确保教学活动的顺利进行。

(3)成本合理性

成本是选择教学工具时需要考虑的重要因素之一,需要综合考虑免费和付费版本的功能差异:有些工具提供免费版本,但功能有限;而付费版本则提供了更强大的功能。例如,腾讯会议教育版的基础功能免费,但付费版本可以提供更多的互动功能和更高的稳定性。在选择时,需要根据教学需求和预算进行权衡。

3. 实施与优化

选择合适的数字化教学工具只是第一步,更重要的是在实际教学中进行有效的实施和持续优化。

(1)分阶段应用

在实施过程中,建议采用分阶段应用的方式,逐步推进工具的使用。

- 先试用基础功能。例如,使用"雨课堂"发布预习资料,让学生熟悉工具的基本操作。通过这种方式,可以降低学生的学习压力,同时让教师了解工具在实际教学中的表现。
- 再扩展高阶功能。在学生和教师熟悉基础功能后,再逐步扩展工具的高阶功能,如数据分析、个性化学习路径等。这样可以充分发挥工具的潜力,提升教学效果。

(2)数据反馈调整

在使用过程中,需要通过数据反馈来优化工具的使用策略。

- 根据课堂互动率。通过分析课堂互动数据,如学生的提问次数、参与讨论的积极性等,了解工具在促进学生参与方面的效果。如果互动率较低,可以考虑调整工具的使用方式或选择其他更适合的工具。
- 作业完成度。通过分析学生的作业完成情况,评估工具在支持学生学习方面的效果。如果作业完成度不高,可能需要优化工具的功能或调整教学设计。

(3)规避风险

在使用数字化教学工具时,还需要注意规避各种风险,确保教学活动的顺利进行。

- 关注隐私保护。确保学生数据的安全和隐私,如选择支持数据加密的工具,避免学生信息泄露。
- 网络稳定性。选择网络稳定性高的工具,并制订备用方案,如在遇到网络故障时,能够迅速切换到其他工具或采用线下教学方式,确保教学活动不受影响。

数字化教学工具选择策略的本质是构建"教育价值—技术特性—实施条件"的动态平衡。例如,当教学创新(如 STEM 课程改革)需求强烈时,可适度提高技术复杂度容忍度;在资源约束环境下(如乡村学校),应优先选择"低技术—高教育价值"工具(如手机端可用的雨课堂基础版)。这种系统化选择机制,既能避免技术堆砌的误区,又可确保信息化工具真正成为教学创新的催化剂。

二、数字化教学工具的分类

数字化教学工具的种类繁多,分类的方法也有多种。例如按技术形态分类,可分为软件工具、硬件设备、在线平台等。按功能用途分类,可分为互动教学、资源管理、数据分析等。按智能程度分类,包括基础工具、智能辅助工具、AI 驱动工具等。

本节从不同的教学情境和需求出发,将数字化教学工具分为如下几类:

1. 调查工具

在教学过程中,了解和调查学生的情况对于个性化教学、课程改进和学生支持至关重要。数字化教学工具提供了多种调查方式,以下是一些常见的工具和方法:

(1)在线问卷调查工具

问卷是一种非常好的数据收集方式,小小的问卷,简单高效,有数据分析和研究的价值。问卷调查最主要的用途是收集数据样本,获得需要的研究资料。但收集数据并非问卷调查的最终目的,问卷调查研究的目的是根据获得的数据资料进行变量变化的描述,并进一步阐述变化的原因,即相关分析与因果分析。而在非社会研究专业领域,问卷调查被广泛用于企业或个人获取所需的客户特征数据集,以及根据调查数据分析需求走向,概括产品优劣势特征等。同时,问卷调查也常见于国家统计数据的收集。

在教育领域,当教师需要收集学生的学习情况或其他信息的时候,可以采用问卷的方式。目前常用的问卷工具有问卷星、问卷网等。

(2)学习管理系统(LMS)内建调查

许多 LMS 平台,如 Moodle、学习通等,内置了调查和投票功能,允许教师在课程网站上直接进行调查。

(3)实时反馈工具

如 Poll Everywhere、Kahoot! 等,允许教师在课堂上实时收集学生反馈,支持多种形式的互动,如多项选择题、文字回答等。

(4)社交媒体调查

利用社交媒体平台的投票和调查功能,可以收集学生的意见和反馈。

(5)在线讨论板

在线讨论板或论坛可以用于开放性调查,鼓励学生分享更深入的思考和观点。

使用这些数字化教学工具进行调查时,教师应考虑调查的目的、学生的年龄和能力、调查的匿名性以及数据的隐私和安全性。通过有效的调查,教师可以更好地理解学生的需求,调整教学策略,提高教学质量。

2. 思维导图工具

思维导图是一种思维可视化工具，它通过中心思想和分支结构来组织和展示概念、关键词和想法之间的关系。这种工具由 Tony Buzan 在 20 世纪 60 年代提出，旨在模仿人脑的自然思维方式，促进创造性思维和记忆。

思维导图的核心是一个中心节点，代表主要思想或主题，围绕中心节点展开多个分支，每个分支代表与中心思想相关的子主题或概念。这些分支可以继续细分，形成更具体的子节点，构建出一个多层次的网络结构。

使用思维导图有助于提高信息的组织性，促进知识的整合和深化理解。它在教育领域有广泛应用。在教学设计中，教师可以利用思维导图规划课程内容，预设教学活动，使课堂更加有序。学生在预习和复习时，通过思维导图能够快速抓住重点，加深记忆。在课堂上，思维导图可以促进学生积极参与，使得笔记更加直观、有条理。此外，思维导图也支持协作学习、课题研究和创意思考，激发学生的创造力和批判性思维。它还可以用于学习评估与反馈，帮助教师跟踪学生进度，提供个性化指导。总之，思维导图作为一种强大的学习工具，对于提升教学质量具有显著作用。

随着技术的发展，现在有许多软件和应用程序支持创建和编辑思维导图，如 MindManager、Xmind 和 MindMaster 等，它们提供了丰富的功能和模板，使用户可以便捷地进行思维导图的制作和分享。

3. 课堂演示工具

在课堂教学中，演示工具发挥着重要作用，主要体现在增强视觉效果、促进互动和组织内容等方面。通过多媒体元素（如图像、动画和视频），教师能够将抽象概念具体化，帮助学生更好地理解和记忆。同时，许多现代演示工具支持实时互动，提高学生的参与感，活跃课堂氛围。此外，这些工具有助于将教学内容结构化展示，清晰地呈现主题和逻辑关系，满足不同学生的学习风格，提升学习兴趣。演示工具还方便信息分享，教师可以快速制作和修改内容，节省时间，提高教学效率。总之，演示工具在课堂教学中连接了教师与学生、知识与实践，显著提升了教学效果和学生的学习体验。

在课堂教学中，Microsoft PowerPoint 以其界面友好、功能强大的特点得到了广泛使用。它支持幻灯片制作，可以插入文本、图片、音频、视频等多种媒体。用户通过设计模板、布局选项和多种视觉化工具能设计出引人入胜的课件。它的演讲者模式和笔记功能，使得教师在演示时能够更好地控制演讲进度和内容。此外，PowerPoint 支持实时编辑和多人协作，便于团队成员共同编辑和分享演示文稿。

除了常用的 PowerPoint 之外，还有很多演示工具也可用于课堂教学，例如 Focusky、Prezi、Canva、SmartBoard、WPS 等。这些工具各具特色，教师可以根据教学需求和课堂环境选择合适的工具进行课堂演示，提升教学效果。

4.协作学习工具

协作学习(Collaborative Learning)是一种通过小组或团队的形式组织学生进行学习的策略。小组成员的协同工作是实现班级学习目标的有机组成部分。小组协作活动中的个体(学生)可以将其在学习过程中探索、发现的信息和学习材料与小组中的其他成员共享,甚至可以同其他组或全班同学共享。在此过程中,学生之间为了达到小组学习目标,个体之间可以采用对话、商讨、争论等形式对问题进行充分论证,以期获得达到学习目标的最佳途径。

协作学习目前已经成为一种学习模式,在传统的班级授课和信息技术学习环境中得到了广泛的应用。当学生以小组的形式共同完成一个任务时,必然需要用到一些协作学习工具。石墨文档、腾讯文档和金山文档都是目前流行的在线协作学习和办公工具,它们各自具有不同的特点和优势。

(1)石墨文档

- 界面简洁,操作直观,适合个人和团队的文档协作。
- 支持多人实时在线编辑,自动保存历史版本。
- 提供了基础的文档编辑功能,但在智能化功能上略显不足。

(2)腾讯文档

- 依托于腾讯生态,与QQ和微信深度整合,方便分享和协作。
- 智能化功能丰富,如智能翻译、智能纠错等。
- 模板数量较多,支持多种文件格式的导入、导出。

(3)金山文档

- 功能全面,编辑能力强,兼容性好,适合复杂的文档编辑需求。
- 提供了丰富的模板和组件,支持语音会议功能。
- 强调安全性和文件保密性,适合企业级用户。

在选择时,可以根据团队的工作习惯、文档复杂度以及对智能化功能的需求来决定使用哪款工具。例如,如果需要与微信或QQ深度整合,腾讯文档可能是更好的选择;如果追求编辑功能的强大和兼容性,金山文档可能更合适;如果喜欢简洁的界面和基础的协作功能,石墨文档则能满足需求。

5.互动教学工具

互动教学工具通过提供多样化的教学方法和即时反馈机制,显著提升了学生的课堂参与度和学习动机。这些工具利用技术手段,如在线测验、讨论板和实时投票,使教师能够以更直观和有趣的方式进行教学,同时激发学生的思考和兴趣,促进批判性思维和协作学习能力的发展。互动教学工具还支持教师进行有效的课堂管理和个性化教学,使教学更加灵活和高效,有助于实现教育创新,提升教学质量。互动教学工具支持实时反馈和数据收集,帮助教师更好地了解学生的学习情况,并及时调整教学策略。此外,它们都具有用户友好的界面,易于在多种教学环境中使用,从而促进个性化学习和教育创新。

希沃白板(Seewo Interactive Whiteboard)、微助教(Weizhujiao,一种教学辅助软件)和Wordwall(一种在线单词游戏和教学工具)是互动教学工具的代表,它们各有其特点和作用。这些互动教学工具通过提供丰富的教学资源、增强课堂互动和提供即时反馈,有助于提高教学质量和学生的学习体验。教师可以根据具体的教学目标和学生需求选择合适的工具,以创造更加高效和吸引人的学习环境。

6. 学科教学工具

学科教学工具是针对学科特点专门开发的教育类软件。这些工具针对特定学科的需求,提供定制化的教学资源和活动,其在功能性和专业性方面取得了统一,为教师和学生提供了多样化的教学和学习方式,极大地丰富了教学内容,提高了学习效率,是进行学科教学的好帮手。学科教学工具数量繁多,每个学科都有大量的工具,下面分学科举例说明。

(1)语文教学工具

语文教学工具注重提升学生的阅读理解能力和文学素养。例如,百度汉语集字典、翻译和学习于一体,提供丰富的汉语词汇、成语、诗词等内容,助力学生提升汉语语言能力和文化素养。在线阅读平台如"阅伴"提供经典文学作品和阅读理解训练,帮助学生深入理解文本内容。此外,作文辅助工具如"作文宝"通过智能推荐和范文示例,指导学生提高写作水平。

(2)数学教学工具

数学教学工具专注于培养学生的逻辑思维和解题能力。软件如"Mathway"提供数学题目的分步解答,覆盖代数、几何等各个领域。动态几何软件"几何画板"允许学生创建和操作几何图形,直观理解数学概念。在线练习平台如"可汗学院"提供个性化的数学练习和实时反馈,帮助学生巩固知识点。

(3)英语教学工具

英语教学工具旨在提高学生的听、说、读、写能力。应用程序如"Duolingo"通过游戏化学习激发学生的学习兴趣,涵盖词汇和语法学习。在线语言学习平台"Rosetta Stone"提供沉浸式学习环境,强化语言实际应用。此外,口语练习工具如"英语流利说"利用语音识别技术,帮助学生练习发音和口语表达。

(4)物理教学工具

物理教学工具通过模拟实验和互动演示,帮助学生理解物理原理。例如,"PhET Interactive Simulations"提供各种物理实验模拟,让学生在虚拟环境中探索物理定律。虚拟现实工具如"Labster"提供逼真的物理实验室体验,进行远程实验操作。

(5)化学教学工具

化学工具通过分子模型和化学反应模拟,加深学生对化学概念的理解。软件如"ChemDoodle"允许学生绘制化学结构和反应机制。在线平台"ChemCollective"提供丰富的化学教学资源和互动习题,支持学生自主学习。

(6)生物教学工具

生物教学工具通过视觉化技术和互动模拟,帮助学生掌握生物学知识。例如,"BioInteractive"提供高质量的生物学视频和互动模块,涵盖细胞生物学、遗传学等领域。虚拟现实工具如"Google Earth VR"允许学生探索生物多样性和生态系统。

第三节　数字化教学工具的使用

一、问卷星的使用

问卷星是一款常用的问卷工具,在电脑端和手机端均可使用,因其功能丰富,易学易用而广受欢迎。使用问卷星做问卷调查流程如下。

1.如图4-1,点击"创建问卷",选择创建的问卷类型。

图4-1　创建问卷

2.问卷星提供四种创建方式,默认为"创建空白问卷"。以"创建空白问卷"为例,添加一道单选题。(图4-2、4-3)

图 4-2　创建空白问卷

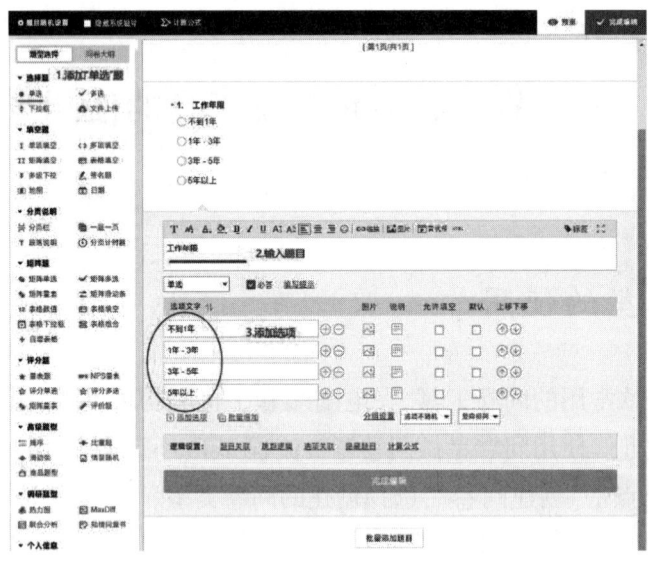

图 4-3　添加单选题内容

3.添加和编辑完所有的题目之后,点击"完成编辑"并发布问卷,如图 4-4。
4.发布之后生成问卷链接,将链接复制给填写者作答。

图 4-4　发布问卷

5.有了答卷之后到"分析 & 下载">"统计 & 分析"里面查看统计结果;在"分析 & 下载">"查看下载答卷"中可下载原始数据。

以上是问卷星的基础使用方法,要想了解更多问卷星的用法,可登录其官网获取帮助。

二、Xmind 思维导图工具的使用

思维导图,又名"心智导图",是表达发散性思维的有效图形思维工具,它简单却又很有效,同时又很高效,是一种实用性的思维工具。思维导图运用图文并重的技巧,把各级主题的关系用相互隶属与相关的层级图表现出来,把主题关键词与图像、颜色等建立记忆链接。用思维导图做的笔记,一目了然,层次分明,关键词精练,容易记忆,而且不会造成视觉疲劳,如图 4-5 所示。

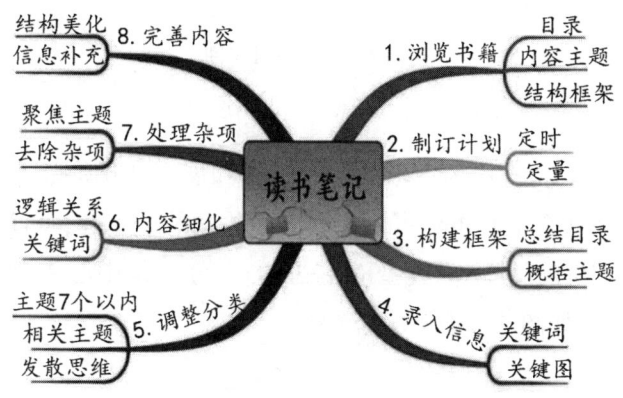

图 4-5 思维导图示例

制作思维导图的工具很多,例如 MindMaster、Xmind、FreeMind 等,下面以 Xmind 为例介绍思维导图的制作。

Xmind 是一款国内比较知名的思维导图软件,界面简洁美观,结构比较丰富。除了常规的思维导图,Xmind 同时也提供了鱼骨图、二维图、树形图、逻辑图、组织结构图等形式,并且可以方便地在这些展示形式之间进行转换,具有内置拼写检查、搜索、加密、定制节点外观、插入图标甚至是音频笔记功能。它还可以导入 MindManager、FreeMind 数据文件进行处理,输出格式有 HTML 和图片两种。

1.新建思维导图

打开 Xmind 之后,可以通过多种方式新建思维导图,这里使用第一种方式,如图 4-6 所示。

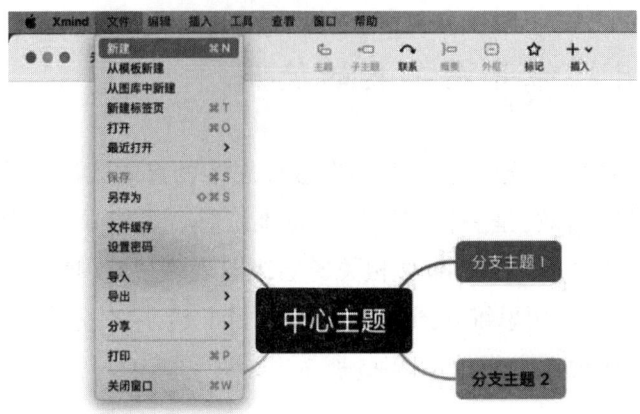

图 4-6 新建思维导图

2.增加"主题"

在思维导图中,"主题"指的是思维导图组织和展开的中心思想或概念。它是导图的基础元素,围绕这个中心主题可以发展出相关联的子主题,从而结构化地展示思维或信息。Xmind 中有五种不同类型的主题形式,分别是中心主题、分支主题、子主题、自由主题和概要,如图 4-7 所示。

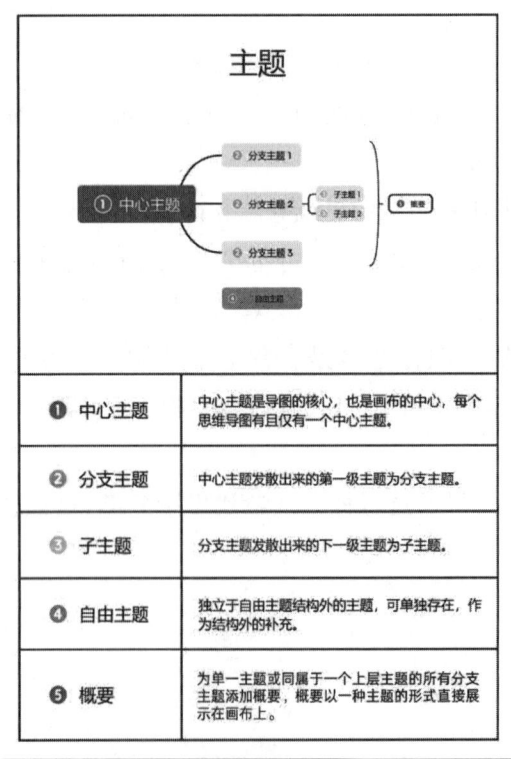

图 4-7 主题类型

增加主题前必须先选中上一级主题,然后通过菜单或工具栏上的相应选项进行操作。例如,增加"分支主题"操作,要先选中"中心主题",然后点击菜单栏下面的主题创建就可以添加,如图4-8所示。

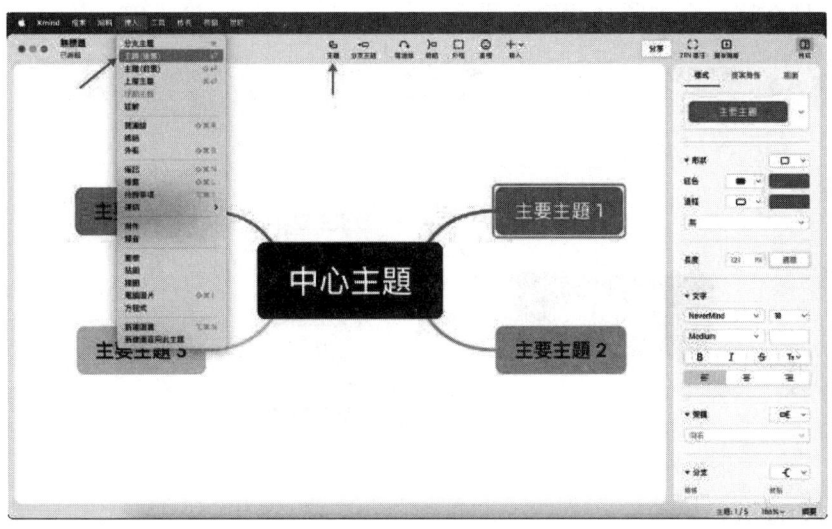

图4-8　添加分支主题

3.删除主题

选中主题,直接按删除键"Delete"或右键>删除即可删去主题。

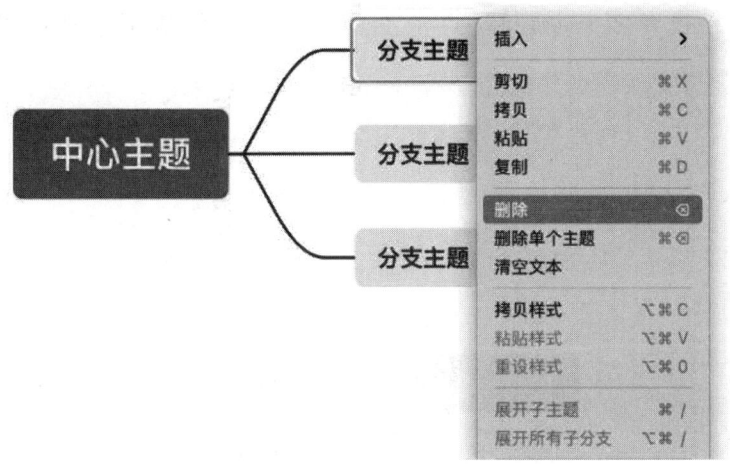

图4-9　删除主题

4.联系

联系是思维导图中任意两个主题之间用于显示特殊关系的自定义连接线。如果两个主题之间有关联性,可以用联系将二者关联起来,并添加文字描述定义这个关系。联系可以使用自定义线条、颜色、箭头、文本等样式。

选中一个主题，在工具栏中点击"联系"，或者在菜单栏中的插入菜单中选择"联系"，再点击另一个主题即可成功添加，如图 4-10 所示。

当选中一个主题，点击联系图标后，点击导图的空白区域，可以创建一个新的自由主题并且在这两个主题之间建立联系。

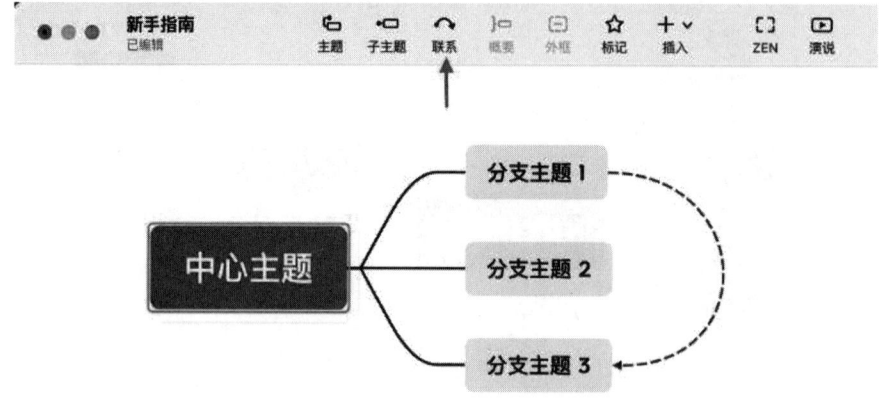

图 4-10　添加联系

5.概要

在思维导图中，概要用于为选中的主题添加总结文字。当你想对一个或几个主题进行总结和概括，进一步对主题进行总结和升华时，可以添加概要。

选中一个或者多个主题后，点击工具栏中"概要"进行添加即可，如图 4-11 所示。

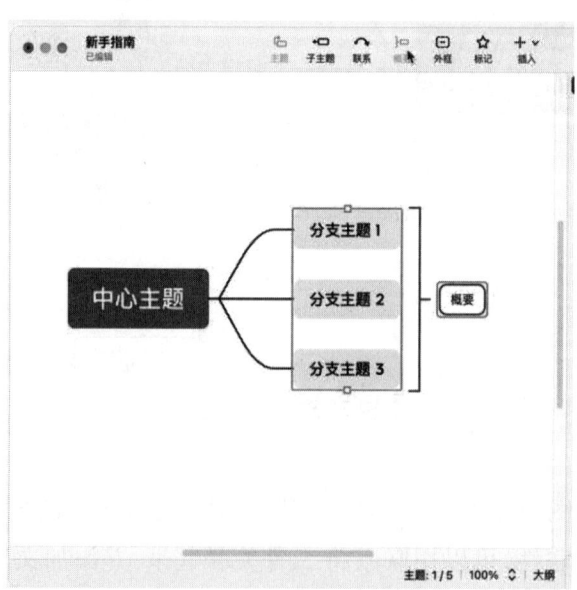

图 4-11　添加概要

还可以为概要主题添加子主题,如图 4-12 所示,添加方式和添加子主题的方法相同。

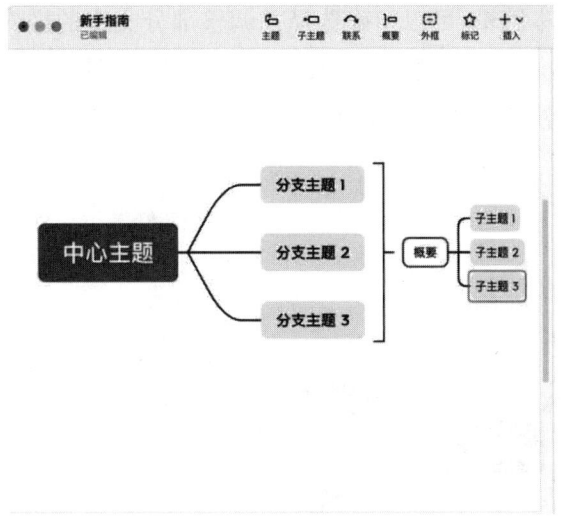

图 4-12　为概要添加子主题

6.标注

标注是插入附加文本的好方法,可以很好地为主题进行注解。在 Xmind 中,标注不仅仅是一个形状,而且还是主题的一个附属部分。

选中主题,在菜单栏中点击"标注"即可进行添加,如图 4-13 所示。

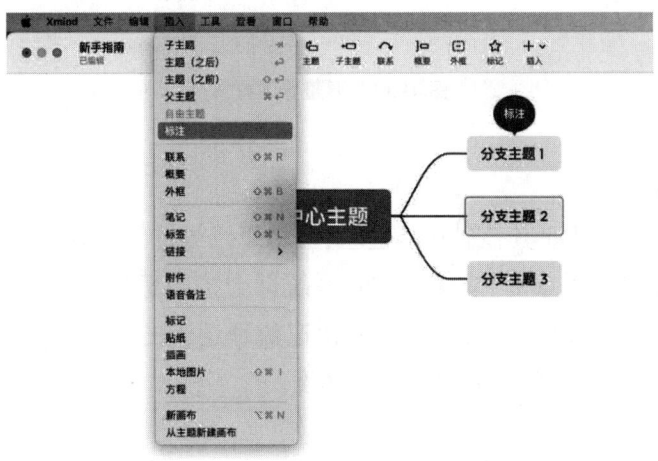

图 4-13　添加标注

7.调整导图样式

在 Xmind 中,"样式"(Style)允许用户自定义思维导图的视觉属性,包括颜色、字体、形状等。通过调整样式,不仅可以增强思维导图的视觉效果和吸引力,还可以提高信息的清晰度和易读性,有效传达思想和信息。

选中任一主题,点击工具栏右侧的"样式"图标。在"形状"板块,选择主题形状、填充色、边框样式和宽度。在"文本"板块,调整字体样式、大小和颜色。值得一提的是,Xmind 支持富文本编辑,可以精确选择并调整部分文字的样式。修改主题的结构和分支样式,包括线条的外观、颜色、粗细和末端样式。(见图 4-14)根据个人偏好选择编号样式,并灵活决定是否将其应用至所有同级主题,实现个性化的组织和呈现。

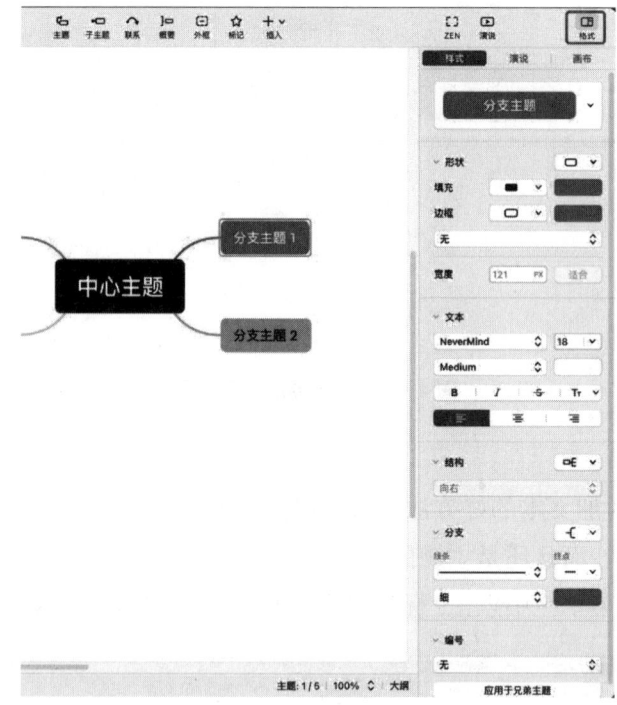

图 4-14　调整导图样式

8.演说模式

Xmind 的演说模式是其核心功能之一,可将思维导图一键转换为动态幻灯片,实现高效演示。用户只需点击"演说"按钮,系统即会按照思维导图的逻辑路径自动生成流畅的转场动画和布局,尤其适合需要快速梳理逻辑的会议、教学等场景,既保留思维导图的灵活性,又具备专业演示的流畅度。

三、Focusky 动画演示大师的使用

Focusky 是一款以 3D 动态演示为核心的多媒体幻灯片制作软件,其功能设计突破了传统 PPT 的线性展示模式。用户可通过无限缩放、旋转和平移的镜头特效,将内容以电影级转场呈现。例如,模仿视频的 3D 镜头切换,使幻灯片像动态电影般播放,显著提升视觉冲击力。此外,软件提供无边界画布,支持自由拖拽、放大、缩小内容,

用户可基于思维导图逻辑从整体到局部组织演示路径,增强观众对内容结构的理解。

Focusky 内置海量模板与素材,覆盖教育、商务、产品介绍等场景,包含1 000+在线模板、50+3D 背景及6 000+矢量素材,用户可快速替换内容生成专业演示文稿。同时支持交互设计,例如添加点击触发的弹出信息框、超链接或音频、视频,并允许插入手绘动画、倒计时等特效,提升演示的趣味性与互动性。

Focusky 支持多格式输出与跨平台应用,可导出为 HTML5、exe、视频、PDF 等格式,便于在线分享或本地浏览。其分屏演示功能允许演讲者查看备注而观众仅见主画面,并可通过云端协作实现多人编辑,满足教育课件、商业路演等多样化需求。

1.Focusky 的操作界面

Focusky 的操作界面以直观简洁为核心设计理念,功能分区清晰,即使是新手也能快速上手,其界面如图 4-15 所示。

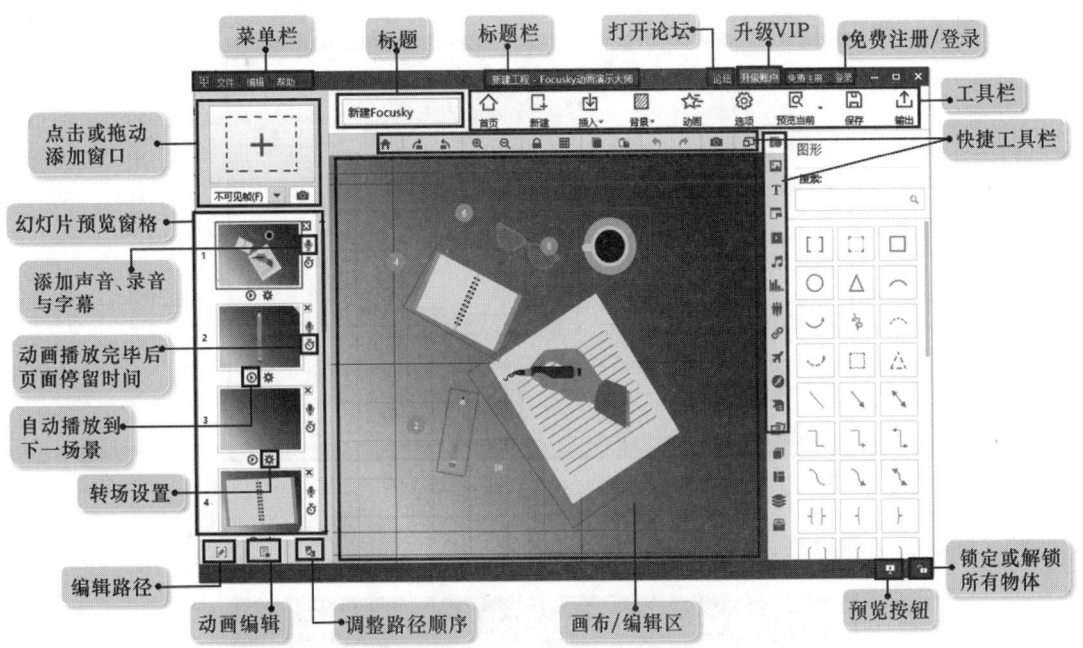

图 4-15　Focusky 操作界面

2.Focusky 动画演示大师制作基本流程

Focusky 支持多种 PPT 创建方式,其中,最为简单高效的就是一键套用模板制作,只需 4 步。

(1)在软件首页选择合适的模板进行套用编辑,如图 4-16 所示。

图 4-16　选择模板

（2）替换原模板内容（文字、图片等元素），如图 4-17。

图 4-17　替换原模板内容

（3）添加动画特效，如图 4-18。

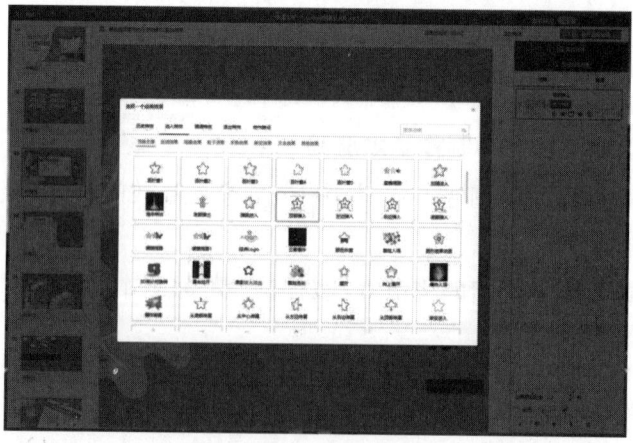

图 4-18　添加动画特效

（4）最后保存输出作品，如图4-19所示。输出格式有多种版本，默认为exe格式，这种格式不需要安装播放器，可直接运行。（注：PPT格式需要升级到企业版才能使用）

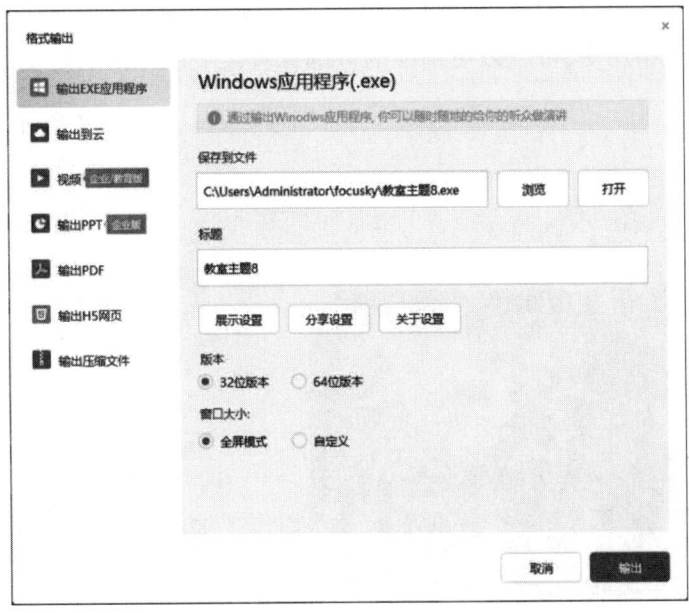

图4-19　输出作品

四、石墨文档的使用

石墨文档是一款支持云端实时协作的国产办公服务软件，可以实现多人同时在同一文档或表格上进行编辑和实时讨论，同步响应速度达到毫秒级。

1. 石墨文档的特色

（1）实时保存

文档实时保存在云端，即写即存。在编辑过程中，文档页面上方会实时提示文档的状态，包括正在保存、保存成功和最后更新时间。

（2）邀请协作

点击"协作"按钮添加协作者，支持快捷添加最近使用、企业成员；也可以输入邮箱、姓名查找进行邮箱邀请，或扫描二维码进行微信邀请。

（3）多人实时编辑

多人、多平台表格实时编辑时会显示为不同颜色的单元格跳动，毫秒级同步响应。编辑者进入表格后，右上角会有小头像显示。

（4）公开分享

支持将表格以公开链接或二维码的形式分享给好友，并可根据需要为表格设置不同的读写权限。

(5)历史和版本管理

表格的历史能够清晰重现协作者在什么时间对表格进行了怎样的修改,还能点击预览历史版本,一键还原到当前版本。

表格的单元格历史,可以以更精准的范围查看某个单元格的历史编辑信息,如图4-20所示。

图 4-20　表格的单元格历史

2.石墨文档基本操作

(1)进入石墨文档官网:https://shimo.im,然后进行登录,首次登录需要注册,也可以使用微信或企业微信快捷登录。

(2)登录成功后,能够查看个人的资料,并更换头像。

(3)点击创建,就能够在弹出的下拉菜单中选择新建文档、表格或者其他内容,如图 4-21 所示。

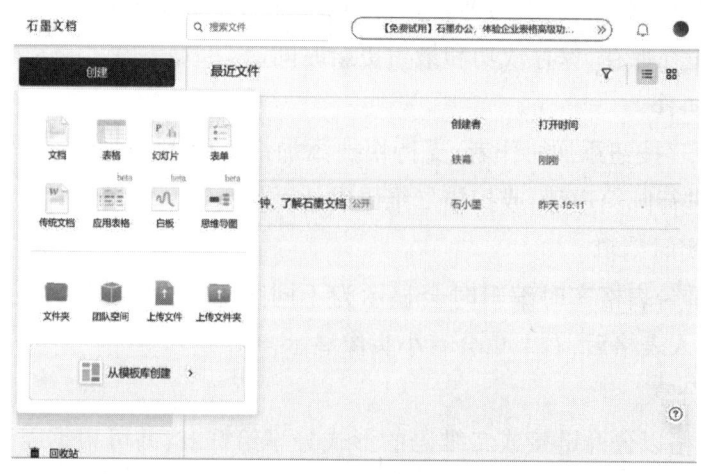

图 4-21　创建文档

(4)编辑文档。如图 4-22 所示,打开文档后点击右上方的插入,选择图片,就能够上传本地图片了。在列表中选择超链接,就能在文档中插入网站链接。在文档里输入@后,选择需要@的同伴或文档名称,就可以提及一个人或文档。

图 4-22　编辑文档

(5)完成编辑后文档不需要保存,返回主页面或者关闭文档即可。

五、希沃白板 5 的使用

希沃白板 5 是一款由希沃(seewo)自主研发,专为教师打造的互动教学平台。针对信息化教学场景,提供课件制作、互动授课、在线课堂、微课录制、课件资源库等多项功能,满足线上、线下教学的多个场景,让教师能一站式完成教学环节的主要流程。

1.主要特点

(1)开启云课堂直播,实时分享知识。

- 教师在电脑端创建直播课程,一键分享课程海报到微信。
- 学生收到海报,微信扫码就能立即进入在线课堂。
- 答题、聊天、操作课件,师生远程互动教学,让知识无界传播。

(2)简易功能设计,让备授课更高效。

- 含有丰富的文本、图形、多媒体及动画效果设置。
- 一键调用拼音、英文、化学方程式、星球、乐器等多种学科工具。

(3)海量学科资源库,令课程设计更丰富。

- 5 000+课程视频、30 万+题库、800+仿真实验等海量学科资源及互动游戏。
- 覆盖小学、初中、高中主要学科近 20 000+份精品学科系列课件,支持 PC 端及

App 端一键预览及获取课件。

(4)手机 App 控制大屏,实时双屏互动。

• 登录同一账号(最新版本)即可连接,手机可控制课件实现打开、翻页、批注等功能,大屏同步显示画面。

• 手机可实现投屏、拍照上传、实时直播等功能,灵活展示和点评学生学习成果,呈现课堂细节。

2.希沃白板 5 的基础功能

打开希沃白板 5,登录之后可以看到如图 4-23 所示界面。在左侧的列表中,有云课件、知识胶囊、云课堂、作业本、课件库等选项,右侧为某选项下的具体内容。

• 云课件:可以新建课件,导入本地课件或者打开云课件。

• 知识胶囊:可以将教师讲授课件的过程保存为视频。

• 云课堂:可以建立语音或视频直播,开展远程教学。

• 作业本:包含小学到中学各学科的作业资源,教师可以根据教学内容和需求选择适当的题目形成一份作业发给学生,发布形式分为电子作业和纸质作业两种。

• 课件库:包含小学到中学各学科的课件资源,教师可免费使用。例如,选择人教版数学七年级上册第一章有理数,在右侧的课件列表中选择一份课件,界面如图 4-23 所示。可以浏览课件内容,或者点击"获取课件",然后在"云课件"中打开它进行编辑。

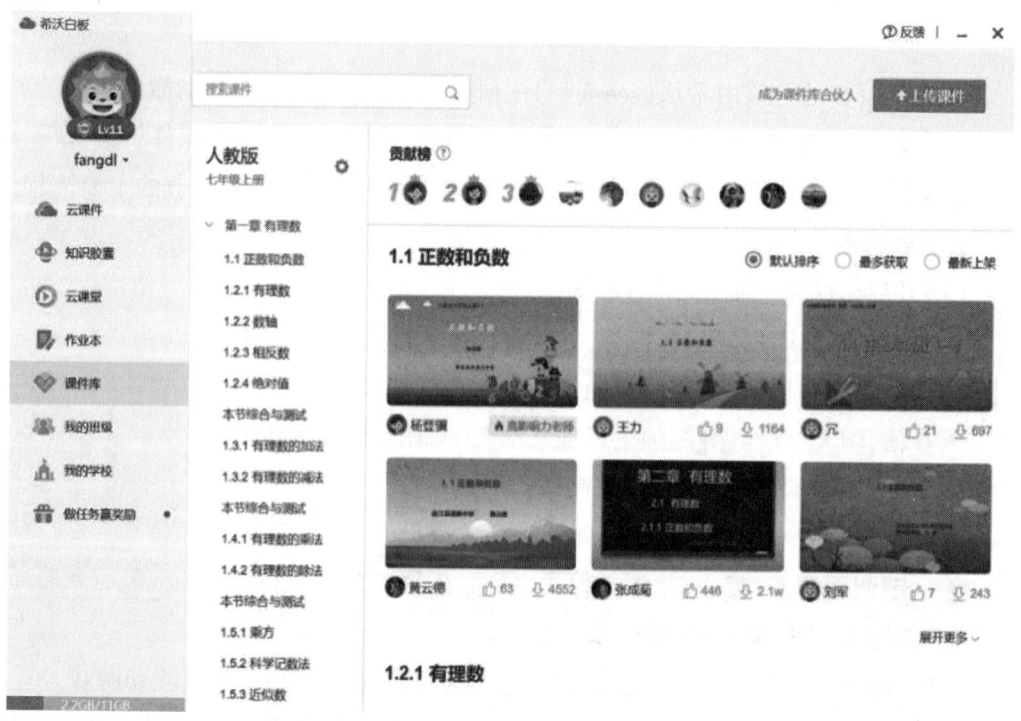

图 4-23 希沃白板登录界面

3. 新建课件

选择"云课件",点击右上角的"新建课件"按钮,选择一种模板,确定后进入新建课件界面,如图4-24所示。

在此界面下,可以插入文本、形状、图片、音视频、表格等基础内容,也可以插入思维导图、学科工具、课堂活动等更高级的内容。

图4-24 课件编辑界面

4. 授课工具

点击左上角的"开始授课"按钮,进入课件播放界面。在播放状态下,除了笔和橡皮等基本工具,还有许多通用工具、学科工具以及在线资源可以使用,如图4-25所示。

图4-25 课件播放界面

5.课堂活动

希沃白板 5 提供的"课堂活动"是一类课堂互动的工具，它包含"趣味分类""选词填空""分组竞争"等不同内容，如图 4-26 所示，其中部分内容配合希沃一体机能更加有效地活跃课堂气氛。

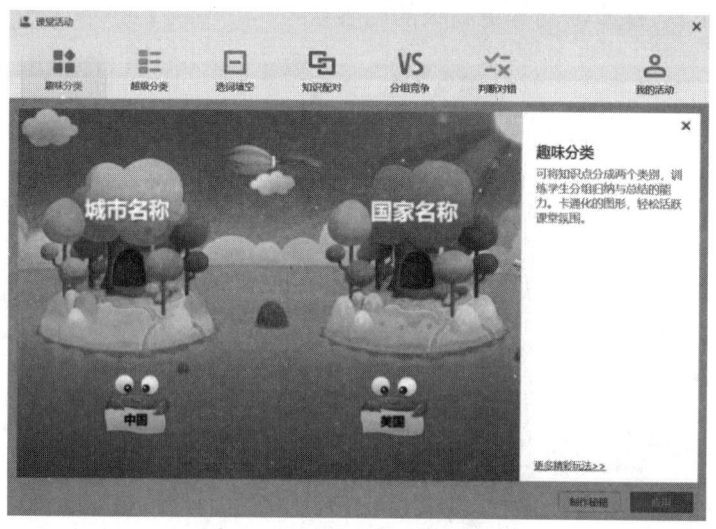

图 4-26 课堂活动

除了上述功能，希沃白板 5 还有一系列配套软件，如希沃授课助手、班级优化大师等，能全面帮助教师进行教学管理。

六、PhET 虚拟实验室的使用

在物理、化学、生物学等学科中，通常需要演示实验来让学生进行观察，从而便于学生更加直观形象地掌握某个知识点。但是，有些实验所需的仪器价格昂贵，在实验中有一定的安全隐患，还有一些实验现象不易观测，虚拟实验室的出现很好地解决了这些问题。在虚拟实验室中，学生更易获得相关的知识，科学的指导和敏捷的反馈。学生既可以在虚拟实验台上动手操作，又可以自主设计实验，有利于培养学生的操作能力、分析诊断能力、设计能力和创新意识。虚拟实验室是未来实验室建设的重要方向。

PhET（Physics Education Technology）是由诺贝尔物理学奖得主卡尔·威曼于 2002 年创立的免费开源科学教育平台，旨在通过互动仿真实验帮助学生直观理解抽象的科学与数学概念。目前，平台涵盖数学、物理、化学、生物学、地球科学五大领域，内容从小学到大学全学段适配。既可以用于教师课堂教学，也可用于学生自主学习。图 4-27 为其网站界面。

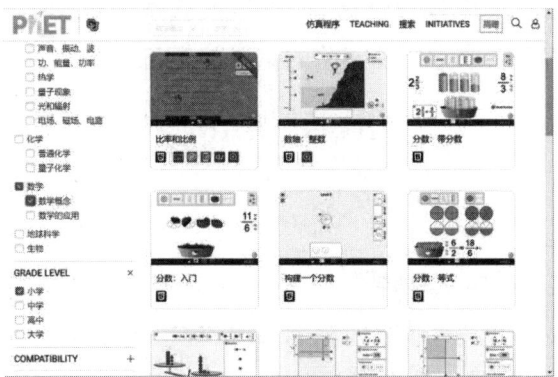

图 4-27　PhET 网站界面

下面以化学实验——能量的形式和转换为例展示实验的过程。

(1) 实验主页介绍了实验的要点和目标,如图 4-28 所示。

图 4-28　实验主页

(2) 点击上方的播放按钮进入虚拟实验室。

(3) 在虚拟实验室中,通过各种仪器设备模拟实验过程,观察实验现象,如图 4-29 所示。

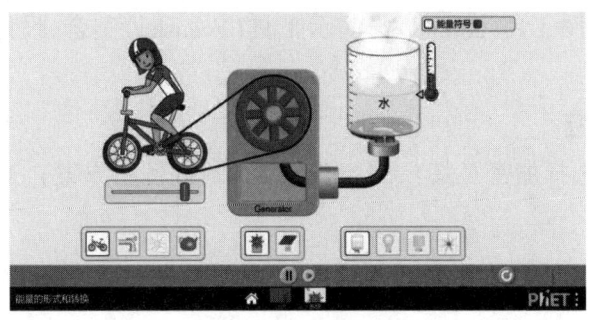

图 4-29　实验界面

尽管无法完全替代实际操作经验，但虚拟实验室通过安全可控、高效灵活等特点，正重塑科学教育范式，成为传统实验的重要补充与延伸。

『本章知识总结』

【主要知识点】

1. 数字化教学工具的定义与特点

深度融合数字技术与教育场景的辅助系统，包括实体设备（如智能交互平板）和数字化服务平台（如智慧课堂系统）。

2. 工具选择策略

"目标—场景—技术"三元匹配原则：根据教学目标、教学场景（线下/线上/混合式）和技术特性（功能、易用性、成本）动态适配工具。

3. 工具分类与典型应用

六类工具：调查工具（问卷星）、思维导图工具（Xmind）、课堂演示工具（Focusky）、协作学习工具（石墨文档）、互动教学工具（希沃白板）、学科专用工具（PhET 虚拟实验室）。

学科专用工具应用场景：如 PhET 用于高危实验模拟、几何画板辅助数学抽象概念理解。

【重难点解析】

1. 工具选择的三元匹配原则

需精准分析教学目标（如知识传递或素养培养）、场景需求（如混合式教学需兼容线上线下工具）、技术特性（如易用性与成本）。

2. 学科专用工具的教育价值

虚拟实验室（PhET）通过可视化与安全性弥补传统实验不足，需结合实体操作提升学习效果。

3. 复杂工具的集成应用

如何将思维导图工具（Xmind）与演示工具（Focusky）整合，设计覆盖多环节的教学方案？

4. 技术风险规避

如隐私保护（选择加密工具）、网络稳定性（制订备用方案）、避免过度依赖工具导致教学异化。

『本章学习反思』

【认知冲突】

1.理论原则与实操差异

教材强调"目标—场景—技术"匹配,但实践中易陷入"技术堆砌"误区(如为追求互动性选择复杂工具,忽视师生技术能力)。同时,学科工具(如 PhET)虽安全便捷,但若对其过度依赖可能削弱学生的动手实践能力,需平衡虚拟与实体实验。

2.技术先进性与教育价值的权衡

高端工具(如 VR 实验室)对资源薄弱学校不友好,如何通过轻量化工具(问卷星+希沃移动端)实现公平性与有效性兼顾?

【行动启示】

1.建立工具资源库

按功能、学科分类标注工具特性(如成本、操作难度),避免"手里只有锤子,看什么都像钉子"。

2.开展轻量化工具实践

针对乡村学校设计"低技术—高教育价值"方案(如手机端协作工具+二维码资源包)。

3.强化伦理意识

在教学方案中嵌入隐私保护策略(如匿名问卷)、技术使用边界说明(如 AI 批改作文须保留教师人文反馈)。

【未来追问】

当 AI 能自动生成教学设计时,教师的核心竞争力将转向哪些能力(如情感引导、创造性问题解决)?

如何在设备有限的课堂中,通过工具组合(如 Focusky+收音机)实现沉浸式学习?

如何量化工具应用效果(如互动率)的同时,保留对学生批判性思维、合作能力等软性素养的质性评估?

『本章拓展学习资源』

学习资源编号	学习资源类型	学习资源名称	资源获取方式
1	网站	问卷星使用帮助	https://www.wjx.cn/help/help.aspx?helpid=192

续表

学习资源编号	学习资源类型	学习资源名称	资源获取方式
2	网站	Xmind 使用帮助	https://xmind.cn/user-guide/xmind/
3	网站	Focusky 使用帮助	http://www.focusky.com.cn/video-tutorials
4	网站	石墨文档使用帮助	https://shimo.im/help
5	网站	希沃白板 5 使用帮助	https://study.seewoedu.cn/college
6	网站	PhET 中文网站	https://phet.colorado.edu/zh_CN/

『本章参考文献』

[1]王娟,张雅君,王冲,等.国家中小学智慧教育平台应用现状调研与路径优化——基于全国 30,605 名中小学生的样本数据[J].电化教育研究,2024,45(6):50-56+65.

[2]徐碧波,裴沁雪,陈卓,等.国家中小学智慧教育平台推进基础教育数字化转型的现实意义与优化方向[J].中国电化教育,2023(2):74-80.

[3]高洁,彭绍东.教育人工智能背景下智慧教学工具的比较研究[J].上海教育科研,2023(3):61-67.

[4]李硕,刘丽艳.国外学科教学知识(PCK)测评工具评析[J].比较教育学报,2021(6):142-155.

第五章 技术支持的教学评价设计与应用

『本章知识图谱』

第一节 技术支持的教学评价概述
- 一、教学评价
  - 教学评价的概念
  - 教学评价的类型
- 二、技术支持的教学评价
  - 技术支持的教学评价的概念
  - 技术支持的教学评价的主要优势

第二节 技术支持的教学评价工具
- 一、电子学习档案袋
  - 电子学习档案袋的定义
  - 应用电子学习档案的步骤
- 二、数据分析与可视化工具
  - 数据分析与可视化工具的定义
  - 应用数据分析与可视化工具的步骤
- 三、智能组卷系统
  - 智能组卷系统的定义
  - 智能组卷系统的步骤

第三节 技术支持的教学评价的设计与应用
- 一、技术支持的教学评价的设计
  - 确定评价目标
  - 确定评价主体
  - 确定评价指标
  - 选择评价方法及工具
- 二、技术支持的教学评价的应用
  - 收集评价数据
  - 分析解释评价数据
  - 撰写评价结论
- 三、教学评价案例
  - 构建"五育并举"评价体系,促进全面发展
  - 结合课堂教学变革,实施学科评价
  - 创新学生评价手段,实现精准评价

第四节 人工智能支持的教学评价
- 一、人工智能在教学评价中的应用优势
- 二、人工智能在教学评价中的应用领域
  - 学习行为分析与趋势预测
  - 自动化评分与反馈
  - 智能监考与作弊预防
  - 教学资源优化与推荐
  - 评价报告生成与教育决策支持
- 三、人工智能在教学评价中的应用案例
- 四、人工智能在教学评价中面临的挑战与对策
  - 技术至上与评价标准缺失
  - 算法偏见与评价公正性
  - 数据安全与隐私保护
  - 技术融入与教师专业发展
  - 伦理与道德问题

『本章学习任务清单』

1.在分析教学评价案例时,能准确归纳学业质量评价与课堂教学评价的核心差异,并列举3种以上技术支持评价的典型特征。

2.借助智能组卷系统操作演示,能独立说明电子档案袋、数据可视化工具在形成性评价中的功能逻辑,匹配率达90%。

3.基于评价量规设计任务,能辩证阐述AI技术在自动化评分与数据隐私保护中的矛盾关系,提出至少一项平衡策略。

4.针对给定学科教学场景,能整合7个评价环节设计融合诊断性、形成性、总结性评价的技术方案,覆盖90%关键指标。

5.使用问卷星+AI工具,能协作生成符合伦理规范的跨学科评价量规,且通过师生双向验证。

第一节　技术支持的教学评价概述

教学评价是教育教学过程中不可或缺的一部分,它关乎教学质量的提升、学生学习效果的评估以及教育目标的实现。

一、教学评价

(一)教学评价的概念

教学评价是以教学目标为依据,按照科学的标准,运用一切有效的技术手段,对教学过程及结果进行测量,并给予价值判断的过程。

(二)教学评价的类型

1.根据评价的实施方式和目标,教学评价可分为学业质量评价和课堂教学评价。

(1)学业质量评价

学业质量评价是指以学生的学习成果为核心,通过对学生在某一阶段或某一学科中的知识掌握、技能应用和能力发展情况进行测量和判断,从而评估其学业水平的评价活动。该评价更多关注学生的学习结果,而非教学过程本身。其目的是通过标准化的测试或评估工具量化学生的学习水平,为教育决策提供依据。

例如,期末考试、升学考试、英语四六级等都属于学业质量评价。

(2)课堂教学评价

课堂教学评价是指以教学过程为核心,通过对教学设计、教学方法、教学资源的使用、教学效果以及教师基本素质等进行全面评估,从而改进教学质量和优化课程设计的评价活动。该评价与教学过程紧密结合,强调对教学过程的反思和改进,而非仅仅关注学生的学习结果。其目的是通过持续的反馈和调整,优化教学过程,提高教学质量,促进学生的学习和成长。

例如,教师的教学反思、课堂观察、学生对课程的反馈等都属于课堂教学评价。

学业质量评价与课堂教学评价的不同详见表5-1。

表5-1 学业质量评价与课堂教学评价总结对比

维度	学业质量评价	课堂教学评价
侧重点	学生的学习成果和学业水平	教学过程的质量和教学设计的合理性
评价对象	学生	课程、教师、教学资源、学生等
评价目的	判断学生是否达到学业标准	改进教学设计和教学方法
评价方法	主要是以标准化测试、考试、作业评分等定量方法为主	主要是以课堂观察、学生反馈、教师反思等质性方法为主
评价时间点	教学阶段结束后	教学过程中随时进行
评价结果应用	学业认证、选拔、分级	教学改进、课程优化

2.按照教学段的不同,教学评价可分为诊断性评价、形成性评价和总结性评价。

(1)诊断性评价

诊断性评价一般在学期开始或一个单元教学开始之前进行,目的在于了解学生在学习活动开始前的知识、技能准备情况以及影响学习的因素,对学生课前的学情进行了解、分析、诊断。

诊断性评价的主要功能:①检查学生的学习准备情况;②评估学生的最近发展区;③了解造成学生学习困难的原因。

例如,摸底考试、课前小测验、调研问卷、评价量规等。

(2)形成性评价

形成性评价,又叫过程性评价,一般是在教学过程中进行,是介于诊断性评价(事前)和总结性评价(事后)的一种评价形式,主要是对教学活动过程中教师的教或学生的学进行评价,是教学效果评价的主要形式。在教学活动过程中,为了不断把握阶段性的教学效果,会经常进行过程性评价,方便教师及时了解学生各阶段的学习情况、存在的问题,及时调整教学计划,确保教学活动能顺利开展,从而实现教学效果的最优化。

形成性评价的主要功能：①了解学生的知识、技能掌握情况；②改进、强化学生的学习；③给教师提供相关的反馈信息；④辅助教师调整教学计划。

例如，随堂测验、自查清单、积分表、电子学习档案袋等。

(3) 总结性评价

总结性评价一般发生在教学活动结束后，主要是为把握最终教学结果而进行的评价。其目的在于检查评价学习者对知识的整体掌握情况，也被称为终结性评价。总结性评价重视的是教与学的结果，借以对学生评定等级，全面鉴定，并对教师的整个教学方案的有效性作出评定。

总结性评价的主要功能：①评定学生的学习成绩；②了解学生掌握知识、技能的程度和能力水平以及达到教学目标的程度；③鉴定教师的教学质量。

例如，单元测试、期末考试、升学考试等。

一个完整的教学过程一般包含教学前、教学中和教学后三个阶段，因此，在教学评价过程中应将诊断性评价、形成性评价和总结性评价相结合，从而更好地促进教学质量的提高，更好地实现教学效果的最优化。

二、技术支持的教学评价

(一) 技术支持的教学评价的概念

技术支持的教学评价主要是指根据信息化教学理念，运用一系列评价技术手段对信息化教学效果进行评价的活动，以期确定教学状况与教学目标的差距，从而调整解决教学问题的对策，使教学效果达到最优化。其根本目的是借助新时代信息技术手段，使教学评价做到更全面、更及时、更智能和更精准，实现科学、客观和高效的评价与反馈，确保提高和改善教与学的效果。

(二) 技术支持的教学评价的主要优势

1.评价主体多元化

传统意义上的教学评价的主体具有单一性，它常常只关注到客观知识和学生学习结果的评价，普遍被作为一种判断学生对知识掌握程度的手段，忽视了评价对教师、学生自身发展的影响。技术支持的教学评价主体不仅有教师，学生也可以进行自我评价，还可以对其他同学或对教师的课堂教学进行评价，家长也可以参与到教学评价活动中，共同促进教学评价的发展和完善。

2.评价内容多样化

传统意义上的教学评价主要是针对学生所学的课程知识，以分数或等级来衡量学生的学习水平,评价的内容局限于知识层面。而技术支持的教学评价不仅重视学生知识掌握情况,更重视学生的能力、情感的发展,对教学活动的评价不再局限于课堂,学前准备、教学设计、课后自我提升等都被纳入教学评价的范围,有更大的评价空间。

3.评价目的差异化

传统意义上的教学评价侧重于通过各科的考试来检验学习和教学的质量,进而作为奖励或选拔的依据,评价方法和手段受到较大的局限。技术支持的教学评价有更多方法来评定学生的水平,不仅检验学生的学习效果,还注重学生的技能、综合素质等方面的提升,同时也注重完善和提高教师的教学素养。

4.评价体系综合化

多主体的参与、多内容的组成、多目的的并行、多类型的交叉、多技术的应用,有助于建立完整、综合性强的评价体系,从而使评价效果更全面、有效。

5.评价结果精准化

通过采取数据融合、数据分析等技术对多模态数据进行诊断分析,实现多维、全局数据处理和分析的最优化,从而达成精准的评估和测评。

第二节 技术支持的教学评价工具

技术支持的教学评价工具是现代教育技术革新的结晶,它们通过集成先进的数据分析、人工智能技术和用户友好的界面,实时追踪学生的学习表现,提供定制化反馈,帮助教师及时调整教学内容和方法,同时为学生提供针对性的学习资源和练习,极大地提升了评价的效率和准确性。此外,还能跨越时间和空间的限制,使远程和在线学习的评价变得更加便捷和高效。

常见的技术支持的教学评价工具有电子学习档案袋、数据分析与可视化工具、智能组卷系统等。

一、电子学习档案袋

电子学习档案袋(E-Learning Portfolio),简称电子档案袋或电子学档。电子学习档案袋是在学档的基础上发展而来的,是学档的电子化。电子学习档案袋是指在信息技术环境下,学生运用信息手段表现和展示其在学习过程中关于学习目的、学习活动、学习成果、学习业绩、学习付出、学业进步以及对于学习过程和学习结果进行反思的有关学习的一种集合体。主要内容包括学习作品、学习参与、学习选择、学习策略、学习自省等材料，主要用于现代学习活动中对学习和知识的管理、评价、讨论、设计等，主要由学生在他人（如教师、学伴、助学者等）的协助下完成，档案的内容和标准选择等必须体现学生的参与。

从教学评价要求出发，电子学习档案袋至少应该包括：①学习目标（或评价目标）；②作品选择的原则；③清晰的作品评价标准；④教师反馈与指导；⑤学生自我反思；⑥作品的范例。（见图5-1）

图5-1 电子学习档案袋的内容

那么，在实际课堂中如何利用电子学习档案袋进行个性化学习评价呢？以高中英语口语教学为例，可从以下几个方面入手：

1.明确评价目标与主题

在学期或学年开始时，教师须明确电子学习档案袋的评价目标和主题。这些目标应与课程标准、教学目标相结合，同时能关注学生的个性化发展情况。例如，在高中英语口语教学中，评价目标可以包括语言能力、思维品质和学习策略等多个维度。

2.设计评价标准与工具

根据课程要求和学生需求，设计多元化的评价标准和工具，包括学生自评、同伴互评和教师评价。这些评价工具可以是检查表、评分量表或反思记录等。例如，教师可以根据《中国英语能力等级量表》和课程标准制定详细的评价表。

3.选择电子档案袋平台

选择合适的电子学习档案袋平台，如线上小程序"班级小管家"、超星泛雅平台或钉钉等，方便学生上传学习材料和教师进行评价。选择的平台应具备易用性、安全性和互动性，以支持学生的学习记录和反馈。

4.引导学生记录学习过程

鼓励学生在电子学习档案袋中将学习过程中的关键成果和反思记录下来。例如,在英语口语教学中,学生上传口语对话视频、学习反思和自我评价表;教师指导学生选择有意义的学习材料,并记录学生学习过程中的成长和挑战。

5.实施多元评价

电子学习档案袋支持多种评价方式,包括学生自评、同伴互评和教师评价。学生自评可以帮助他们反思学习过程,同伴互评可以促进合作学习,而教师评价则提供专业的指导和反馈。例如,在口语活动中,教师可以通过学生上传到电子学习档案袋中的自评表、互评表和视频,了解学生的表现,并给予针对性的建议。

6.展示与分享优秀作品

定期在课堂上或线上展示学生的优秀作品,这不仅可以激励学生,还能促进学生之间的交流和合作。通过分享优秀案例,学生可以学习他人的优点,教师也可以根据展示结果调整教学策略。

7.持续反馈与改进

教师应根据电子学习档案袋中的记录,及时反馈学生的学习情况,并提供个性化的改进建议。同时,教师可以利用档案袋中的数据,优化教学设计,更好地满足学生的个性化需求。

通过以上步骤,教师可以在实际课堂中利用电子学习档案袋进行个性化学习评价,从而更好地支持学生的个性化发展和自主学习能力的提升。

二、数据分析与可视化工具

教学过程中会产生大量的数据,教师难以在大量的数据中快速获取信息或发现问题,但数据经过技术的处理、分析,借助图形化手段,就能清晰有效地传达与呈现信息。如Tableau和Power BI等数据分析与可视化工具,能够对学生的学习数据进行深度分析和可视化呈现。

教学评价数据分析与可视化工具应用流程主要包括以下六个步骤。

1.采集相关数据。依据教学评价的要求,对相关数据进行智能采集,用以对研究对象的一般规律和表征特点做出分析和梳理,为增加对研究对象的了解,还需对采集到的数据进行细分。如针对学生学习情况的数据可视化分析,需要对学生的课堂表现、线上学习状态、情感表现、知识技能情况等数据进行收集,并对学生的签到率、完成作业次数、学习成果、自我评价等做进一步的数据采集。

2.数据准备。数据准备即对采集到的数据进行筛选,剔除那些无关、冗杂的数据信息,保留优质的数据信息并将其汇总到数据库当中。

3.数据预处理。包括制订数据清理规则、进行数据整理、默认数据填补等。

4.数据分析挖掘。结合教学整体情况对数据做出全方位的分析,为决策处理做准备。

5.可视化呈现。在数据可视化技术的作用下,将最终保留下来的数据以表格、图片的形式进行直观的呈现。数据可视化呈现形式有条形图、折线图、散点图、饼状图、时间线、词云图、树状图、雷达图、四维图、概念图等。(见图5-2)

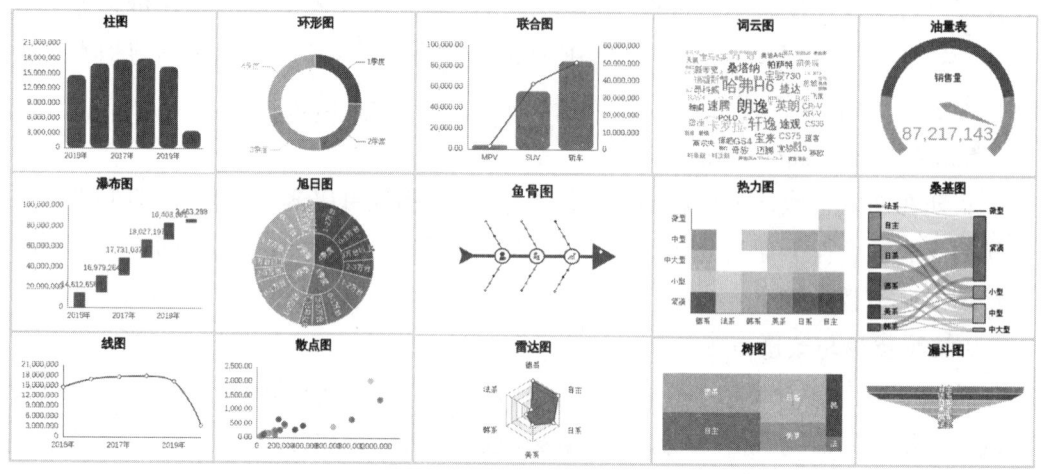

图5-2　数据可视化呈现形式

6.提供个性化报告。根据分析结果,为学生提供个性化学习路径和资源推荐。同时,也为教师提供教学改进策略,如调整教学内容、增加互动环节等个性化建议。

数据分析与可视化工具不仅被广泛应用于教学内容、教学流程的可视化处理,更为教师、学生的评价提供重要的辅助。教师通过对学生日常学习状况以及课堂教学相关数据的获取和可视化处理,实现对学生学习情况的全面掌控,从而为教学计划的制订、调整以及对学生的教学评价提供重要的数据参考,实现教学评价的可视化处理。

三、智能组卷系统

考试是总结性评价的主要形式。中小学教师日常需要编制大量的试卷,纯靠教师自主命题,会耗费教师大量的时间和精力,可通过智能组卷系统,根据实际需求在题库中挑选合适的命题,生成满足不同需求的测试卷,大大提高教师的命题组卷效率和质量。

智能组卷系统主要通过计算机技术和智能算法进行试题科学组卷。智能组卷系统可对题目知识结构、数据延展进行全方位跟踪管理;提供智能化组卷,提高组卷质量;多种考试形式,丰富组织方式。组织者可以自定义题目的知识点、难度、教学要求、分数指标等内容,也可对题库和试卷中的题型进行自定义,如图5-3所示。智能组卷系统融入教学评价中的一般应用路径如下:

图5-3　智能组卷网站——组卷网(学科网)

1.题库建设与管理

题库是智能组卷系统的核心基础,教师需要先建立高质量的题库,以支持后续的组卷操作。

(1)题库创建:教师可以在系统中创建题库,输入题库名称并分类管理。

(2)试题导入:支持手动录入、批量导入(如Excel模板)或从网络课程中导入试题。题库中的试题应涵盖不同难度、题型和知识点,以满足多样化的教学需求。

2.智能组卷操作

智能组卷功能是系统的核心优势,能够根据教师设定的规则快速生成试卷。

(1)设置组卷规则:教师可以根据教学大纲和课程要求,设置试卷的题型比例、难度系数、知识点分布等参数。要注意题目的难度、效度和区分度;注意试卷前后题目不能重复;试卷题目描述要简洁明了,不能出现歧义。

(2)自动组卷:系统根据设定规则从题库中随机抽取题目,生成试卷。教师还可以手动调整试卷内容,确保试卷符合教学目标。

(3)试卷预览与修改:生成的试卷可以进行预览和修改,教师可以调整题目顺序、分数或替换题目。

3. 试卷管理与应用

智能组卷系统不仅支持试卷生成,还提供试卷管理、考试发布和成绩分析等功能。

(1)试卷管理:教师可以对生成的试卷进行集中管理,包括预览、编辑、导出、复制和删除。

(2)考试发布:教师可以选择试卷并设置考试对象、考试时间、防作弊规则等,发布在线考试。

(3)成绩分析:系统自动批改客观题,并提供详细的成绩报告和趋势图表,帮助教师分析学生的学习情况。

4. 教学评价与反馈

智能组卷系统通过数据分析为教师提供教学反馈,支持个性化教学和教学策略优化。

(1)个性化教学:系统根据学生的学习数据生成个性化试卷,帮助学生巩固薄弱知识点。

(2)教学反馈:通过试卷分析报告,教师可以了解学生在各知识点上的掌握情况,发现共性问题并调整教学重点。

(3)持续优化:系统收集学生答题情况和教师反馈,不断优化组卷算法,提升试卷质量。

智能组卷系统通过题库管理、智能组卷、试卷管理和数据分析等功能,为教师提供了高效的教学评价工具。教师可以根据教学需求灵活使用组卷系统,生成高质量试卷,并通过数据分析优化教学策略,实现个性化教学和教学质量的提升。

第三节 技术支持的教学评价的设计与应用

随着信息技术、大数据、人工智能等前沿技术的不断融入,教学评价正逐渐走向智能化、多元化和个性化。这些技术支持不仅能够精准捕捉学生的学习轨迹,还能为教师提供实时反馈,助力教学策略的优化与调整。本节内容将深入探讨技术支持的教学评价设计与应用的一般流程,为日后的教学评价提供指导。

一、技术支持的教学评价的设计

(一) 确定评价目标

评价目标是整个教学评价设计与应用的指导,是制订评价标准、决定评价内容、收集评价数据、确定评价方法和组织形式的基础,因此,在开展教学评价之前,要详细准确地描述评价目标。在确定评价目标时,可从以下几个方面考虑:

1. 基于课程标准和教学目标

(1) 分析课程标准。仔细研究最新版的课程标准,明确每个学科和学段的核心素养和关键能力要求。

(2) 结合教学目标。教学目标是评价目标的基础,评价目标应直接反映教学目标的要求。

2. 涵盖多维度能力

(1) 知识与技能。评价目标应涵盖学生对知识的掌握程度和对技能的应用能力。

(2) 过程与方法。评价目标应关注学生在学习过程中的方法和策略,而不仅仅是结果。

(3) 情感态度与价值观。评价目标应关注学生的情感态度和价值观的培养,体现教育的全面性。

(4) 核心素养。评价目标还应根据学科核心素养的层级水平、各课程模块相应的学业质量水平等确定。

3. 适应不同学段和学科特点

(1) 小学低年级。评价目标应简单、具体,注重基础知识和兴趣培养。

(2) 小学高年级。评价目标可适当增加难度,注重知识的应用和思维能力的培养。

(3) 中学阶段。评价目标应具挑战性,注重学科核心素养和综合能力的培养。

(4) 跨学科目标。整合多学科知识,培养学生综合运用知识的能力。

【示例】一年级学生要求能够正确朗读课文,发音清晰。五年级学生要求能够用所学知识解决简单的实际问题。七年级学生要求能够结合历史和地理知识,分析古代丝绸之路的贸易路线及其影响。九年级学生要求能够运用化学知识解释生活中的化学现象。

4. 结合学生实际情况

(1) 起点能力。评价目标应基于学生的起点能力,避免过高或过低。比如,一年级学生已经掌握了简单的加法,目标可设计为掌握进阶的加法运算。

(2) 个体差异。考虑学生的个体差异,设计分层次的目标。对于学习能力强的学生,目标可以更具挑战性;对于学习能力较弱的学生,目标可以适当简化。

(3)动态调整。根据学生的学习进展和反馈,动态调整评价目标。比如,学生在某项技能上进展缓慢,可以适当调整目标难度或增加辅导时间。

5.注重评价方式的多样性

(1)定量评价。通过测验、考试等方式,对学生的知识和技能进行量化评价。比如,把学生在测验中能够正确解答80%以上的题目作为知识掌握熟练的标准。

(2)定性评价。通过观察、访谈、作品分析等方式,对学生的思维过程、情感态度等进行评价。比如,观察到学生能够积极参与小组讨论,表现出良好的合作精神。

(3)过程性评价。关注学生在学习过程中的表现。比如,关注到成绩有所提升的学生能够在课堂上主动提问,表现出对知识的探索精神。

(4)表现性评价。通过学生的实际表现(如实验操作、演讲、作品展示等)来评价其能力。比如,要求九年级学生能够完成氧气制作的科学实验,并准确记录实验过程和实验结果。

(5)增值性评价。以学生学业成就为依据,追踪学生在一段时间内学业成就的变化,并将客观存在的不公平因素的影响分离开来,考查学校对学生学业成就影响的净增值的评价。其公式是:增值=输出-输入。其核心思想是关注学生的进步幅度,而不是单纯的结果。比如,学生在学期初的数学考试成绩为60分,经过一个学期的学习后,期末考试成绩提高到80分。增值性评价会关注这20分的进步,而不是单纯看80分的最终成绩,可使用数据分析工具(如Excel、SPSS)跟踪学生的成绩变化,计算进步幅度。

总的来说,评价目标设计是教学评价的基础,需要明确、可测量、具有层次性。因此在设计评价目标时,应基于课程标准和教学目标,结合学生的实际情况,注重多维度能力和多样化的评价方式。

【推荐工具】AI工具(如文心一言、Kimi等):用于查找、整合现有的相关教学评价情况,以此作为参考,帮助明确评价目标。

(二)确定评价主体

技术支持的教学评价为教师、学生、家长等教学相关人员参与评价提供了有利条件,实际上与教学相关的人员在一定程度上都可以作为评价的主体。其中与学习直接相关的人员是教师、学生和家长。因此,教师、学生和家长是教学评价的主要评价主体。

1.教师

教师是教学过程的主导者和设计者,是最具有权威的评价者,对学生的学习情况有深入的了解。教师要具备专业知识和教学经验,能够准确评估学生的知识掌握和技能应用。

(1) 评价内容

①学生的知识掌握程度。

②学生的技能运用和实践操作能力。

③学生的思维发展和创新能力。

④学生的情感态度和学习动机。

(2) 评价方法

①观察学生在课堂上的表现和参与度。

②设计和实施各种形式的测试和评估。

③通过学生的作业和项目来评估其学习成果。

2.学生

学生不仅是学习主体,同时也可作为评价主体。

(1) 评价方式

自我评价:学生通过自我评价,可以提高自我认知和自我反思的能力。

同伴评价:学生之间的互评可以促进相互学习和交流。

(2) 评价内容

①自己对知识的掌握和理解深度。

②自己在团队合作和项目中的表现。

③自己的思维能力和创新思维。

④自己对学习内容的兴趣和态度。

(3) 评价方法

①填写自我评价问卷或日志。

②参与同伴评价,提供建设性的反馈。

③反思学习过程中的体验和成果。

3.家长

家长是最容易被忽略的评价主体。家长是对学生比较了解的人,对孩子的学习态度和情感有直接的影响,能够观察到孩子在家的学习行为,同时,家长可以从社会和职业发展的角度,评价教育对孩子未来的影响,所以家长也可以作为学生的伙伴参与教学评价活动。

(1) 评价内容

①孩子的学习态度和在家的学习行为。

②孩子的情感态度和对学校教育的满意度。

③孩子在社交和团队合作方面的能力。

(2)评价方法

①通过家庭作业和学校沟通了解孩子的学习情况。

②参与学校组织的家长会和活动,与教师交流。

③填写家长问卷,提供对孩子教育的反馈和建议。

(三)确定评价指标

评价指标的确定是教学评价的关键,在很大程度上决定着评价的效果。确定评价指标必须以评价目标为依据,可参照课标中的教学目标、教学重难点、教学内容等,明确哪些要素要评,哪些要素可以不评,哪些要素应重点评,哪些要素是次要的。

确定评价指标的一般过程:

1.明确评价目标。所在学校或地区是否已明确规定评价指标的具体内容,如果有明确规定,则评价者需要根据具体的评价内容,判断这些评价指标是否合适。如果没有,则评价者可依据课程标准、学科核心素养、教学目标等文件指引明确合适的评价目标。评价目标应与教育理念和政策导向相结合。

【推荐工具】在线问卷工具(如问卷星、腾讯问卷等):用于收集教师、学生和其他利益相关者的意见,帮助明确评价目标。

2.确定评价维度。根据评价目标确定多维度的评价体系,常见的评价维度包括知识掌握、技能应用、思维发展、情感态度等,也可根据具体的教学目标、教学内容、教学活动等确定。

【推荐工具】概念图工具(如WPS-思维导图、Xmind等):用于梳理评价维度的层次结构和逻辑关系。

3.确定评价指标的内容。确定评价维度后,要为每个评价维度确定具体的评价指标。评价指标应具有可测量性、可操作性和可区分性。如在"知识掌握"维度下,可以制订以下指标:学生对核心概念的记忆和理解程度;学生对知识点的应用能力;学生对知识结构的整体把握等。

一般用评价量规的形式呈现评价指标。可根据教学目标的侧重点确定各结构分量的权重,用具体的、可操作性的描述语言清楚地说明量规中的每一部分,如表5-2所示。

【推荐工具】量规工具:可用Excel先确定具体的评价标准和等级,再导入问卷工具(如问卷星、腾讯问卷等)形成线上评价量规发放给评价者,在线收集数据。数据分析工具(如Excel、SPSS等):用于分析学生的学习数据,帮助确定合理的评价指标。

表 5-2 学习评价量规

评价要素	主要指标（权重）	评价标准描述	自评 非常好 8-10分	自评 好 6-7分	自评 一般 3-5分	自评 差 0-2分	师评
学习过程（70分）	参与学习的态度（10分）	学习态度端正、认真，具有较强的学习能力，积极参与小组讨论，分享学习经验，共同探讨问题；学习结束后能够反思自己在活动中的收获					
	活动准备阶段（10分）	每个学习小组回顾所学过的相关知识，讨论交流制订活动计划，活动计划的内容安排合理明确，时间安排得当，并准备好所需材料					
	活动实施阶段（20分）	在活动实施过程中，按照制订好的计划规范有序地组织实施，要理论指导结合动手实践，对探究结果有效归类整理。小组成员互帮互助，及时完善探究结果					
	小组合作效率（20分）	小组成员分工明确，组员学习积极性高，能全员参与。对研究的问题能发表自己的看法，活动中互助合作，学习氛围轻松愉快，并能与其他组沟通交流，取长补短					
	汇报交流阶段（10分）	积极向全班同学汇报自己小组的作品，认真听取记录同学发表的意见，认真倾听其他组的汇报，积极参与交流，发表意见，能提出实用的建议					
学习成果（30分）	作品展示（15分）	通过成果交流，课后继续完善作品，形成资源共享，最后将有价值的探究成果及方法进行整理并推广应用。					
	反思总结（15分）	能根据要求完成"观察记录表"，能应用评价量规对自己进行客观评价，能积极与大家分享交流心得体会					
总分（100分）							

4.考虑评价实施需要的条件。如是否有足够的人力和财力支撑所有指标的评价，如果没有，评价指标是否需要有一个优先次序。此外，还应考虑评价指标里相关数据的收集能否顺利完成、选择合适的工具等。

(四)选择评价方法及工具

技术支持的教学评价方法多种多样,各有其适用的范围。选择评价方法要依据教学评价目标、评价内容、评价主体等因素综合考虑,进而根据不同的评价方法选择合适的评价工具。

1.常见的评价方法及工具

表5-3 常见的评价方法及相关工具

评价目的	评价方法	工具举例
诊断性评价	摸底考试、课前小测验、调研问卷	智能组卷系统(如菁优网、组卷网、WPS组卷)、问卷工具(如问卷星、腾讯问卷等)
形成性评价	随堂测验、课堂提问、学生自评与互评、反思日志	电子学习档案袋(如超星学习通、钉钉)、量规表、概念图工具(如Inspiration、WPS、MindManager)、在线测验平台(如Kahoot!、Quizlet)
总结性评价	期末考试、单元测试、项目作业	智能组卷系统、自动评分系统、数据分析工具(如Excel、SPSS)
定量评价	标准化测试、数据分析	在线考试平台(如考试星)、数据分析工具(如Tableau、Power BI)
定性评价	课堂观察、学生访谈、反思日志	电子学习档案袋、概念图工具、互动反馈工具(如Miro、Jamboard)

2.评价方法方式的多样性

评价方法及评价工具的选择不仅要利于量化数据的收集,也要利于质性资料的收集,不仅要反映学生的学习结果,还要反映学生的学习态度、学习过程等。因此,在实际应用中,评价方法要灵活多样,可以用测验、考试、问卷调查等基于数字和统计数据的定量评价方法进行考查,也可以用观察记录、访问、案例研究等侧重于描述性分析和深入理解的定性评价方法;可以选择一种评价方法,也可以选择两种以上的评价方法进行综合评价。

除此之外,还可以开展师评、学生自评、小组互评等。学生自评主要是对自身在课堂上、学习平台上、任务上、小组里等表现的自我评价,是自我反思与总结的一个重要表现。小组互评可分为非组内互评和组内互评。如果是非组内互评,主要是对其作品的评价,是总结性评价的一种体现,因为不同组的成员也难以观察其他组学生的表现。而小组互评,除了对组内成员的课堂表现、作品质量进行评价,还要对组员在小组协作的表现、团队精神等方面进行评价,主动去观察同伴在过程中的表现。师评主要是教师对学生学习过程中的各种表现进行综合评价,包括自主学习和组内表现。所以,不同的评价方法评价可由不同的评价方式组成,自定相关的权重占比,比如过程性评价可由自评、组内互评和师评组成,各自的权重分别为3∶3∶4。

二、技术支持的教学评价的应用

将已确定评价目标、评价主体、评价指标和评价方法及工具的教学评价按照设计的内容应用于实际教学时,会产生大量的数据,技术支持的教学评价应用部分主要是对评价数据进行收集、分析解释,形成评价报告。

(一)收集评价数据

评价数据收集是否完善直接影响着评价结果的可靠性。可通过问卷、测试、观察、谈话、调查、查阅资料等方法获取收集评价数据。对发出的自评、他评、问卷等各种表格、材料要全部收回,调查记录、听课笔记也可收回,并按要求加以整理。收集数据必须要注意时机与场合,确保数据的及时性、真实性和有效性。

(二)分析解释评价数据

对收集到的大量评价数据进行加工、统计、分析处理,以便作出相应的判断、解释。技术支持的教学评价收集的数据主要有两种类型:量化数据和质性数据。

1.量化数据的处理分析相对比较简单,可用专业的统计分析软件如 Excel、SPSS、SAS 等来操作,它们能大大提高数据分析处理的效率,且数据分析的结果可以很直观地以图表的形式显示出来。

常见的量化数据处理方法:①描述性统计分析(通过均值、中位数、标准差等统计量揭示数据分布特征,例如数据的集中趋势、离散程度及形态。此类方法常用于数据预处理阶段,为后续分析提供基础认知);②相关性分析[衡量变量间的线性或等级相关性,常用皮尔逊相关系数(适用于正态分布数据)或斯皮尔曼相关系数(适用于非参数数据)];③回归分析[探究因变量与自变量的因果关系,包括线性回归(连续型因变量)、逻辑回归(二分类因变量)及多元回归(多变量影响)];④时间序列分析[针对按时间顺序排列的数据,通过自相关分析、平稳性检验(如 ADF 检验)及 ARIMA 模型预测未来趋势];⑤机器学习(通过决策树、神经网络等算法自动挖掘数据模式并预测结果。例如自然语言处理中,利用深度学习模型实现文本分类或机器翻译)。

2.质性数据的处理分析在很大程度上仍然是依靠评价者手工操作,工作量相对较大,且容易掺杂评价者的主观意识,因此针对质性数据的处理分析必须严格按照事先制订好的评价标准,以确保评价结果的可靠性。

常见的质性数据处理方法:①主题分析法(通过对数据中主题和模式进行识别和解释来理解所研究现象的方法,可使用概念图、思维导图和主题表等工具来帮助厘清主题之间的关系和层次);②内容分析法(通过对文本、图像和声音等素材进行系统的分类、编码和解释来理解所研究现象的方法,可使用编码软件辅助进行内容分析);③文本分析法(对书面或口头表达进行系统分析的方法,可用来理解和解释包括文字、语言、符合和图像在内的文本,可使用笔记、标注和摘要等工具来记录和整理分析结果);④场景分析法(通过实地观察和描述来理解人类行为和社会交互的方法,可使用录音、摄像和绘图等工具来收集和记录场景信息);⑤网络分析法(通过分析和解释数据中的关系和连接来理解和解释所研究现象的方法,可使用网络分析软件进行复杂网络的构建和分析,以发现网络中心节点、关键路径和子群)。

解释评价时一定要把被评价主体的实际表现和评价指标仔细对照,将量化数据分析结果与质性数据的分析结果相结合,尽量实现评价的客观性、真实性和全面性。

(三)撰写评价结论

在分析解释数据的基础上,撰写真实可靠的评价结论。评价结论的形式是多种多样的,可以用定量的方式表示,也可以用定性的方式表示,还可以用定性和定量相结合的方式表达。评价结论要严肃认真,力求准确、可靠、客观、公正。其内容可通过列出评价项目的分数统计表;指出评价对象突出的优缺点;根据评价的内容和权重,算出评价的定量成绩(总分),并写出概括性的评语;对评价指标体系中的重点项目,进行必要的说明等方式表达。同时也要关注学生的隐私保护,结合学生的实际情况,遵循学生的成长规律,以激励性和引导性的语言来呈现评价结论。

在对评价结论进行分析处理时,要注意以下三点。

1.分析诊断教学中存在的问题

要对评价结论和搜集到的相关资料进行深入的分析研究,帮助被评价对象找准自己的优点和不足,尤其是对存在的问题要分析透彻,并找出原因,以便在今后的教学活动中加以改进、克服。

2.提供评价信息反馈

将评价结论和分析意见反馈给被评价对象时要注意,对有些结论要详细、慎重地解释,要注意方式方法,要充分考虑被评价对象的心理承受能力,可向被评价对象提出改进的建议或意见。

3.调整相应的决策

根据教学评价的结论,进行相应决策的选择或调整。

一是课程设置调整决策。通过教学评价,可对教学计划安排、教材使用、课时设置、教学内容选择、教学活动设计等进行调整。

二是日常教学调整决策。通过对学生学业质量评价,发现学生在学习中的优势以及存在的问题,从而调整教学进度或采取补救性措施,确保教学活动顺利开展。

三、教学评价案例

(广东省东莞市)常平镇板石小学:改革学生评价,促进五育发展(注明:本案例来源于东莞市教育局2022年公开发布的教育评价改革典型案例之一)。

自中共中央、国务院印发《深化新时代教育评价改革总体方案》以来,常平镇板石小学积极探索推进教育评价改革,借助信息技术手段,结合第三方机构的评价系统,融合"品质课堂"的学科评价,为学生量身定制合适的教育评价方案,对学生"德智体美劳"进行过程性评价与终结性评价,学生评价不再是一纸成绩单来展示,通过多元评价体系手段,全面了解学生的知识储存、认知能力和学习潜能等,引导学生从被动学习向主动学习转变,培养学生适应终身发展和社会发展需要的正确价值观、必备品格和关键能力。

(一)构建"五育并举"评价体系,促进全面发展

学校坚持全面发展、个性发展、持续发展,根据学生成长的必备要素,拟定"五育并举评价体系",具体包括"身心发展评价""审美素养评价""劳动与社会实践评价""品德发展评价""学业发展评价"五个部分。"身心发展评价"包含"体育锻炼""身心健康"两个方面;"审美素养评价"包含"感受美""欣赏美""表现美"三个方面;"劳动与社会实践评价"包含"劳动参与""劳动技能""社会实践参与"三个方面;"品德发展评价"包含"行为习惯""公民素养""人格品质""理想信念"四个方面;"学业发展评价"根据不同学科的特点,从"课堂表现""作业情况""知识点检测""期末监测"等四个方面评价。(见图5-4)

学校借助人工智能、大数据等现代信息技术,结合第三方机构的评价系统,探索开展学生各年级学习全过程评价、德智体美劳全要素评价,教师可以通过指标评价、量表评价、写实评价等对学生进行评价,评价系统通过收集各评价指标的数据,为学生评价提供可参考的原始材料,使得评价更科学、直观、全面。

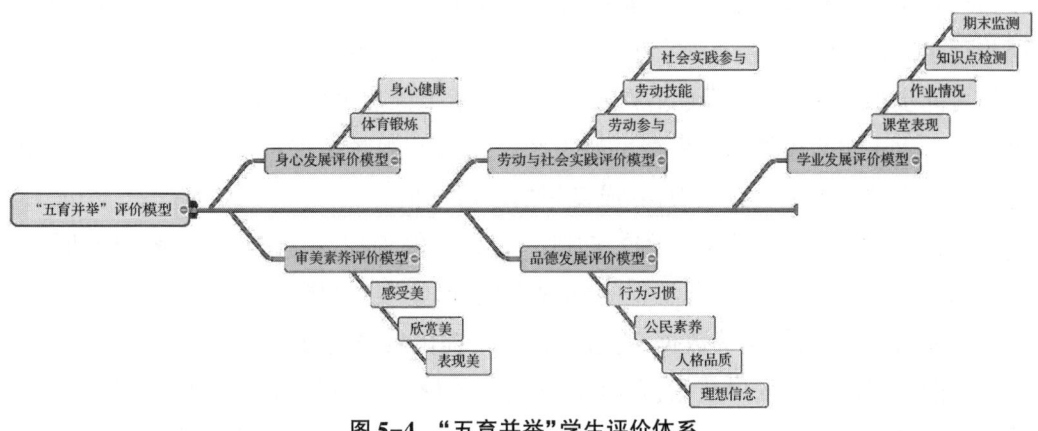

图5-4 "五育并举"学生评价体系

（二）结合课堂教学变革，实施学科评价

学校构建了多元化学生学业评价体系，目的是推进各学科的课堂变革，实现全面综合性评价，学校的教育评价改革覆盖全学科，每个学科均结合学科特色制定了具体的评价措施。

语文：从口语表达能力、作业完成情况、课外阅读量、合作能力、期末监测成绩等五个方面对学生进行综合性评价。

数学：从倾听与发言、合作与交流、作业完成情况和阶段性学习质量监测等四个方面对学生数学学习状况进行评价。

英语：从朗读能力、作业完成情况、绘本阅读情况、合作能力、期末监测等五个方面对学生进行综合性评价。

美术：从学习表现（课堂表现、学习态度、交流合作）、技法能力（造型能力、作品效果）、思维创意（创新性、独特性）等三个方面对学生进行评价。

音乐：从音乐表现、小组合作、审美能力、创新思维、演唱能力、听力、乐理等七方面对学生进行评价。

体育：以"室内+室外"相结合，从"健康知识+基本运动技能+专项运动技能"等三个方面对学生进行评价。

科学：从学习态度、学习方法、探究与实践能力、合作与交流能力、学业成绩等五个方面对学生进行评价。

信息技术：从学习表现、作品评价（思想性、创造性、艺术性和技术性）、期末监测（笔试40%+上机操作60%）等三个方面对学生进行评价。

劳动教育：从家庭劳动、校内劳动、社会劳动参与等三个方面对学生进行评价。

（三）创新学生评价手段，实现精准评价

1.多路径采集学生数据。一是采集课堂表现。教师对学生的评价，可通过平台同步记录数据，数据可视直观，对学生起到了激励、鼓舞作用。二是采集课后表现。家长可同步参与评价，教师通过平台及时了解学生课后的发展数据。三是采集活动表现。学生主题活动的心得反馈可通过图片、语音、视频等多种形式提交到后台，借此提升学生的思考和表达能力，养成良好的学习习惯。

2.多主体共同参与评价。学校、教师、家长、同伴等都参与过程性评价，借助信息化技术手段，收集、分析、整合学生的日常表现、课堂表现、作业情况、参与活动情况、体育运动情况、劳动情况等数据，为过程性评价提供数据支持，提升了评价的全面性。家长可随时了解学生发展数据，并参与过程性评价，发挥家庭教育作用，构建良好家校共育环境；教师轻松记录，趣味化激励学生，为教学诊断提供科学数据；学校通过评

价数据报表,明晰全流程评价数据,实现全员育人、全程育人、全方位育人。

3.多层面反馈学生表现。一是成长记录袋。学生学习评价以课堂表现为主,兼顾课前和课后表现,主要评价学生学习态度、学习习惯和学习能力,形成学生成长记录袋,通过科学分析与解释,反馈学生在学习与发展过程中的优势与不足,记录学生在目标达成过程中的付出与努力,并通过学生的反思与改进,激励学生取得更大进步。二是成长银行。教育的艺术在于激励、唤醒、鼓舞,成长银行通过积分、荣誉勋章、奖状、成长象征物等可量化和可兑现激励物,形成评价激励闭环,助力学生健康成长。三是成长手册。成长手册采用线下记录的形式,让师生清楚了解某一主题活动下的学生学习状况,便于随时调整教学策略。

"五育并举"评价体系不仅关注学生综合素质评价和德育评价,还结合各学科的学业评价,促进了教师的教学变革,推进了"品质课堂"的建设。多路径、多主体、多层面的综合性评价方式,引导学生从被动学习向主动学习转变,培养学生自信、乐学的学习品质,促进学生德智体美劳全面发展。

第四节 人工智能支持的教学评价

近年来,人工智能(Artificial Intelligence,简称 AI)技术的快速发展为教育评价带来了前所未有的机遇。AI 技术不仅能自动化处理大量数据,提供客观、精准的评价结果,还能通过深度学习和预测模型,洞察教育过程中的隐性因素,为个性化教学和教育政策制定提供支持。

一、人工智能在教学评价中的应用优势

人工智能以其强大的数据处理能力、智能分析技术和个性化学习能力,为教学评价带来了革命性的变化,主要体现在以下几个方面。

1.综合性评价体系

AI 技术通过综合分析学生的各类学习数据、行为习惯以及情感反应,能够创建一个详尽且多角度的学生个人档案。这种评价方式不仅限于传统的成绩考核,还包括对学生口头表达技能和情绪状态的评估。例如,运用先进的语音识别和情感分析工具,对学生的口头报告或讨论进行深入分析,了解他们的语言表达能力和情感反应。同时,通过应用大数据分析,追踪学生在不同学习阶段和不同学科领域的表现,

识别出他们的学习习惯、优势和潜在兴趣,从而提供更为细致和个性化的学习支持。

2.定制化评估与学习辅助

AI技术能够根据每个学生的学习特性和需求,定制个性化的评估反馈和学习指导。通过深入分析学生的学习行为和成果数据,洞察学生的强项和潜在的不足,进而提供定制化的学习材料和学习路径,以适应不同学生的学习节奏和风格。此外,AI还能够通过智能辅导工具,给予学生即时的反馈和个性化指导,协助学生优化学习方法,从而提升学习成效。

3.增强评价的中立性和公平性

利用AI技术进行评价可以依据预设的算法和评估模型来执行,这样的机制可以有效降低人为偏差,从而增强评价过程的中立性和公平性。在进行标准化考试和作业评分时,AI系统能够迅速且精确地完成评估工作,这不仅减少了教师的工作量,还确保了评分标准的统一性和评价结果的可靠性。通过这种方式,AI技术为教育评价提供了一种更为公正和无偏倚的解决方案。

4.双重优化评价的效率与效果

AI技术自动化功能显著提高了教育评价的效率,使得处理大规模标准化考试、作业评分以及评估复杂的数据等任务变得更加迅速。这种高效率的工作能力不仅减少了人力资源的消耗,还极大提升了任务处理的速度。同时,AI技术在提供精确评估和深入分析方面的能力,有助于更合理地分配和利用教育资源,从而增强教育的整体效益。

二、人工智能在教学评价中的应用领域

1.学习行为分析与趋势预测

(1)个性化学习档案创建:AI技术通过汇总学生的课堂参与度、作业提交记录和互动反馈等信息,为每位学生创建详尽的学习档案。这些档案为定制化的教学支持和干预措施提供了数据支持。

(2)前瞻性学习趋势预测:利用历史学习数据,应用机器学习算法,AI技术能够预测学生的未来学习表现和可能遇到的挑战。这种预测能力使教师能够及时采取行动,调整学生学习状态,并提高教学工作的整体成效。

通过对学生学习数据的深入搜集与分析,AI技术能够编制出反映学生学习习惯、优势和劣势的分析报告。借助这些报告,AI技术不仅能够展现学生的学习行为模式,还能够对学生的学习成果进行预测,指导教师进行早期干预和教学方法的调整,以支持学生的个性化学习需求和成长。

2.自动化评分与反馈

(1)自然语言处理(NLP)应用:AI系统利用NLP技术解析学生的书面作品,理解其写作目的和语法结构。这种系统不仅能为作文打分,还能识别出语法错误、逻辑上的不足,并给出改进建议。

(2)智能题库与自动批改:结合大数据技术和NLP,AI系统能够根据教学大纲和学习目标,创造出多样化的题目,并在学生完成后提供自动评分和深入的题目解析,帮助学生加深对知识的理解,提升解题技巧。

AI技术具备自动评分能力,特别适用于评估选择题和填空题这类具有标准答案的题目,从而显著降低了教师的评分工作量。更高级的AI系统,借助自然语言处理技术,甚至能够对主观题型如论述题和作文进行深入分析和评分,为学生提供详尽的反馈和建议。这种高级的评分机制不仅提高了评价过程的效率,也增强了对学生答案深度和创造性的评估能力。

例如,考试自动阅卷系统运用OCR(光学字符识别)技术将手写或打印的试卷转换为电子格式,然后通过应用自然语言处理和机器学习算法来自动识别和评分。与传统的人工阅卷相比,这种智能阅卷系统在速度、准确性和成本效益方面具有明显优势,极大提升了阅卷工作的效率和公正性。

3.智能监考与作弊预防

(1)视觉识别分析:运用计算机视觉技术,通过摄像头捕捉考生的面部表情、视线移动和身体动作,AI算法对这些行为进行分析,以侦测任何可能表明作弊的行为,例如频繁查看手表、偷瞄他人试卷等。

(2)多源数据综合监测:系统不仅依赖视频监控,还结合音频监听和网络流量分析等其他数据源,创建一个多维度的监控体系,从而增强作弊预防措施的精确度,扩大覆盖范围。

AI监考系统结合了先进的计算机视觉技术和生物识别技术,在考试过程中对考生行为进行实时监控,以预防和减少作弊行为。这些系统能够捕捉到异常行为模式,如考生频繁地做出抬头、交换物品等动作,并在检测到可疑行为时立即发出警告,确保考试的公正和公平。

4.教学资源优化与推荐

(1)教学内容优化:利用自然语言处理和机器学习技术,AI能分析学生的作业和考试答案,识别教学内容中的难点和学生的普遍错误。通过这些分析,AI能够评估教学材料和方法的有效性。接着,AI根据分析结果提出教学内容的优化建议。这可能包括调整教学节奏、补充教学材料、引入新的教学方法或技术,以及强化某些概念的讲解。

(2)学习资源智能推荐:结合学生的学习进度、兴趣和能力水平,AI系统能够推荐相关的学习资源。这些资源可能包括额外的阅读材料、视频教程、在线课程和互动练习。同时，AI根据学生对推荐资源的互动情况，动态调整学习路径。如果学生在某个领域表现出较强的兴趣或优势，AI可以推荐更深入的资源；如果学生在某个领域遇到困难，AI则提供补充材料和辅导资源。

5.评价报告生成与教育决策支持

(1)教学评价智能报告生成：AI系统通过聚合学生的课堂表现、作业成绩、互动反馈等多维度数据，进行深度学习分析，从而识别学生的学习习惯、优势和不足。基于这些分析，AI自动生成包含学生学习情况的综合报告，这些报告详细说明了学生的学习进展、成绩趋势、参与度，并给出了个性化的改进建议，为教师提供了针对性的教学调整依据，同时使学生和家长能够直观了解学习进展和提升方向。

(2)教育决策支持：AI系统将分析结果和趋势数据转化为教育管理者的决策支持工具。通过分析不同教学方法和课程设置的效果，AI帮助管理者洞察哪些教育实践更有效，哪些需要改进。这不仅促进了课程内容和教学策略的优化，还为教育政策的制定提供了数据支撑。

三、人工智能在教学评价中的应用案例

评价量规是衡量教学效果的重要工具。它通过明确标准、细化等级和具体要求，帮助学生清晰理解学习目标，促进自我反思，从而提升学习的主动性和责任感。同时，评价量规为教师提供了客观、一致的评分依据，有效减少了主观偏差，确保评价的公正性。此外，它还支持形成性评价和过程性监控，有助于实现教学与评价的有机结合。教师可以借助人工智能技术，高效地设计出更全面、更科学的评价量规，从而更好地满足教学和学习的需求。

评价量规具有三个要素：①评价准则，决定表现性任务、行为或作品质量的各个指标。②等级标准，说明学生在表现任务中处于什么样的水平。③具体说明，描述评价准则在质量上从差到好（或从好到差）的序列，评价准则在每个等级水平上的表现是什么样的。

假设我们需要评价小学生劳动技能情况，如何借助AI工具辅助设计一份评价量规呢？下面以纳米AI、腾讯问卷工具为例进行说明。

步骤一：确定评价一级指标

打开纳米AI软件，在对话框中输入提示语：假如你是小学劳动教育评价专家，请你列出小学劳动教育过程中劳动技能评价的一级指标。可选对话框左下的"深度思考"，或如已建立与劳动教育相关的资料则可选择"知识库"，再点击发送。

纳米AI回答如图5-5所示。可根据纳米AI提供的内容进行不断追问或多次论

证、筛选,确定最终的评价指标。

图5-5 生成的评价指标

图5-6 生成的初步评价量规

步骤二：确定评价量规具体说明

确定小学生劳动教育过程中劳动技能的评价指标为"生活自理能力""生产劳动技能""服务性劳动能力""安全与规范意识""创新与问题解决"，让纳米 AI 对各一级指标进行具体说明，继续在对话框中输入提示语：作为一名小学劳动教育评价专家，请你帮我按照"生活自理能力""生产劳动技能""服务性劳动能力""安全与规范意识""创新与问题解决能力"五个评价要素设计一个评价小学生劳动教育过程中劳动技能提升的评价量规，量规格式为表格形式，采用 5 分制，从左到右共五列，分别为创新应用、熟练、基本达标、需指导、未完成，分数分别为 5、4、3、2、1。请使用通俗易懂的语言，描述这五个等级在每个评价要素的具体表现，并给出相应权重。可继续选择对话框左下的"深度思考"，再点击发送。

纳米 AI 回答如图 5-6 所示。可根据纳米 AI 输出的内容进行优化，或者继续追问，直至初步形成完整的评价量规。

步骤三：智能修订优化

将初步生成的评价量规复制至文档并进行人工调整优化，将调整后的文档上传至纳米 AI，让纳米 AI 帮助进一步修订优化。在对话框中输入提示语：作为一名小学劳动教育评价专家，请你帮我优化小学生劳动教育过程中劳动技能的评价量规。我希望重点评价"生产劳动技能"和"创新与问题解决能力"这两个指标，请你在文档的基础上进行修改和优化，标出修改优化的地方并给出原因。如图 5-7 所示。

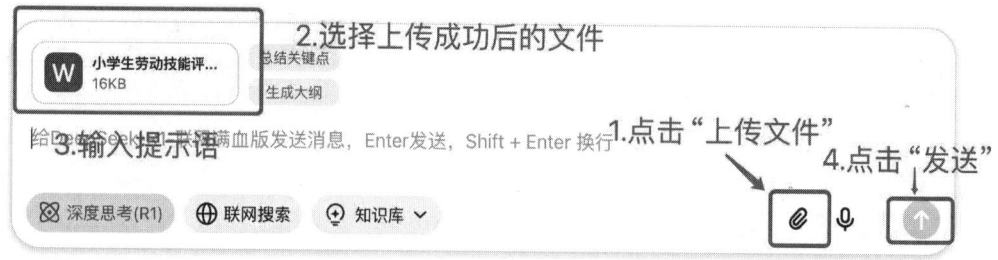

图 5-7　智能修改优化评价量规

步骤四：评价量规可视化制作

登录问卷星官网（https://www.wjx.cn），点击"创建问卷"，选择"调查"应用场景，输入评价量规标题,点击"创建调查",就能创建空白调查问卷,如图 5-8 所示。

图 5-8　创建空白评价量规调查问卷

创建完空白调查问卷后,可在当前页面左侧功能选项中找到"评分题",再选择"评分单选"类型,并在页面右侧新弹出窗口根据提示语添加相应内容,如"标题"框输入其中一个一级指标的内容,"选项"框输入不同等级的具体说明,并根据实际输入相应分数。可点击"添加选项"或"⊕"按钮,新增选项,如图 5-9 所示。

图 5-9　创建评价量规相关内容

将设计好的评价量规每个指标内容完整地输入问卷中,让评价量规以电子问卷的形式呈现,然后通过线上的形式进行发放。教师也可随时在平台上找到该问卷,点击"分析&下载",选择"统计&分析",了解该评价量规的填写情况。

除了上面的步骤,在借助 AI 工具设计评价量规时,还可以利用 AI 工具强大的数据库,查找已有的评价量规作为参考学习,同时,也可以根据它每个回答后面给出的提示或自己的思考疑惑进行追问,直至找到正确的内容。除此之外,还可将收集到的评价量规数据上传到 AI 工具上,让其进行分析并给出相关评价建议作为参考,从而提高评价工作的效率。

四、人工智能在教学评价中面临的挑战与对策

尽管人工智能在教学评价中展现出巨大潜力,但其广泛应用仍面临诸多挑战。

1. 技术至上与评价标准缺失

过度依赖技术而忽略教学评价的根本目的和人文关怀,可能导致智能教学评价系统被视为冷冰冰的工具,失去其促进教育改革和发展的应有功能。与此同时,缺乏科学合理的评价指标体系进一步加剧了这一问题,使得智能教学评价在实施过程中受到限制,无法全面、客观地反映教育活动的复杂性和多样性,从而影响了评价结果的准确性和可信度。因此,要确保智能教学评价系统既能发挥技术优势,又能保持评价的本质和科学性,就必须在重视技术应用的同时,建立和完善评价指标体系,确保评价过程和结果能够真实反映教育活动的价值和质量。

2. 算法偏见与评价公正性

应用 AI 工具进行教学评价时,算法可能会因为训练数据的偏差或设计者的主观倾向而产生偏见,这可能使得评价结果失去公正性。为了降低这种算法偏见的风险,需要对算法的设计和应用过程进行严格的监管和审查,确保算法的决策过程是公正和透明的。此外,建立一个包含多种评价维度和方法的综合评价体系也是至关重要的,可防止评价过程被单一算法的结果主导,从而确保评价结果更加全面和公正。

3. 数据安全与隐私保护

在评价过程中,对学生个人资料和学习行为数据的收集是不可避免的,这些数据包含敏感信息,因此对安全性和隐私性的保护显得尤为重要。为此,必须构建和完善数据安全保障体系,这包括加强数据的加密处理、实施严格的访问权限管理和实行有效的审计跟踪措施。同时,也应当提升教师和学生对数据保护重要性的认识,确保他们了解如何在数据收集和使用过程中保护个人隐私。

4. 技术融入与教师专业发展

将 AI 技术融入教育评价是一个渐进过程,这需要相应的时间、资源以及对教师进行专业培训。为了促进 AI 技术在教育评价中的广泛应用,必须增加对教育技术领域的投入,提供持续的师资培训和技术辅导,提升教师对数字工具的熟悉度,增强他们在教学实践中有效使用 AI 技术的能力。通过这种方式,教师可以更加自信地将 AI 工具集成到他们的教学和评价活动中,从而提高教学评价的质量和效率。

5. 伦理与道德问题

在教学评价中采用 AI 技术时,伦理和道德问题不容忽视。教育机构和人工智能服务提供商有责任恪守相关的法律法规,保护学生的个人数据安全和隐私权益。这要求他们在收集、存储、处理和分析学生数据的过程中,必须采取严格的伦理标准和道德行为准则,确保技术的使用不会侵犯学生的合法权益。

人工智能技术的融入正在逐步转变传统的教学评价,引领我们进入一个以精确性、个性化和高效率为特征的教育新纪元。这一转变需要教育工作者、技术开发者以及政策制定者之间的通力合作,以确保技术进步能够健康、有序地进行,并最终实现其服务于教育的核心宗旨——培育德才兼备的人才,为推进中国式现代化打下坚实的基础。

『本章知识总结』

【主要知识点】

1.教学评价的概念与类型

教学评价是以教学目标为依据,运用技术手段对教学过程及结果进行测量与价值判断的过程,包括学业质量评价与课堂教学评价,以及诊断性评价、形成性评价和总结性评价三种形式。

2.技术支持的教学评价定义与优势

技术支持的教学评价利用信息技术实现,具有多元主体、多样内容、差异化目的、综合体系和精准结果等优点,能使评价更全面、及时、智能与高效。

3.常见工具及应用场景

电子学习档案袋用于过程性与生成性评价;数据分析与可视化工具(如Tableau、Power BI)支持海量数据的呈现与洞察;智能组卷系统依托题库与算法,提升试卷生成与自动批改效率。

4.教学评价设计与应用流程

包括确定评价目标、确定评价主体、确定评价指标、选择评价方法与工具、收集评价数据、分析解释评价数据、撰写评价结论七个环节,形成系统化的技术支持评价闭环。

5.人工智能在教学评价中的应用与挑战

AI可实现学习行为分析与趋势预测、自动化评分与反馈、智能监考与作弊预防、教学资源优化与推荐、评价报告生成与教育决策支持,但面临技术至上、算法偏见、数据隐私、师资发展和伦理道德等挑战。

【重难点解析】

1.多主体与多维度评价指标设计

如何在教师、自评、同伴评与家长参与之间,构建既全面又可操作的评价指标体系。

2.工具选用与场景匹配

针对不同评价目的(诊断、形成、总结),精准选择电子学习档案袋、数据分析与可视化工具或智能组卷系统,以避免工具滥用或低效。

3.量化与质性数据的分析与融合

运用统计软件处理量化数据,同时严格依据评价标准分析质性资料,实现客观与深度并重的综合解读。

『本章学习反思』

【认知冲突】

1.技术效率与人文关怀

技术手段虽能大幅提升评价效率,却可能忽视对学生个体差异和情感态度的细腻观察。

2.数据驱动与教学灵活性

过度依赖数据分析易导致"指标至上",削弱教师对课堂即时反馈和灵活调整的能力。

【行动启示】

1.目标导向,精细化选用工具

坚持以教学目标为核心,针对不同评价环节选择最合适的技术工具,确保评价实效。

2.定量与定性并重

在收集与分析评价数据时,结合描述性统计与主题分析,构建更客观全面的学生画像。

3.强化隐私保护与师资培训

建立严格的数据安全机制,并定期开展教师技术与伦理培训,提升技术应用的规范性与人文关怀。

【未来追问】

1.在 AI 辅助评价的背景下,如何有效平衡算法自动化判断与教师专业主观评价的权重?

2.如何构建动态自适应的技术支持评价体系,以更精准地满足学生个性化成长需求?

『本章拓展学习资源』

学习资源编号	学习资源类型	学习资源名称	资源获取方式
7-1	网页	智能教学平台	1.雨课堂:https://www.yuketang.cn 2.云班课:https://www.mosoteach.cn 3.超星泛雅:https://www.chaoxing.com 4.钉钉:https://www.dingtalk.com
7-2	网页	智能组卷/考试系统网站	1.菁优网:https://www.jyeoo.com 2.组卷网:https://zujuan.xkw.com 3.考试星:https://www.kaoshixing.com 4.问卷星:https://www.wjx.cn
7-3	案例集	广东省教育评价改革典型案例	广东省教育厅官网
7-4	书籍	《智能技术赋能教育评价》	各大电商书店
7-5	案例集	《智能技术赋能教育评价国际案例集》	各大电商书店

『本章参考文献』

[1]卢立涛,梁威,沈茜.我国课堂教学评价现状反思与改进路径[J].中国教育学刊,2012(6):43-47.

[2]宋词,汪明帅.学情分析研究述评:内涵、路径方法及现状突破[J].福建教育,2018(20):28-30.

[3]李冬青.关于教育评价中形成性评价的思考[J].辽宁广播电视大学学报,2013(2):3-6.

[4]乃奕,宋伟.形成性评价在教育学教学中的应用[J].现代交际,2020(7):185-186.

[5]王来东.过程性评价和总结性评价相结合在体育成绩评价中的设计[J].当代体育科技,2015(25):252-253.

[6]卢转华.信息化教学评价工具分析与研究[J].内江科技,2011,32(4):158+189.

[7]贺文敏,杜琳.档案袋,让综合素质评价从"评定"走向"发展"[J].基础教育课程,2024(4):78-83.

[8]温丽梅,梁国豪,韦统边,等.数据可视化研究[J].信息技术与信息化,2022(5):164-167.

[9]刘邦奇,袁婷婷,纪玉超,等.智能技术赋能教育评价:内涵、总体框架与实践路径[J].中国电化教育,2021(8):16-24.

[10]李葆萍,周颖.基于大数据的教学评价研究[J].现代教育技术,2016,26(6):5-12.

[11]肖永财,李社蕾.教育数据的可视化研究与设计[J].科技风,2021(25):6-8.

[12]高少宇,芦会影,赵玉芬.国内教育评价研究的热点、趋势与展望——基于CiteSpace可视化分析[J].邯郸职业技术学院学报,2022,35(1):74-79.

[13]梁丽婷,方劲,钟晓珍.学科核心素养视域下的高中信息技术过程性评价量规设计——以《数字化学习与创新》为例[J].中国现代教育装备,2022(6):53-55+70.

[14]邓伟,杨晓丹,高倩倩,等.人工智能支持下的课堂教学评价模型研究[J].中国教育信息化,2023,29(8):3-14.

[15]陈仪婷,孙明娟.人工智能赋能中小学课堂教学评价探析[J].黑龙江教师发展学院学报,2024,43(5):122-127.

第六章　多媒体素材的采集与处理

『本章知识图谱』

第一节
文本素材的采集与处理
- 一、文本概述
  - 文本的概念
  - 文本文件格式
- 二、文本的采集
  - 键盘输入
  - 光学字符识别
  - 语音识别
  - 网络下载
  - 文本 AI 自动生成

第二节
音频素材的采集与处理
- 一、音频概述
  - 音频的概念
  - 音频文件格式
- 二、音频的采集
  - 网络下载音频资源
  - 录制音频资源
  - 音频的 AI 自动生成
- 三、音频的处理
  - 格式转换
  - 音频剪辑

第三节
图像素材的采集与处理
- 一、图像概述
  - 图像的概念
  - 图像文件格式
- 二、图像的采集
  - 网络下载图形/图像资源
  - 屏幕图像捕捉
  - 用数码相机或扫描仪等设备获取
  - AI 文生图
- 三、图像的处理

第四节
视频及动画素材的采集与处理
- 一、视频文件的格式
- 二、动画文件的格式
- 三、视频及动画的采集
  - 网络下载视频及动画资源
  - 软件录屏
  - AI 生成视频动画
- 四、视频及动画的处理

『本章学习任务清单』

1.在给定学科教学主题(如古诗微课制作)时,能对比分析文本/音频/图像/视频四类素材的适用格式特性(如 MP3 压缩率、PNG 透明度),并基于教学需求匹配至少 2 项格式选择依据(如文件体积、色彩保真度)。

2.针对特定教学场景(如乡村学校实验课),能自主选择并操作三种以上采集工具(OCR 识别+手机录音+AI 文生图),完成跨类型素材的合规采集(标注来源、规避侵权),素材可用率达 90%。

3.以"科学探究"主题为例,学生能整合剪映与音频剪辑大师,将采集的原始素材(实验视频+解说音频)处理为 3 分钟内教学微视频,包含转场特效、字幕同步及音量均衡,符合教学逻辑完整性。

4.使用 AI 生成素材(如可灵视频)时,能识别版权与伦理风险(如深度伪造隐患),在操作流程中嵌入 2 项防护措施(如标注 AI 来源、验证信息真实性),并阐述其教育责任依据。

5.面对混合素材需求(如跨学科课件),能制定轻量化处理方案(如美图秀秀拼图+格式工厂压缩),通过流程图展示技术路径,并说明工具选择如何平衡时效性与输出质量(如分辨率≥720P)。

第一节 文本素材的采集与处理

一、文本概述

(一)文本的概念

字符信息在计算机中称为文本,文本是计算机中常用的一种数字媒体。计算机操作系统按照 Unicode 编码在字体文件中查找字体图像,画到窗口上,就被用户看到。

(二)文本文件格式

1.**TXT 格式**:也称纯文本格式,是 Windows 附件中记事本的默认格式,以.txt 为扩展名,只存储文本信息,不存储格式信息,文件体积小。

2.DOC 格式或 DOCX 格式：用 Microsoft Word(简称 Word)编辑文字保存的文件以.doc 或者.docx 为扩展名,都可以在保存文本信息的同时,在文档中保存大量的文字特殊效果和排版效果。

3.RTF 格式：RTF 是 rich text format 的缩写,是由微软公司开发的跨平台文本格式,以.rtf 为扩展名。

4.HTML 格式：HTML 是超文本标记语言的缩写,通常采用.html 或者.htm 作为扩展名。采用任意网页浏览器都能查看 HTML 文件的最终效果。

二、文本的采集

(一)键盘输入

键盘输入是文本信息获取的主要方法。常用的方法是音码输入法,如微软全拼、微软双拼、搜狗拼音等输入法。音码输入针对的是普通话发音,对于不确定读音的汉字,可以采用形码输入,如五笔输入法。五笔输入法需要记住复杂的拆分编码,不容易推广。搜狗拼音输入法提供了手写输入的输入方法,在输入法指示器里点击"工具箱",在弹出的窗口里点击"手写输入",即可实现手写输入生僻字。(见图 6-1)。

图 6-1　搜狗拼音输入法手写输入界面

(二)光学字符识别

当需要大量获取印刷品上的文字内容时,可采用文字识别的方法。光学字符识别(Optical Character Recognition, OCR)技术是在计算机上利用光学字符识别软件,对所扫描到的图片内容进行分析,将其中的文字影像识别出来,并自动转换为对应编码字符集存储。计算机汉字输入法提供的手写输入实际上也是应用了 OCR 识别技术,如搜狗拼音输入法的手写输入。手机微信等移动终端的应用提供了从拍照到文字识别的全流程服务,为文本资源的获取提供了便利。

(三)语音识别

语音识别技术,也称为自动语音识别(Automatic Speech Recognition，ASR),是一种将人的语音转换为文本的技术,如手机微信的语音输入功能。

(四)网络下载

下载和保存网页中的文本内容最常用的方法是"复制+粘贴"。针对网页中文字不允许被选中的情况,可以把网页另存为 TXT 文本文件,再打开文本文件进行复制。

(五)文本 AI 自动生成

生成式人工智能在文本自动生成方面有许多优秀的工具。例如,文心一言是百度推出的一款基于深度学习的智能文本生成系统,能够根据给定的输入,自动生成与输入内容相关或与给定主题一致的文本内容。

下面给出文心一言自动生成文本的实例演示。

1.操作过程

(1)注册与登录:用户注册并登录百度账号,下载并打开"文心一言"应用程序。

(2)在输入框中输入:你是中小学语文老师,请给以"我的家乡"为题的作文提供一些写作思路供学生参考。

2.结果示例

下面是文心一言的回答示例:

###当然,以"我的家乡"为题写作时,可以从多个角度入手,通过细腻的描绘和真挚的情感表达,让读者仿佛身临其境。以下是一些写作思路建议,希望能激发学生的创作灵感。

1.开篇引入,设置情境

〇可以从一个具体的场景开始,比如清晨的鸟鸣、傍晚的炊烟或是家乡特有的风景,用生动的语言勾勒出家乡的第一印象。

〇用一个引人入胜的故事或传说作为引子,比如家乡名字的由来、一个古老的习俗等,激发读者的好奇心。

2.自然风光,四季更迭

〇描述家乡的自然风光,如山川湖泊、田野果园、森林小径等,展现不同季节下的变化之美。

〇可以通过对比四季的特点,如春天的生机勃勃、夏天的热情奔放、秋天的丰收景象、冬天的银装素裹,来表达对家乡四季变换的热爱。

3. 人文历史，文化底蕴

○介绍家乡的历史遗迹、古建筑、传统节庆、民俗活动等，展现其深厚的文化底蕴。

○讲述一两个与家乡历史或文化相关的故事，如古代英雄的事迹、传统节日的由来，增加文章的文化内涵。

4. 家乡美食，味蕾记忆

○列举并描述家乡的特色美食，如小吃、家常菜、节日食品等，通过食物的味道勾起对家乡的思念之情。

○分享一次与家人或朋友一起制作家乡美食的经历，展现温馨的家庭氛围或友情。

5. 人物风貌，邻里温情

○描写家乡的人们，他们的性格特征、生活方式，以及邻里间的互帮互助、和谐共处。

○通过讲述一个或几个家乡人物的故事，如勤劳的农夫、智慧的老人、乐观的孩子，展现家乡人的精神风貌。

6. 变化与发展，展望未来

○谈谈近年来家乡的变化，如基础设施的改善、经济的发展、文化的传承与创新。

○表达对家乡未来发展的期待和愿景，可以是个人希望看到的改变，也可以是对家乡美好未来的畅想。

7. 情感升华，总结全文

○在结尾部分，用深情的语言总结自己对家乡的情感，可以是对家乡的怀念、自豪或是想要保护的决心。

○引用诗句、名言或自创的话语，作为全文的点睛之笔，深化主题，留给读者深刻的印象。

通过上述思路的引导，学生可以结合自己的亲身经历和感受，写出既富有个人特色又充满情感色彩的文章。鼓励他们在写作中融入自己的观察和思考，让"我的家乡"这一主题鲜活起来。###

第二节 音频素材的采集与处理

一、音频概述

(一)音频的概念

人耳能够听到的所有声音都称为音频,它是一种重要的信息表现形式。教学中使用的数字音频文件主要分为两类:一类是以录音方式采集各种声源的机械振动而得到的数字文件,如教学中常用的 WAV、MP3 等声音文件;另一类是 MIDI(Musical Instrument Digital Interface)电子乐器数字接口文件,它是一种描述性的"音乐语言",被称为"计算机能理解的乐谱"。它将所要演奏的乐曲信息用字节进行描述,如在某一时刻,使用什么乐器,以什么音符开始,以什么音调结束,加以什么伴奏等。MIDI 文件本身并不包含波形数据,它首先将各种真实乐器所能发出的所有声音,包括各个音域、声调进行取样,存储为一个波表文件。在播放时,根据 MIDI 文件记载的乐曲信息向波表发出指令,从"声波表格"中逐一找出对应的声音信息,经过合成、加工后回放出来。

描述音频波形文件质量有两个重要指标,一个是采样频率,一个是采样精度(也叫采样位数)。音频采样频率是指录音设备在一秒钟内对连续声音信号的采样次数,采样频率越高,声音的还原就越真实、越自然。在数字录音领域,常用的采样频率有11 025Hz、22 050Hz、24 000Hz、44 100Hz、48 000Hz 几个等级。采样精度决定了记录声音的动态范围,它以位(bit)为单位,比如 8 位、16 位、24 位、32 位等,8 位表示 2 的 8 次方即 256,其余以此类推。采样精度越高,每个采样点记录的声音越细腻,声音的保真度就越好。

(二)音频文件格式

在制作多媒体作品时,常常需要处理各种音频文件格式以及进行格式之间的转换,计算机中广泛使用的音频文件格式主要有 MP3、WMA、WAV、MIDI 等。

1.MP3 格式

MP3(Moving Picture Experts Group Audio Layer Ⅲ)是一种基于 MPEG LayerⅡ 压

缩的数字音频文件格式。它能够在不显著影响音质的前提下，根据人的听觉特性将音频文件按照某种算法压缩为原来存储量的 1/12—1/11。由于 MP3 格式的数字音频音质好，文件的体积较小，所以它被广泛应用于教学中，既可用作长时间播放的背景音乐，也适合用作解说和效果声，还便于在网上传播。

2. WMA 格式

WMA（Windows Media Audio）是由微软公司推出的与 MP3 格式齐名的一种新的音频格式。WMA 格式的音频音质高于 MP3，在保证音质的前提下，文件压缩比率比 MP3 要高，一般可以达到 1∶18 左右，即使在较低的采样频率下也能产生较好的音质。WMA 音乐文件格式受 DRM（Digital Rights Management）技术保护，可以限制播放时间、播放次数和播放器，无法被转制成 MP3 格式音乐文件。

3. WAV 格式

WAV（Waveform Audio）文件格式是微软公司开发的一种音频文件格式。WAV 音频文件是在对声音模拟波形采样的基础上形成的，即将声音源发出的模拟音频信号通过采样、量化的方式转换成数字信号，再进行编码，以波形文件（WAV）的格式保存起来，记录的是数字化波形数据。其中声音信息采样频率和量化精度直接影响声音的质量和数据量。由于 WAV 格式的数字音频未经过压缩，文件的体积很大，不方便通过网络和其他媒介来传递和保存，所以在教学中，它多用于表示短时间的效果声，不适合用作长时间的背景音乐或解说。

4. MIDI 格式

MIDI（Musical Instrument Digital Interface）文件是一种电子乐器通用的音乐数据文件，只能模拟乐器的发声，因此在教学中只能作为纯音乐使用。

二、音频的采集

音频资源的获取方法有很多，可以购买数字音频光盘，购买专门的音频资源素材库，下载音频资源，还可以使用软件从现有音频素材中截取音频片段，或通过录制的方法获得教学所需的音频资源。

（一）网络下载音频资源

从网络获取数字音频资源是教学中常用的方法，常见的音频下载软件有：酷狗、酷我、QQ 音乐、百度音乐、网易云音乐等。

（二）录制音频资源

可以使用计算机、手机或 Pad 等设备中自带的"录音机"程序，专业的音频处理软件如 CoolEdit、GoldWave、Sound Forge、Adobe Audition 等,以及数码录音笔等专用设备来录制音频资源供教学使用。

下面介绍常用的录制音频资源的方法。

1.使用录音机软件录制音频。在没有专门的录音软件的情况下,可直接利用计算机系统中的"录音机"录制计算机内部或外部的声音。常用于录制来自麦克风的声音或转录计算机内部播放的声音。

利用"录音机"录制音频的基本步骤:准备好录音设备,如当录制来自麦克风的声音时,需连接好麦克风,录音通道需设置为麦克风;当录制来自计算机内部播放的声音时,录音通道需设置为混音,使用录音软件录音。

2.使用数码录音笔录制音频。数码录音笔,也称为数码录音棒或数码录音机,是数字录音器的一种。数码录音笔的工作原理是通过对模拟信号的采样、编码将模拟信号通过数模转换器转换为数字信号,并通过一定的压缩处理后进行存储。

3.使用 GoldWave、音频剪辑大师等音频处理软件录制音频。

(1)使用 GoldWave 软件录制麦克风声音

GoldWave 是一款专业的数字音响编辑软件,它可以在计算机上播放、录制、编辑、处理并转换音频文件。GoldWave 是标准的绿色软件,不需要安装且体积小巧,功能强大。

先把麦克风接入电脑接口,然后打开 GoldWave 软件,点击工具栏的"新建"按钮,新建一个空白声音文件(如图6-2),在对话框中设好初始化长度,如 1:00.0(即一分钟),然后单击"确定"按钮。新建了一个名为"无标题1"的新文件,在控制器中单击"录音"按钮,即可开始麦克风录音,再次单击此按钮即可结束录音(如图6-3)。最后在工具栏点击"保存"按钮,命名文件并保存。

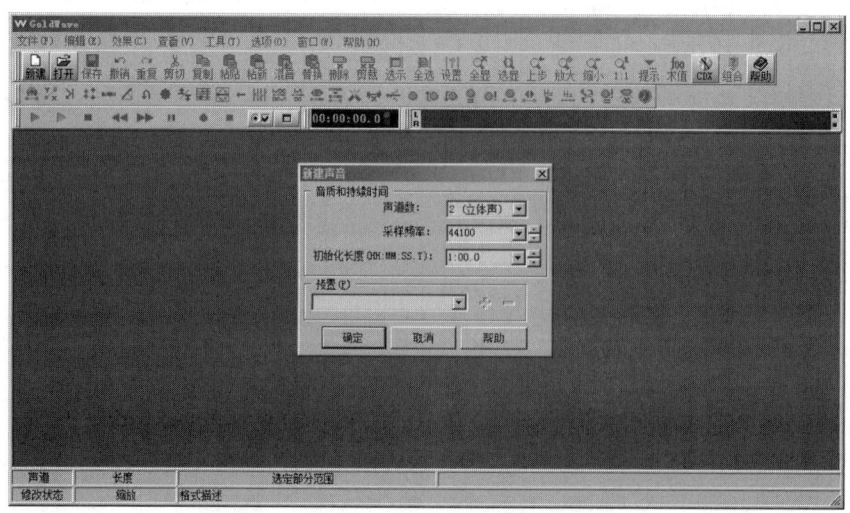

图6-2 新建声音文件

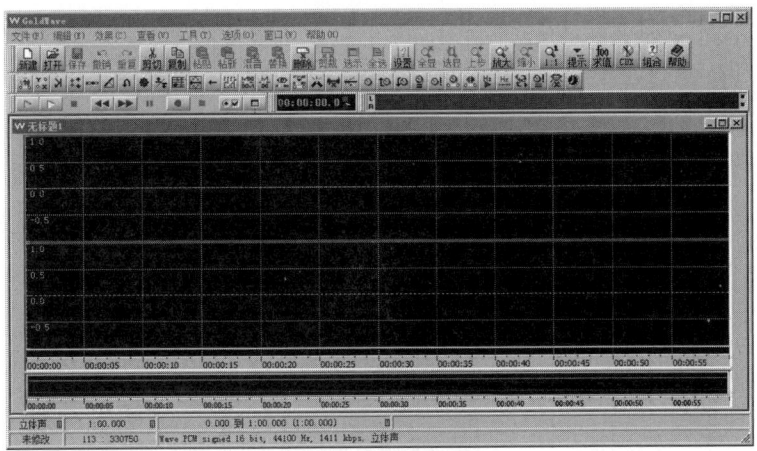

图 6-3　录制声音文件

（2）手机音频剪辑大师录音

"音频剪辑大师"是一款功能强大的音频编辑工具，支持音频剪切、合并、混合、提取等多种功能，同时具备高清录音功能。它支持多种主流音频格式，如 MP3、AAC、WMA、FLAC、M4A 等。这款软件操作简单，界面简洁，适合新手快速上手。

以下是录音操作步骤：

①下载与安装：

打开手机应用商店，搜索"音频剪辑大师"，下载并安装该应用。

②进入录音功能：

打开应用后，进入主界面，找到"音频录音"功能（如图 6-4）。

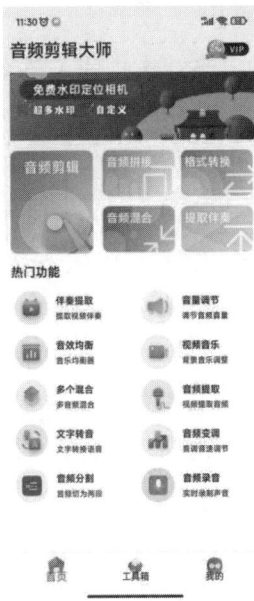

图 6-4　音频剪辑大师主界面

③开始录音：

点击"开始录音"按钮(如图 6-5 下方圆圈处)，开始录制音频。在录音过程中，可以实时查看录音状态和音量大小。

④结束录音：

录音完成后，点击"停止录音"按钮，保存录音文件。

图 6-5　音频剪辑大师录音界面

（三）音频的 AI 自动生成

生成式人工智能在音频自动生成方面有许多很好的工具，以下以"讯飞智作"和"魔音工坊"为例进行介绍。

1.讯飞智作

（1）功能：由科大讯飞推出的讯飞智作集成了语音合成、识别、翻译等技术。它可以将文本转换为自然语音，并提供多种发音人选择，支持 Android 和 Web 端使用，还有音量、语速、语调调节功能。

（2）操作过程：

①打开讯飞智作官网，点击"讯飞配音"进入语音合成页面，输入需要转换为语音的文本，例如"介绍家乡的历史遗迹、古建筑、传统节日、民俗活动等，展现其深厚的文化底蕴"。(如图 6-6)

②选择发音人，如"女声"或"男声"，并调整语速和音调。

③点击"生成音频"，系统将处理并生成语音。

④试听生成的语音，确保符合预期效果。

下载生成的音频文件，用于视频或其他多媒体项目。

图 6-6　讯飞智作配音界面

2.魔音工坊

(1)功能:魔音工坊由出门问问推出,支持多种语言和语言风格的文字转语音服务。它提供1 500+声音风格、800+覆盖音色、19 国语言、15 种方言,还有自动打轴和声音克隆功能。

(2)操作过程:访问魔音工坊官方网站。输入需要转换成语音的文本,如"让我们一起踏上这段奇妙的旅程"。选择人声类型,如"男青少年""女声"等,调整朗读速度、音量和添加适当的停顿,以符合文本内容的情感。点击"朗读"按钮,系统将生成语音。试听生成的语音,确保语音的自然度和表现力。如果满意,点击"下载"按钮,保存音频文件。

(3)结果示例:生成的音频文件将是一个具有个性化声音风格的有声读物片段,适合作为有声书或音频故事的配音。(如图 6-7)

图 6-7　魔音工坊配音界面

三、音频的处理

（一）格式转换

声音格式转换的意义是使不被设备或软件识别的一种音频文件格式转换成另一种可以被这些设备或软件支持的音频文件格式,满足信息化教学对音频文件的需要。这种格式转换主要是通过软件来实现,常用的方法有两种:一是在声音处理软件里面打开需要转换格式的音频文件,执行"另存为"命令,选择需要的文件类型保存;另一种方法是使用专门的格式转换软件,如格式工厂。格式工厂是上海格式工厂网络有限公司面向全球用户提供的一个多媒体文件格式转换器,支持视频、音频、图片、文档等文件格式的转换,在音频格式转换方面,支持市面上绝大多数音频文件格式相互转换。

（二）音频剪辑

下面简单介绍手机"音频剪辑大师"音频剪辑操作方法。

打开"音频剪辑大师"应用,进入主界面(如图6-4)。点击"音频剪辑"按钮,导入音频后,点击播放按钮,播放音频文件,熟悉音频内容。拖动音频波形图上的滑块,选择需要剪辑的起始点和结束点。你可以通过放大波形图来更精准地选择剪辑区域(如图6-8)。点击"裁剪模式"的选项,可以裁剪选中的部分或删除选中的部分。

其他功能如音频拼接、音频混合、音量调节等可以在主界面点击相应选项,按提示操作即可。

图6-8　音频剪辑大师音频裁剪界面

第三节 图像素材的采集与处理

一、图像概述

（一）图像的概念

图像包括两大类，即矢量图和位图。通常将矢量图称为图形，而将位图称为图像，所以统称图形/图像。

1.矢量图。矢量图使用直线和曲线来描述图形，这些图形的元素是一些点、线、矩形、多边形、圆和弧线等。矢量图文件容量一般较小。矢量图最大的优点是无论放大、缩小还是旋转等都不会失真。Adobe 公司的 Freehand、Illustrator，Corel 公司的 CorelDRAW 是众多矢量图形设计软件中的佼佼者。

2.位图。位图图像，亦称为点阵图像或绘制图像，是由称作像素的单个点组成的。这些点可以进行不同的排列和染色以构成图样。当放大位图时，可以看见构成整个图像的无数个单个方块。扩大位图尺寸的效果是增大单个像素，从而使线条和形状显得参差不齐。处理位图时要着重考虑分辨率，分辨率既会影响最后输出的质量也会影响文件的大小。

矢量图与位图的区别见表6-1。

表 6-1 位图与矢量图的比较

类型	组成	优点	缺点
矢量图	数学向量	文件容量较小，在进行放大、缩小或旋转等操作时，图像不会失真	不易制作色彩变化太多的图像
位图	像素	只要有足够多的不同色彩的像素，就可以制作出色彩丰富的图像，逼真地呈现自然界的景象	缩放和旋转容易失真，文件容量较大

（二）图像文件格式

在数字时代，图形和图像是信息传递的重要载体。不同的文件格式因其特性被用于不同场景，例如网页设计、摄影、印刷或动画制作。了解主流格式的特点，能够帮助我们更高效地存储、传输和使用图像资源。以下将介绍当前应用最广泛的几种图形和图像格式。

1.JPEG（Joint Photographic Experts Group）

JPEG 是最常见的图像格式之一，文件扩展名为.jpg 或.jpeg。它采用"有损压缩"技术，通过减少图像细节来大幅缩小文件体积，特别适合存储照片或色彩丰富的图片。例如，一张 10MB 的原始照片用 JPEG 压缩后可能只需 1MB。不过，反复编辑和保存 JPEG 会导致画质逐渐下降。它不支持透明背景，因此不适合需要抠图的场景，是目前社交媒体和网页展示照片的首选格式。

2.PNG（Portable Network Graphics）

PNG 格式（扩展名.png）专为解决网络图像需求而设计，支持透明背景和高达 1 600 万种颜色。与 JPEG 不同，它采用"无损压缩"，即使多次保存也不会降低画质，适合保存图标、插画或带文字的图像。例如，网页上需要透明效果的 LOGO 通常使用 PNG-24 格式，而简单的图形可选择体积更小的 PNG-8。PNG 的文件体积通常比 JPEG 大，不适合存储高清照片。

3.GIF（Graphics Interchange Format）

虽然诞生于 1987 年，GIF（扩展名.gif）至今仍是网络动图的主要载体。它支持 256 色索引调色板，通过多帧连续播放实现动画效果，例如表情包或简单演示动画。GIF 也支持透明背景，但由于颜色数量有限，不适合表现渐变或复杂图像。近年来，随着视频格式和 WebP 的普及，GIF 逐渐被取代，但在社交媒体中仍占有一席之地。

4.SVG（Scalable Vector Graphics）

SVG（扩展名.svg）是一种基于 XML 的矢量图形格式。与依赖像素的位图不同，SVG 通过数学公式描述形状，因此可以无限放大而不失真，非常适合图标、图表和界面设计。例如，网页中的响应式 LOGO 常使用 SVG，能在不同屏幕分辨率下保持清晰。它支持动态交互和动画效果，但无法表现照片级的复杂色彩层次。

5.WebP

由谷歌在 2010 年推出的 WebP（扩展名.webp），兼具 JPEG 和 PNG 的优点。它支持有损和无损压缩，文件体积比 JPEG 小 25%—35%，同时允许透明背景和动画功能。例如，电商网站用 WebP 展示商品图可加快加载速度。目前主流的浏览器和操作系统均已支持该格式，但部分老旧软件可能无法打开。

6.BMP（Bitmap）

作为 Windows 系统的原生位图格式（扩展名.bmp），BMP 以未经压缩的方式存储每个像素的颜色信息，能够完整保留图像细节。但由于文件体积庞大（一张普通截图可能达到几 MB），它已逐渐被其他格式取代，目前主要用于某些专业图像处理软件的临时存储。

7.TIFF(Tagged Image File Format)

TIFF(扩展名.tiff 或.tif)是印刷和出版行业的标准格式,支持无损压缩和多图层编辑。例如,扫描的重要文档或专业摄影作品常保存为 TIFF 格式以保留最大信息量。它兼容 CMYK 色彩模式,可直接用于印刷制版,但文件体积较大,不适合网络传播。

8.HEIF/HEIC(High Efficiency Image Format)

由苹果公司推动的 HEIF 格式(扩展名.heif 或.heic)采用先进压缩算法,在相同画质下比 JPEG 节省 50%存储空间。从 iOS 11开始,苹果设备默认的照片格式即为 HEIC,支持透明通道、连拍照片和动态图像。尽管技术先进,但部分非苹果设备仍需转换格式才能查看,这限制了其普及速度。

9.AVIF(AV1 Image File Format)

作为 2020 年推出的新一代格式,AVIF(扩展名.avif)基于视频压缩技术 AV1,在保持高画质的前提下,文件体积比 JPEG 小 50%以上。它支持 HDR 广色域、透明通道和动画,被视作未来的主流格式。例如,YouTube 已在测试用 AVIF 优化缩略图加载速度,但目前浏览器兼容性仍待提升。

选择图像格式需综合考虑用途、画质需求和传播场景:JPEG 适合网络照片,PNG 适合透明图形,SVG 适配矢量设计,WebP 和 AVIF 代表高效传输的未来趋势。随着技术发展,更高效的格式不断涌现,但兼容性和使用习惯仍是重要考量因素。理解这些格式的特性,能够帮助我们在数字内容创作中做出更合理的选择。

二、图像的采集

教学中使用的图形/图像资源主要可以通过两种途径获得:一是利用现有的图形/图像,如购买数字图像库、从网络下载数字图形/图像资源等;二是自己制作图形/图像,如屏幕捕捉、数码照相机拍摄、扫描仪扫描等。在探索图形/图像资源的获取方法之前,我们首先需要了解图形/图像的基本概念、特点和区别,同时为掌握图形/图像处理与加工的方法、技能打基础。

(一)网络下载图形/图像资源

网络下载图形/图像资源是教学中最常用的方法,可以大大提高教学课件和教学网站的制作效率。要想在网络上通过下载获得数字图形/图像资源,首先要在网页中搜索到所需要的资源。常用的方法是利用搜索引擎,如百度(Baidu)、谷歌(Google)等。

(二)屏幕图像捕捉

屏幕图像捕捉有多种方法,例如在没有专门的截图软件的情况下,可利用 Windows 系统中的拷屏命令进行抓图,按 PrintScreen(PrtSc)键,将当前屏幕上的内容复制到剪贴板上,按 Alt 键+PrirtScreen(PrtSc)键将当前屏幕上的活动窗口界面复制到剪贴板上;利用浏览器的截图功能,如 360 浏览器、火狐浏览器都具有截图功能;利用腾讯 QQ 来完成截图,当鼠标处于所要截取的画面中,按 Ctrl+Alt+A 组合键即可按需截图;QQ 输入法、搜狗输入法等常用输入法也具备截屏应用功能;还能利用专门的屏幕捕捉软件自由抓取大小可选、形状可选的图像,如 Snagit、HyperSnap 等。

(三)用数码相机或扫描仪等设备获取

数码相机(Digital Camera)是一种能够进行拍摄,并通过内部数字图像处理电路把拍摄到的景物转换为数字图像格式存放的照相机。数码相机可以与计算机、电视机或者打印机直接相连,对拍摄的数字图像进行即时处理或输出。这种方法操作简单、方便快捷,是获取数字图像素材的重要途径。

扫描仪(Scanner)是利用光电技术和数字处理技术,能够将照片、图片等转换为数字图像信号输入计算机中的设备。在制作多媒体教学软件或教学网站时,如果需要的图像可以从教科书、杂志、挂图、照片或其他印刷品等传统的教学媒体资源中找到,则可以用扫描仪把它们转换成数字图像。

(四)AI 文生图

AI 文生图工具比较多,下面介绍其中之一:智谱清言。

智谱清言是由智谱 AI 推出的一款多模态通用文生图算法,它能够根据用户输入的文本生成与指令相符的图像。此外,智谱清言还集成了 CogView-3-Plus 模型,该模型采用先进的 Transformer 架构,优化了扩散模型的噪声规划,能够生成高质量、高美学评分的图像。

下面是生成图片的操作步骤:

打开智谱清言 App 或访问智谱清言网站,在文本输入框中输入你想要生成图像的描述文字,点击"生成",等待 AI 处理你的请求,查看生成的图像,如果不满意,可以根据提示进行多轮对话,进行细节调整。

假设你想要生成一幅夕阳下的海边景象,你可以按照以下步骤操作:打开智谱清言 App 或网站,在文本框中输入描述:"我想要一幅夕阳下的海边景象,金色的沙滩上有几棵椰子树,海浪轻轻拍打着沙滩,天空中飘着几朵彩霞。"点击生成按钮,系统处理后会展示生成的图像。

结果演示:生成的图像可能会是一幅高清的海边日落图,沙滩在夕阳的映照下呈现出金色,椰子树的剪影清晰可见,海浪的白色泡沫与沙滩相接,天空中的云朵被夕阳染成了橘红色。(见图6-9)

图6-9 生成的图像

请注意,实际生成的图像效果会根据模型的算法和训练数据有所差异,可能需要多次尝试和调整描述才能获得满意的结果。

三、图像的处理

在教育教学过程中,已获取的数字图形/图像资源不一定适合直接使用,通常需要经过图形/图像处理软件的加工处理才能更好地使用。能够进行数字图形/图像处理的软件很多,可以利用 Adobe Illustrator、CorelDRAW 等软件设计一些图形,也可以利用 Adobe Photoshop、美图秀秀等软件处理图片,下面简单介绍美图秀秀进行图像处理的过程。

美图秀秀是一款由美图公司开发的图像处理软件,功能丰富且操作简单,适合初学者使用。它提供多种图片编辑功能,包括基础美化、人像美容、抠图、拼图、文字添加等。

1.下载与安装

打开手机的应用商店,找到"美图秀秀"应用并安装。

2.打开应用与导入图片

打开美图秀秀应用,进入主界面(见图6-10)。

3.基本功能操作

(1)图片美化

导入图片:点击"图片美化",选择要编辑的照片,进入编辑界面(见图6-11)。

选择美化功能:点击底部菜单中的"美图配方"按钮(见图6-11)。

调整亮度、对比度等:点击底部菜单中的"调色"按钮,选择"亮度"或"对比度",拖动滑块调整效果(见图6-12)。

应用滤镜:在编辑界面中,点击"滤镜",选择一个喜欢的滤镜并调整强度。

完成美化:调整完成后,点击右上角的"保存"按钮。

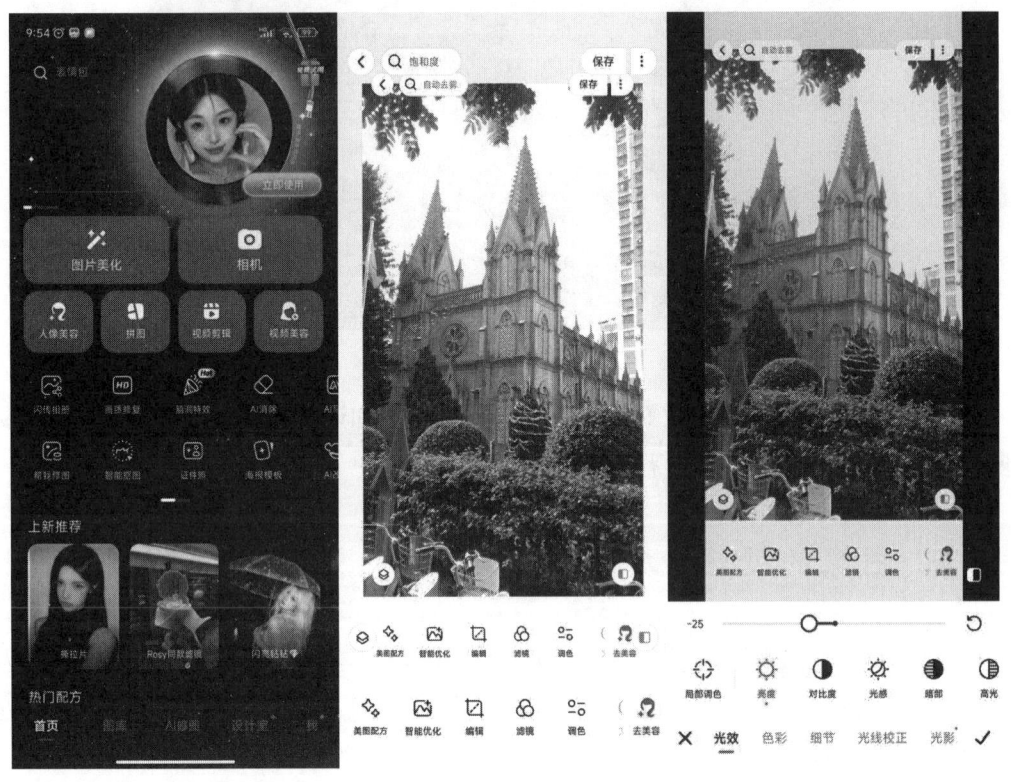

图6-10 美图秀秀主界面　　图6-11 编辑界面　　图6-12 调整亮度和对比度

(2)智能抠图与背景替换

智能抠图:在主界面点击"智能抠图"按钮,进入图片选择界面,选择需要抠图的图片,即可进入抠图界面,选择抠图,如"人像宠物",即可完成抠图(见图6-13)。

手动调整:如果需要更精细的调整,点击"画笔工具",使用画笔工具涂抹需要保留的区域。

背景替换:抠图完成后,点击"背景",选择一张新的背景图片(见图6-14)。

保存结果:调整完成后,点击对钩,再点击右上角的"保存"按钮。

图 6-13　智能抠图

图 6-14　背景替换

(3)保存与分享

编辑完成后,点击右上角的"保存"按钮,将图片保存到手机相册。

第四节　视频及动画素材的采集与处理

一、视频文件的格式

1. MP4(MPEG-4 Part 14)

MP4 是一种基于 MPEG-4 标准的容器格式,支持多种视频编解码器(如 H.264、H.265)和音频编解码器(如 AAC、MP3)。其采用高效的压缩算法,在保证画质的同时显著减小文件体积,适合网络传输和移动设备存储。MP4 还支持元数据(如字幕、章节信息)和多轨道媒体流同步,支持流式传输(如 DASH 和 HLS),是流媒体服务的核心格式之一,广泛应用于在线视频平台(如 YouTube、Netflix)、社交媒体(如抖音、Instagram)、移动设备(手机、平板)以及专业视频制作中的最终输出格式。其兼容性覆盖几乎所有播放器和操作系统,是跨平台分享的首选格式。

2. AVI(Audio Video Interleaved)

AVI 由微软于 1992 年推出,采用简单的"交错存储"结构,将音频和视频数据交替存储在文件中。支持多种编解码器(如 DivX、XviD),但缺乏对现代流媒体功能的支持(如动态码率调整)。由于未采用高效压缩技术,文件体积通常较大,但无损画质的特性使其在早期视频编辑中广受欢迎。常见于本地视频存储、非线性编辑软件(如 Adobe Premiere)的中间格式,以及需要无损画质的场景(如医学影像存档)。由于体积问题,逐渐被 MP4 和 MKV 取代,但仍用于部分传统系统。

3. MOV(QuickTime File Format)

MOV 是苹果公司开发的容器格式,支持 H.265、ProRes 等专业编解码器,提供高画质和色彩深度(如 10-bit 或 12-bit)。其支持多轨道媒体(如多语言音轨、字幕、3D 效果)、Alpha 通道透明度和章节标记,适合复杂后期制作。文件体积较大,但对苹果生态(如 Final Cut Pro)优化极佳。主要应用于专业影视制作(如电影母版输出)、苹果设备(Mac、iPhone)的默认格式,以及需要高保真色彩还原的场景(如广告、纪录片)。

4. WMV(Windows Media Video)

WMV 是微软专为 Windows 平台设计的视频格式,采用高压缩率的 VC-1 编解码器,支持 DRM(数字版权管理),适合版权保护内容传输。其文件体积较小,但画质在低码率下易出现块状失真。WMV 对非 Windows 设备兼容性较差,且不支持现代流媒体协议。早期用于 Windows Media Player 本地播放、企业内网培训视频,以及需 DRM 保护的内容(如在线课程)。随着 HTML5 和 MP4 的普及,使用场景大幅缩减。

5. FLV(Flash Video)

FLV 基于 Adobe Flash 技术,采用 Sorenson Spark 或 VP6 编解码器,支持流式传输和渐进式下载。其文件结构简单,加载速度快,适合低带宽环境。但仅支持有限的分辨率和帧率,且依赖 Flash Player,随着 HTML5 的兴起逐渐被淘汰。2000 年代至 2010 年代初主导网络视频(如 YouTube、优酷),目前仅存于部分遗留系统或特定嵌入式设备中。

6. MPEG(Moving Picture Experts Group)

MPEG 是一系列国际标准的总称,包括:

(1)MPEG-1:用于 VCD,分辨率 352×240,支持 Layer-3 音频(MP3)。

(2)MPEG-2:用于 DVD 和数字电视广播,支持隔行扫描和高清分辨率。

(3)MPEG-4:扩展至网络流媒体,支持 H.264 和 AAC 编码。

MPEG 格式兼容性强,但作为容器灵活性较低,逐渐被 MP4 和 MKV 替代。应用场景:DVD 制作、数字电视广播(如 DVB)、监控摄像头存储(MPEG-4)。

7. MKV(Matroska Video)

MKV 是开源的万能容器格式,支持几乎任何编解码器(如 VP9、AV1)、多音轨(如 7.1 声道)、多字幕(含动态字幕)、章节导航和 3D 视频。其灵活性极高,但部分功能依赖播放器支持(如 VLC 或 MPC-HC)。文件体积因编码方式而异,适合高清蓝光原盘备份。应用场景:高清影视资源分享、多语言字幕需求(如影视剧爱好者)、开源项目(如 HandBrake 转码输出)。

二、动画文件的格式

1. GIF(Graphics Interchange Format)

GIF 采用 LZW 无损压缩算法,最多支持 256 色索引调色板,通过多帧图像实现循环动画。其优势在于广泛兼容性和简单性,但色彩表现力弱,不支持半透明通道,大尺寸动画文件体积剧增。主要应用场景为社交媒体表情包、网页加载动画(如加载图标)、低复杂度动态广告(如横幅广告)。

2. APNG(Animated Portable Network Graphics)

APNG 是 PNG 的动画扩展,支持 24 位真彩色和 8 位 Alpha 通道透明度,画质远胜 GIF,文件体积更小。但早期浏览器(如 IE)不支持,需通过 JavaScript 库实现兼容。应用场景有网页动态图标(如进度条)、高画质小动画(如应用程序界面特效),逐步替代 GIF 的高端需求场景。

3. WebM

WebM 是谷歌主导的开源格式,采用 VP9/AV1 视频编码和 Opus 音频编码,压缩率优于 H.264,支持 4K/8K 分辨率和 HDR。其专为网络优化,支持 HTML5 原生播放,但部分旧设备需额外解码器。主要应用于现代网页视频嵌入(如 YouTube 可选格式)、开源项目(如维基百科视频)、实时通信(如 WebRTC)。

4. SVG(Scalable Vector Graphics)

SVG 基于 XML 的矢量图形格式,通过 <animate> 标签或 CSS/JavaScript 实现动画。其无限缩放不失真,文件体积极小,适合响应式设计。但复杂动画需较高计算资源,浏览器渲染性能可能受限。主要应用于网页动态图表(如数据可视化)、UI 交互动画(如按钮悬停效果)、矢量图标动画(如 Material Design 图标)。

5. FLA(Flash Animation)

FLA 是 Adobe Animate 的工程文件,包含图层、时间轴、矢量素材、音频和脚本代码,可导出为 SWF、HTML5 或视频格式。其编辑灵活性高,但学习曲线陡峭,且随着 Flash 生态衰落,逐渐转向支持 HTML5 输出。应用场景有:专业动画制作(如卡通短片)、交互式电子课件开发、遗留 Flash 项目维护。

三、视频及动画的采集

可以通过下载网络视频动画、录屏、摄像机拍摄等方法来获取视频及动画资源。

(一)网络下载视频及动画资源

目前国内比较有影响力的网络视频资源平台有抖音、哔哩哔哩、腾讯视频等。下载这些视频资源时,一般都要通过官方途径进行下载,比如注册会员、安装专门的App软件,且下载的资源部分仅限App内播放。有一些第三方的工具可以突破官方的限制下载部分视频,但存在盗版的法律风险。

(二)软件录屏

用软件录屏可以帮助我们以视频的形式记录屏幕的操作和演示内容,当前能够支持此类功能的软件有Camtasia Studio、剪映等软件。教师可以使用这些操作简单、功能强大的录屏软件来制作微课,以辅助网络教学的开展或者翻转课堂的尝试,需要注意的是,根据《互联网视听节目服务管理规定》,商业用途下载需取得信息网络传播视听节目许可证。

(三)AI生成视频动画

AI生成视频工具比较多,下面以可灵大模型为例介绍视频生成应用。

可灵大模型(Kling)是由快手大模型团队自研打造的视频生成大模型,具备强大的视频生成能力,支持用户通过文本描述生成艺术视频内容。以下是可灵大模型文生视频的操作步骤和结果演示。

1.操作步骤

访问可灵大模型的官方网站:https://app.klingai.com/cn/,进入文生视频模块,输入详细的文本提示词,例如"一个小女孩在草地上追逐蝴蝶",设置视频参数,包括视频质量、时长、视频比例等,点击"生成",等待系统处理完成。

2.结果演示

假设你输入的文本提示词是:"一条带有黄蓝相间条纹的皇帝神仙鱼在岩石水下栖息地中游动",可灵大模型可能会生成一个5—10秒钟的视频,追逐着飞舞的蝴蝶。视频画面质量会非常清晰,达到1 080p分辨率,帧率为30 fps(见图6-15)。

图 6-15 生成的视频官方网站示例截图

请注意,实际生成的视频效果会根据模型的算法和训练数据有所差异,可能需要多次尝试和调整描述以获得最满意的结果。此外,可灵大模型还支持视频续写功能,可以对已生成的视频进行延长,最长可生成约 3 分钟的视频。

四、视频及动画的处理

在教学中往往需要将视频进行剪切或组接,这时就要求我们掌握基本的视频资源后期制作与处理技术。常用的数字视频后期制作与处理软件有 Adobe Premiere、会声会影、剪映等。

下面简单介绍剪映软件视频剪辑基本功能。

1.软件安装与界面概览

步骤 1:下载与安装

(1)访问剪映官网(https://www.capcut.cn),点击"专业版",下载安装包。

(2)双击安装包,按提示完成安装(默认路径为 C 盘,建议选择 D 盘存储空间较大的分区)。

步骤 2:界面布局解析(见图 6-16)

(1)素材库(左侧面板):存放导入的视频、图片、音频文件。

(2)预览区(中间上方):实时显示剪辑效果。

(3)时间线(下方长条区域):核心编辑区,支持多轨道操作(视频、音频、文字轨道分离)。

(4)工具栏(顶部菜单栏):包含分割、转场、特效、文字等工具。

(5)参数调节区(右侧面板):调整亮度、对比度、音量等细节参数。

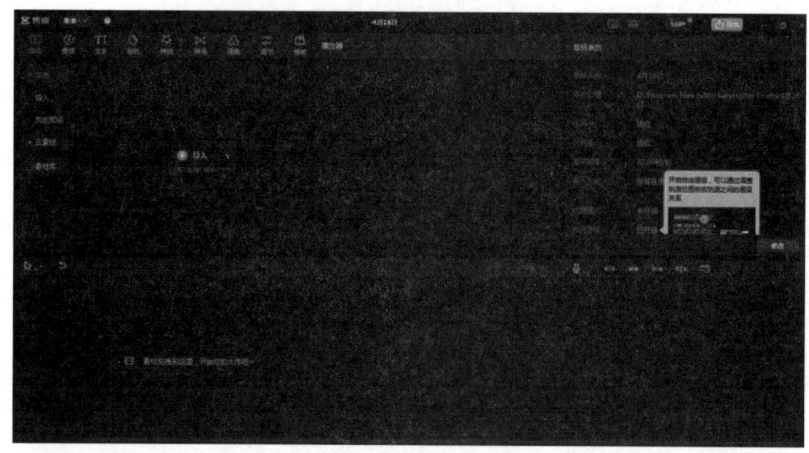

图 6-16　剪映编辑界面

2.素材导入与管理

步骤 3：导入素材(见图 6-17)。

图 6-17　剪映导入素材

(1)点击左上角"导入"按钮,选择本地文件(支持 MP4/MOV/AVI 视频、JPG/PNG 图片、MP3/WAV 音频)。

(2)快捷方式:直接拖拽文件至素材库或时间线。

(3)批量处理:按住 Ctrl 键多选文件,右键选择"导入到素材库"。

步骤 4：素材整理技巧

(1)右键点击素材库文件可重命名、创建文件夹分类。

(2)使用"星标"功能标记常用素材(点击素材右上角五角星)。

3.基础剪辑操作

步骤 5：时间线基础操作(见图 6-18)。

(1)将素材拖拽至时间线视频轨道。

(2)分割片段：

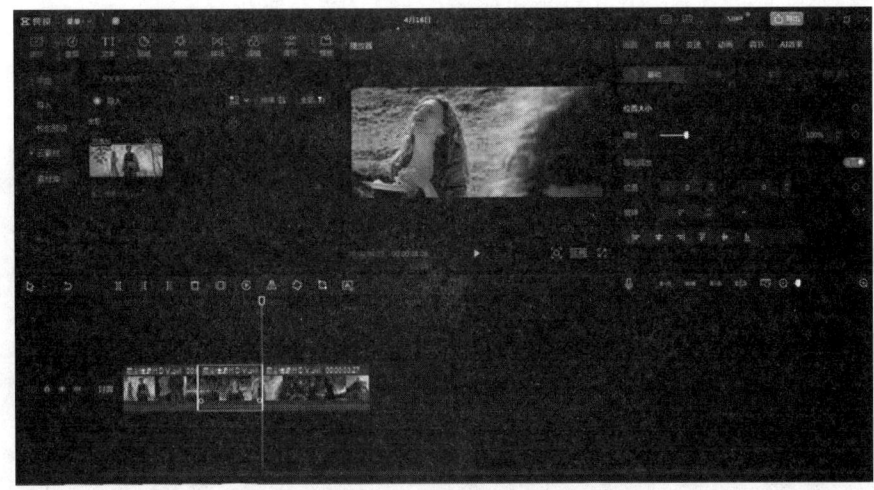

图 6-18 素材切割与删除

①定位播放头→点击顶部"分割"按钮(快捷键 Ctrl+B)。

②或右键片段选择"分割"。

(3)删除片段:选中片段→按 Delete 键或右键"删除"。

(4)调整顺序:直接拖拽片段改变位置。

步骤 6:时长与速度调整(见图 6-19)

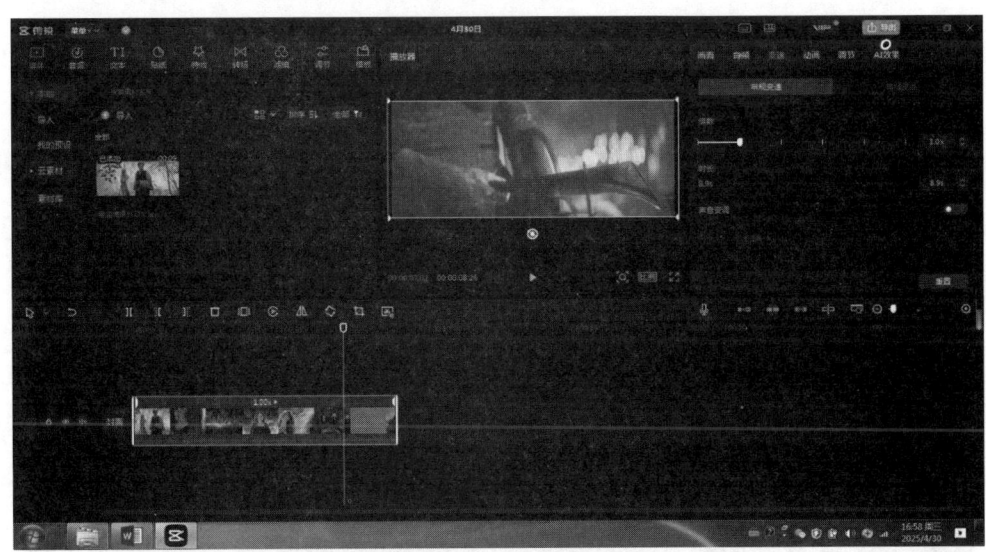

图 6-19 时长与速度调整

(1)裁剪时长:

鼠标悬停片段边缘,当鼠标形状出现左右箭头→拖动边界线。

(2)变速处理:

选中片段→点击顶部"变速"按钮。

选择常规变速(0.1x-10x)或曲线变速(自定义节奏变化)。

4.特效与文字添加

步骤7:添加转场效果(见图6-20)

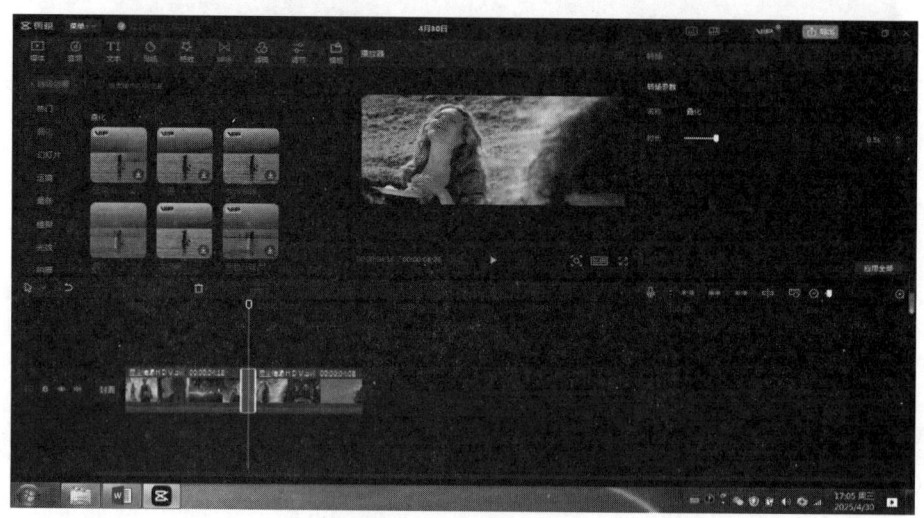

图6-20 添加转场效果

(1)点击顶部"转场"按钮(或快捷键Ctrl+T)。

(2)选择效果类型(推荐基础转场:叠化,幻灯片)。

(3)拖拽转场效果至两片段之间。

(4)调整时长:右侧面板修改持续时间(建议0.5~1秒)。

步骤8:插入文字与字幕(见图6-21)

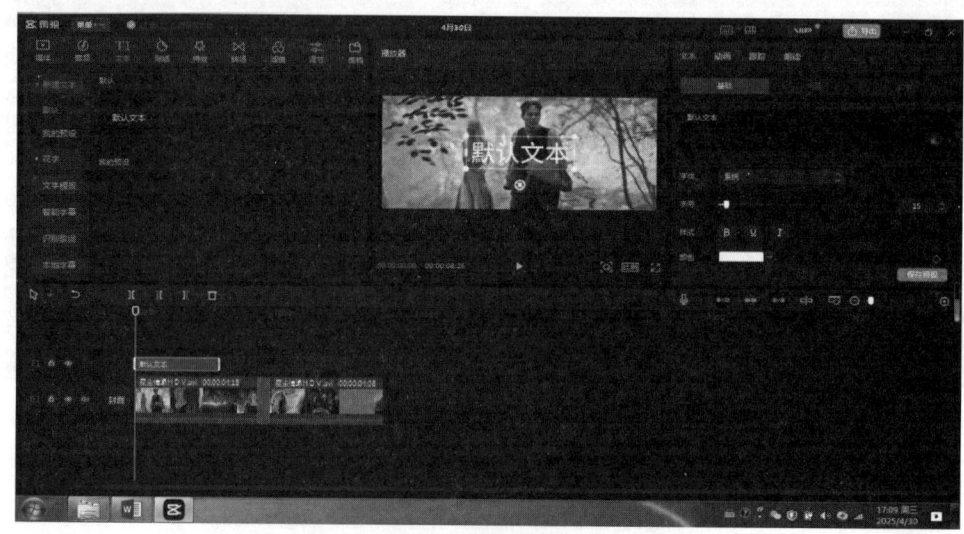

图6-21 插入文字

(1)基础文字:

①点击顶部"文本"→"新建文本"输入内容。

②调整字体/颜色/位置:右侧参数面板修改。

(2)智能字幕:

点击"文本"→"智能字幕"→"识别语音"自动生成字幕。

批量编辑:全选字幕→统一修改样式。

5.音频处理技巧

步骤9:背景音乐与音效(见图6-22)

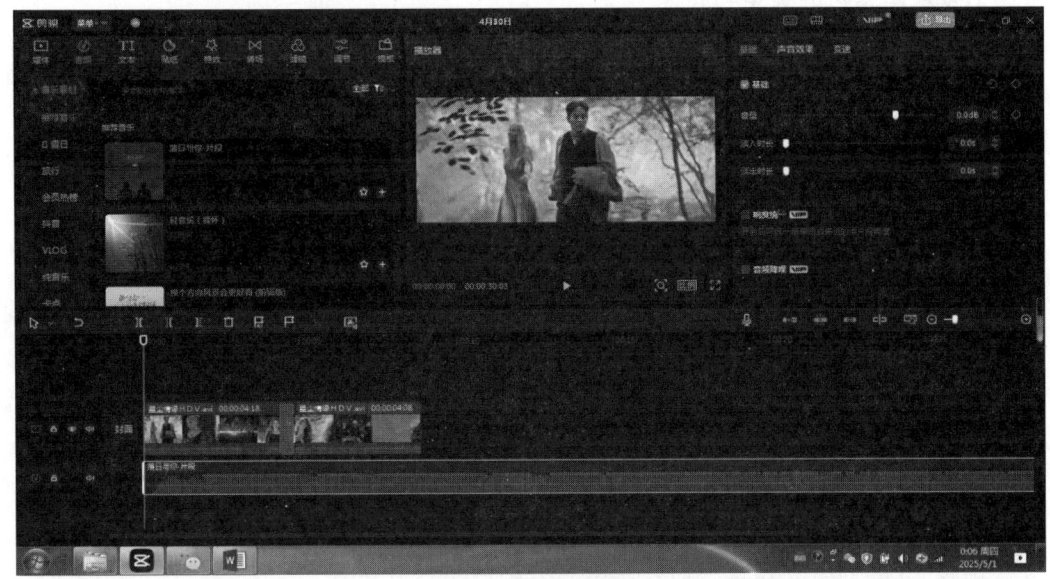

图6-22　添加背景音乐

(1)添加音乐:

点击"音频"→"音乐素材"选择BGM(支持抖音热门音乐)或导入本地音乐文件。

(2)音量调整:

选中音频轨道→右侧面板拖动音量滑块。

(3)降噪处理:

右侧面板勾选"音频降噪",消除环境杂音。

6.成品导出设置

步骤10:导出参数配置

(1)点击右上角"导出"按钮(快捷键Ctrl+E)。

(2)参数建议:

①分辨率:1 080P(平衡画质与文件大小)。

②帧率:30fps(适用于多数平台)。
③码率:推荐"更高"选项。
④格式:MP4(通用性最强)。
(3)勾选"导出至文件夹",指定保存路径。

『本章知识总结』

【主要知识点】

1.多媒体素材的类型与特点

包括文本(TXT、DOCX、RTF、HTML)、音频(MP3、WAV、MIDI)、图像(JPEG、PNG、GIF、SVG)和视频/动画(MP4、AVI、GIF、WebM等)五种基本类型,各类素材在质量、文件体积、可编辑性及适用场景上存在差异。

2.多媒体素材的采集方法

文本:键盘输入、OCR识别、语音识别、网络复制粘贴、AI自动生成。

音频:网络下载、麦克风/数码录音笔录制、软件截取、AI合成。

图像:网络下载、屏幕捕捉、数码相机拍摄、扫描仪扫描、AI文生图。

视频/动画:官网或第三方下载、软件录屏、摄像机拍摄、AI文生视频。

3.多媒体素材的处理技术

音频:格式转换、剪辑、拼接、降噪。

图像:裁剪、校色、合成、抠图、滤镜应用。

视频/动画:剪切、拼接、转场、字幕、变速、导出参数设置。

4.工具与软件应用

文本处理:Word、OCR软件。

音频编辑:GoldWave、音频剪辑大师。

图像编辑:美图秀秀。

视频编辑:剪映。

AI生成:文心一言、讯飞智作、智谱清言、可灵大模型等。

【重难点解析】

1.素材格式与教学需求匹配

不同格式素材在画质、清晰度、交互性和版权方面差异显著,需根据教学场景与技术条件精准选择。

2.工具熟练度与工作效率

各类专业软件功能复杂,教师需投入时间学习操作流程,快速掌握常用功能以提升采集与处理效率。

3.质量控制与版权合规

完成采集与处理后,需对素材进行质量检验(分辨率、音质、色彩)并确认使用许可,以避免侵权风险。

『本章学习反思』

【认知冲突】

1.技术多样性与教师数字素养差异

市面上工具繁多,教师数字素养参差不齐,易陷入"会用零散工具"或"难以系统掌握"的两难。

2.采集便捷性与素材原创性

AI自动生成与网络下载虽能提高效率,却可能削弱素材原创性及教学个性,影响教学真实感。

【行动启示】

1.制定素材策略与流程标准

建立"需求→采集→处理→检验→存档"的规范化流程,明确每种素材的质量与版权要求。

2.分层次构建处理技能

将素材处理分为基础(剪辑、裁剪)和高级(校色、AI生成)两个阶段,逐步掌握,并形成常用模板。

3.平衡AI与人工创作

在采集和处理环节,将AI生成作为辅助,保留人工创作与后期润色环节,兼顾效率与原创性。

【未来追问】

1.在AI大规模介入素材自动生成的背景下,如何保证教学内容的原创性与学术诚信?

2.面对多样化软件工具,如何构建一套跨平台、一体化的多媒体素材管理与处理解决方案?

3.随着实时交互和沉浸式技术(如VR/AR)普及,多媒体素材的采集与处理将如何升级以支持新型教学模式?

『拓展学习资源』

学习资源编号	学习资源类型	学习资源名称	资源获取方式
1	文档	《GoldWave 使用手册》	GoldWave 官方网站：https://www.goldwavechina.cn
2	视频	《剪映官方教程》	剪映教程：https://www.capcut.cn/learning
3	在线课程	《多媒体技术及应用》，中国大学 MOOC（慕课）	先注册中国大学 MOOC，登录后打开网址：https://www.icourse163.org/course/SZU-1001752002?from=searchPage&outVendor=zw_mooc_pcssjg_
4	网页	百度 AI 新手入门	https://ai.baidu.com/beginner

『本章参考文献』

[1]冉新义,刘冰,安素平.现代教育技术应用[M].2 版.厦门:厦门大学出版社,2023.

[2]朱禹,叶继元.人工智能生成内容(AIGC)研究综述:国际进展与热点议题[J].信息与管理研究,2024(4):13-27.

[3]刘安安,苏育挺,王岚君,等.AIGC 视觉内容生成与溯源研究进展[J].中国图象图形学报,2024(6):1535-1554.

[4]詹希旎,李白杨,孙建军.数智融合环境下 AIGC 的场景化应用与发展机遇[J].图书情报知识,2023(1):75-85+55.

第七章　数字化教学的设计与实施

『本章知识图谱』

第一节　数字化教学的设计与实施概述
- 一、数字化教学的设计与实施流程
  - ◎设计与实施数字化教学面临的挑战
  - ◎指向教师数字素养的数字化教学创新
  - ◎数字化教学设计实施的五阶段
- 二、数字化教学的关键问题剖析
  - ◎学科(跨学科)教学设计阶段
  - ◎数字化教学设计阶段
  - ◎数字化教学准备阶段
  - ◎数字化教学实施阶段
  - ◎数字化教学反思阶段

第二节　数字化教学的设计
- 一、数字化教学设计阶段的整体思路
- 二、数字化教学必不可缺的两个方案
  - ◎数字化教学的灵魂所在:学科(跨学科)教学设计方案
  - ◎数字化教学的行动指南:数字化教学解决方案
- 三、数字化教学设计的起点:教学(学习)痛点分析
  - ◎教学(学习)痛点分析的三个视角
  - ◎教学(学习)痛点分析的整体思路
  - ◎教学(学习)痛点至少包含的四个关键信息
- 四、数字化教学设计的核心:数字技术与教学融合设计
  - ◎提炼典型教学(学习)活动需求
  - ◎匹配适切的数字技术手段
  - ◎构建典型数字化教学场景
  - ◎明确数字化教学环境需求
  - ◎匹配适切的数字化教学环境
  - ◎构建数字化教学解决方案
- 五、数字赋能教学变革的关键:指向核心素养的教学创新
  - ◎素养时代数字技术与教学的融合与创新
  - ◎数智化与素养教育交织时代的教师角色新定位

第三节　数字化教学的实施与改进
- 一、数字化教学准备阶段
  - ◎数字化教学准备阶段的整体思路
  - ◎数字化教学方案在准备阶段的作用
  - ◎数字化教学准备阶段的基本流程
- 二、数字化教学实施阶段
  - ◎数字化教学实施阶段的总体定位
  - ◎数字化教学实施阶段的整体思路
- 三、数字化教学反思阶段
  - ◎教育者对数字化教学实施成效的综合分析
  - ◎数字技术与教学融合问题的归因分析
  - ◎基于精准问题诊断的教学持续改进

第四节　生成式人工智能赋能数字化教学
- 一、生成式人工智能赋能数字化教学的价值审思
  - ◎教学效率与教学质量的"双效提升"
  - ◎数智时代学习范式的结构性变革
  - ◎伦理风险与教育公平的深层挑战
- 二、生成式人工智能赋能数字化教学的整体思路
  - ◎需求导向的智慧教学设计
  - ◎动态协同的教学实施支持
  - ◎数据驱动的教学改进闭环
- 三、生成式人工智能赋能数字化教学的设计与实施
  - ◎生成式人工智能赋能数字化教学的设计
  - ◎生成式人工智能赋能数字化教学的实施
  - ◎生成式人工智能赋能数字化教学的改进

【本章学习任务清单】

1. 在给定教学痛点案例时，能够结合全流程全要素分析框架，准确识别教学主体、流程、要素的关联性，形成不少于 3 条可操作的数字化教学需求清单（如资源适配、环境优化等）。

2. 基于典型教学活动需求清单（如成果展示、协作评价），能依据技术匹配矩阵，正确选择至少 2 种适切数字工具（如腾讯文档、AI 学情分析平台），并说明其解决痛点的逻辑路径。

3. 针对生成式 AI 应用场景（如资源生成、学情诊断），能归纳其赋能教学的 2 项核心价值（如效率提升、精准适配等），并举例说明技术边界与伦理风险（如数据隐私、过度依赖等）。

4. 在模拟数字化教学场景中，能整合碎片化资源（如微课、交互模板），设计融合型教学方案，确保技术工具组合覆盖 80%以上教学活动需求。

5. 通过小组协作任务，能基于循证反思框架（量化数据+质性反馈），定位至少 1 项技术融合问题（如供需错位），并提出改进策略（如调整工具匹配或环境适配）。

第一节　数字化教学的设计与实施概述

一、数字化教学的设计与实施流程

教学是一个异常复杂的系统，涉及教学主体、教学内容、教学方式及教学环境等诸多要素，数字化教学作为数字技术与教学的融合形态，可以想见，设计与实施数字化教学的复杂程度和由此给教师带来的巨大挑战。指向教师数字素养的数字化教学设计建立在问题驱动和需求驱动等价值理念之上，融合系统思维、设计思维、数据思维及服务思维等多种专家思维，指向了数智技术对于学与教的赋能乃至促变，是一个贯穿于数字化教学全流程的运用智慧不断发现、分析和解决教学核心问题的循证迭代过程。

1.正向推进数字化教学设计流程：在教学设计中不断发现问题、分析问题并通过实践智慧构建解决方案。在此过程中，教师不仅要依赖教学经验，还需要结合新的技术手段来优化教学流程和效果，在人机协同中实现智慧创生。

2.逆向推动数字化教学创新:在实施过程中,教师根据实际情况不断进行反思与调整,针对教学效果的反馈进行优化。在这一过程中,教师不仅要解决短期内的问题,还应着眼于长远的教学目标,不断调整和完善教学设计,以适应学生不断变化的需求和技术环境的更新迭代,在人机协同中实现智慧增长。

综合而言,数字化教学的设计实施包含设计与实施两大阶段,设计阶段包含"学科(跨学科)教学设计阶段"与"数字化教学设计阶段"两个子阶段,实施阶段包含"数字化教学准备阶段""数字化教学实施阶段"及"数字化教学反思阶段"三个子阶段(如图7-1所示)。

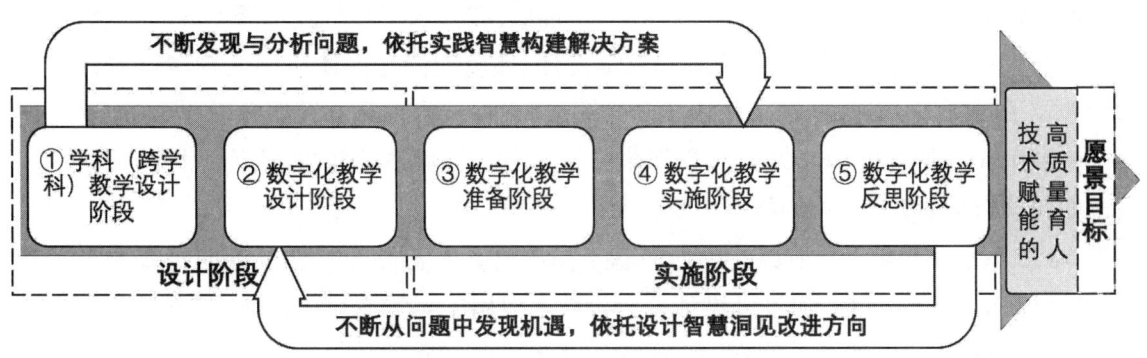

图7-1 数字化教学的设计与实施流程

二、数字化教学的关键问题剖析

在数字化教学的设计与实施过程中,每个阶段都存在一些关键问题,需要深入思考并加以解决。具体来说,各个子阶段的关键问题如下。

1.学科(跨学科)教学设计阶段——如何设计核心素养导向的教学结构性变革? 核心素养导向的教学要求从传统的知识传授转向能力与素养的整合培养,需通过结构性变革重构教学目标、内容与方式,这一变革需解决传统教学"重知识轻能力""重学科轻融合"的弊端,将学科逻辑与学生发展逻辑深度融合。涉及子问题:如何将课程标准中的核心素养要求转化为可操作的教学目标?如何在学科教学中嵌入跨学科主题,实现知识关联与应用?如何设计探究式、协作式任务以促进高阶思维?如何设计表现性评价指标以匹配素养目标?

2.数字化教学设计阶段——如何构建需求驱动的数字化教学解决方案? 需求驱动的数字化教学解决方案需以教学痛点为核心,避免技术堆砌,强调技术与教学需求的精准适配,其核心挑战在于如何从海量技术工具中筛选出真正能解决教学问题的方案,并确保技术手段与教学目标、学情特点、环境条件深度适配。涉及子问题:如何通过"全流程全要素教学痛点分析框架"定位关键问题?如何依据"教学活动需求"

选择适切的数字技术手段？如何基于典型数字化教学场景整合工具与资源？如何确保数字化教学环境与方案需求匹配？

3.数字化教学准备阶段——如何建设支撑高质量教学实施的数字教育资源？数字教育资源是数字化教学的"血液"，需兼具科学性、适配性与可操作性，其建设需避免资源冗余或低质，强调与教学目标、学生特点的深度契合。涉及子问题：如何区分"场景无关资源"与"场景有关资源"？如何将碎片化资源封装为融合型资源包？如何基于教学反馈迭代资源？如何确保教师与学生具备使用资源的数字素养？

4.数字化教学实施阶段——如何推动信息技术与教学深度融合从应然走向实然？技术融合的"实然化"需解决"两层皮"现象，即技术工具与教学活动表面结合但未产生实质影响。其核心在于通过教学设计、环境支持与主体协同实现深度嵌入。涉及子问题：如何通过"数字化教学实施框架"确保技术工具真正服务教学目标？如何利用 AI 实时数据分析调整教学策略？如何平衡教师主导性与 AI 辅助性的关系？如何预判并解决实施中的技术风险？

5.数字化教学反思阶段——如何基于高质量育人初心开展循证导向持续改进？反思需锚定育人目标，通过多维证据分析技术应用的有效性与适切性，避免陷入"技术强化型内卷"。涉及子问题：如何整合量化数据与质性数据？如何通过"归因模型"定位问题根源？如何确保改进策略符合教育规律？如何建立"设计—实施—反思"闭环？

第二节　数字化教学的设计

一、数字化教学设计阶段的整体思路

在上一节中，我们对数字化教学的设计实施流程及各阶段需要解决的关键问题有了初步的了解，在本节中我们将着重了解"数字化教学设计阶段"如何融合数字技术与教学。数字技术与教学融合体现的是教学需求与数字技术供给间的适切匹配。数字化教学设计阶段的整体思路可以概括为教与学需求驱动的数字化教学方案构建，是一个从发现教学痛点（问题）到分析教学需求再到以适切的数字技术匹配需求的融合过程。"如何融合"的基本逻辑可以形象地阐释为"我（教学）遇到自己解决不好的麻烦啦，你（数字技术）那边可以协助我解决问题吗？"数字化教学设计阶段的整体框架如图7-2所示。

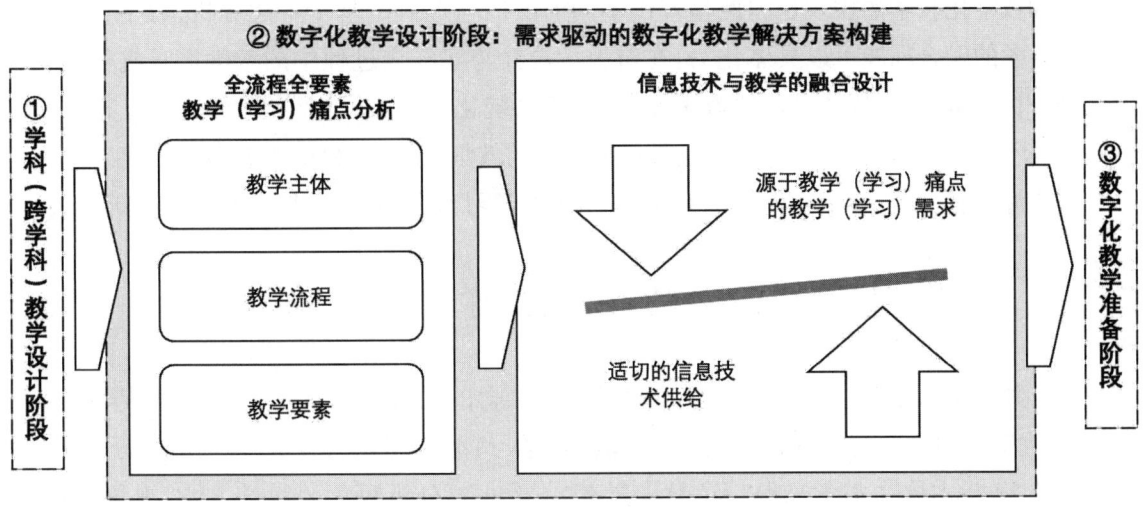

图7-2 数字化教学设计阶段的整体框架

二、数字化教学必不可缺的两个方案

(一)数字化教学的灵魂所在:学科(跨学科)教学设计方案

学科(跨学科)教学设计阶段是数字化教学设计实施流程的起点,是数字化教学设计阶段待数字技术解决的教学问题的来源,这一阶段产出的学科(跨学科)教学设计方案是整个数字化教学的灵魂所在。在考虑如何将数字技术与教学内容融合之前,教师需要首先解决一个前置性的关键问题:如何设计出能够充分激发学生主动性、积极性和创造性的教学方案。这一关键点的本质在于能否真正落实"以学生成长为中心"的教学理念。教学设计的成功与否,首先取决于是否能够围绕学生的成长需求进行全面的、合理的规划。在这个阶段,教师需要从教学目标、内容、方法和评价等方面进行系统规划,确保教学设计不仅能有效结合数字技术与学科内容,还能提升教学的互动性、灵活性以及学生的参与感。

(二)数字化教学的行动指南:数字化教学解决方案

数字化教学设计阶段是对数字技术如何与学科(或跨学科)教学深度融合的系统性思考,这一阶段产出的"数字化教学解决方案"是整个数字化教学过程中的行动指南。在完成"以学生全面发展"为核心的教学设计学科(跨学科)教学设计阶段之后,接下来的关键问题便是"如何实现融合"(数字化教学设计阶段)。正如我们在第一节中所讨论的,数字技术在教学中的核心价值,主要体现在能够有效地解决实际教学中所面临的问题。由于不同的教学问题具有不同的深度和层次,数字技术的融合形式和数字化教学的表现也因此呈现出不同的层次与形式。基于上述分析,数字技术与教学的融合问题可以具体化为:在对教学设计与实施全过程中的教学需求进行充分分析的基础上,选择合适的数字技术,构建系统化、有效的数字化教学方案。这一过程不仅是技术的简单应用,而且是根据具体的教学场景与目标,整合各类数字工具与资源,确保其能够提升教学效果、激发学生的学习潜力,并推动教学模式的创新。

三、数字化教学设计的起点：教学(学习)痛点分析

数字技术如何与学科(跨学科)教学深度融合的系统思考始于发现教学核心问题,尤其是对教学实施具有关键影响的教学(学习)痛点问题。教学(学习)痛点分析涉及"教学主体""教学流程"及"教学要素"三个主要分析视角："教学主体"视角,即数字化教学的主要实施者与参与者,一般而言包含教育者和学习者两类角色;"教学流程"视角,即序列化的数字化教学活动,可分割为若干教学环节,教学(学习)活动序列构成教学环节,若干教学环节构成跨越多个课时的学科(跨学科)教学大单元;"教学要素"视角,即教学的核心构成要素,包括目标、内容、方式、评价及环境等。全流程全要素教学(学习)痛点分析框架如图7-3所示。

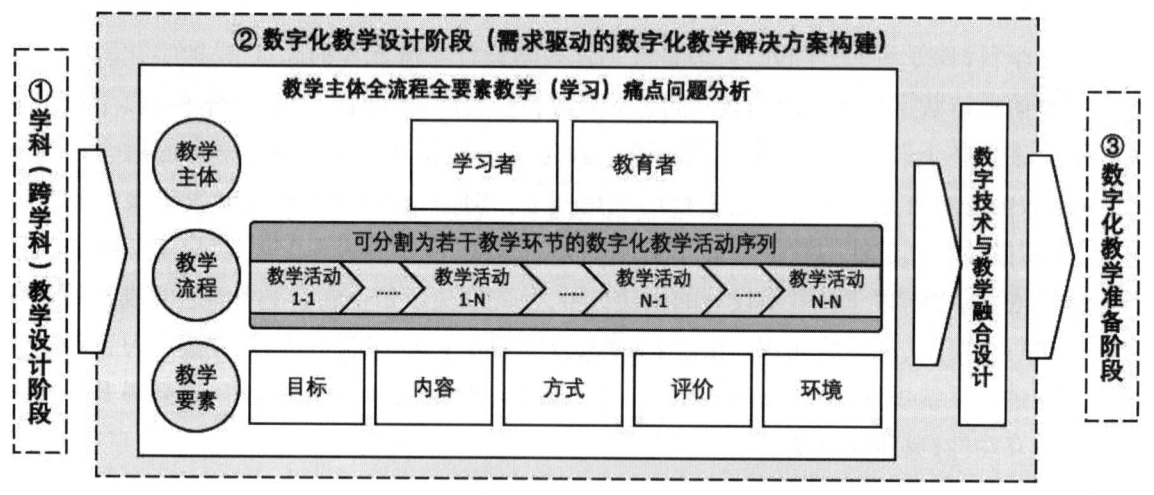

图7-3 教学主体全流程全要素教学(学习)痛点分析框架

教学(学习)痛点分析的整体思路可以概括为"全流程全要素教学(学习)痛点分析",即基于学科(跨学科)教学设计方案,以不可再细分的具体教学(学习)活动为基准,通过"走查"的方式对教学主体在数字化教学实施全流程可能遭遇到的来自教学要素的痛点问题进行深度分析,形成教学(学习)痛点问题清单,每个教学痛点包含"教学主体是谁""在哪个具体的教学流程""痛点来自哪个教学要素"以及"具体是什

么样的痛点"等关键信息,为后续梳理和挖掘教学需求提供全面而详尽的分析数据。不难发现,一旦将教学的关注点从教师转向学生,推动学生的自主、合作、探究式学习,学生将面临更加复杂的学习任务,教师将需要应对更加复杂的教学(学习)活动组织和实施,这些待解决的痛点问题将成为实现数字技术与教学深度融合的切入点。教学(学习)痛点问题清单参考样式如表 7-1 所示。

表 7-1 教学(学习)痛点问题清单参考样式

痛点问题编号	教学主体	教学流程	教学要素	痛点问题描述
1	教师	课前学习准备活动	目标	教师在课前如何更加精准地了解学情以提升教学目标的适切性?
2	教师	新知讲授活动	内容	教师在新知讲授活动中如何将教学内容更好地呈现给学生?
3	学生	探究式学习活动	方式	学生在探究式学习活动中如何快速分享和展示学习成果?
4	学生	小组合作学习活动	评价	学生在小组合作学习活动中如何高效地进行组间匿名评价?
5	教师	小组合作学习活动	环境	教师在小组合作学习活动中如何让学生理解任务所处的问题情境?

在本节,我们将结合"创客教育"这门课程的数字化教学创新设计,来更加深入地理解数字化教学从"全流程全要素教学(学习)痛点分析"到"数字技术与教学融合设计"的设计过程。该课程依托指向"核心素养教育胜任力"和"数字化教学创新能力"两大核心素养的数字化教学创新,旨在培育新时代高素质创新型教师,课程整体教学设计如图 7-4 所示。

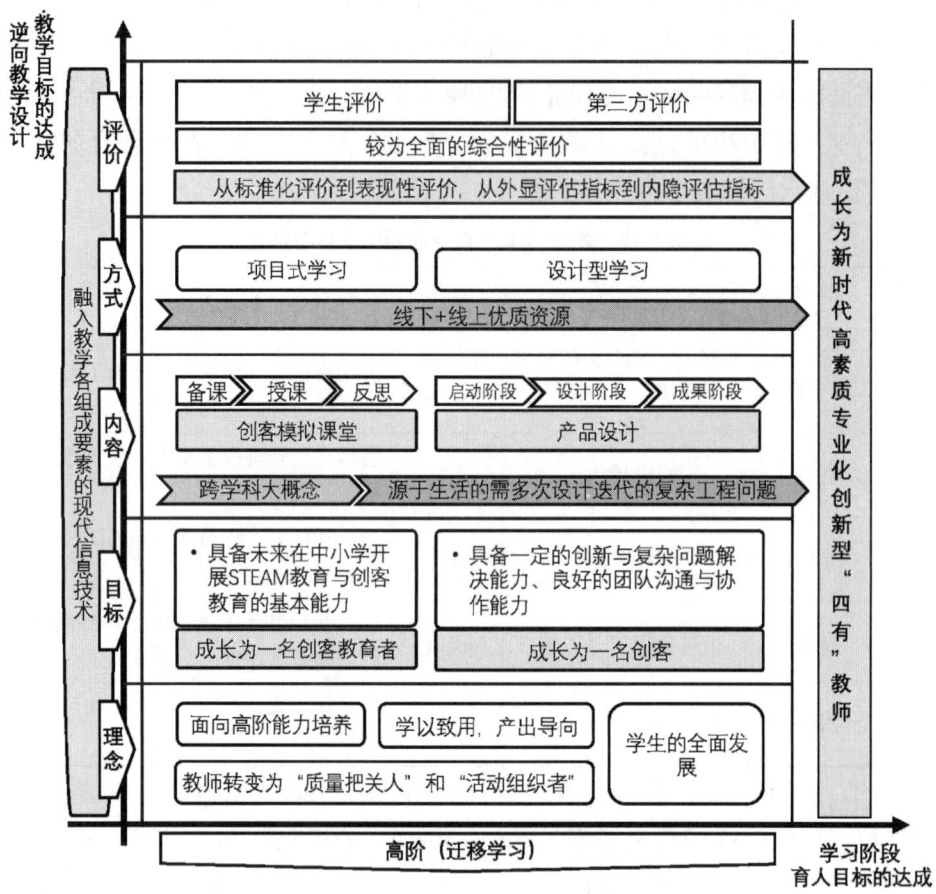

图 7-4 "创客教育"课程的数字化教学创新设计

基于该课程的教学设计方案,以不可再分的教学(学习)活动为基准,通过"走查"方式对教学主体在数字化教学实施全流程可能遭遇到的痛点问题进行深度分析后,最终形成了如表 7-2 所示的教学(学习)痛点问题清单。

表 7-2 "创客教育"课程教学(学习)痛点问题清单

痛点问题编号	教学主体	教学流程	教学要素	痛点问题描述
1	师生	阶段性成果汇报环节	方式	师生担心在阶段性成果汇报环节错过重要信息,无法及时有效整理并回顾
2	教师	干货分享环节	方式	教师担心在干货分享环节连线分享嘉宾时遇到收音不稳定、不清晰等技术问题,影响分享流畅度和质量
3	学生	团队协作环节	方式	学生担心在团队协作环节协作效率低下,影响时间利用和产出质量
……	……	……	……	……

四、数字化教学设计的核心:数字技术与教学融合设计

经过"全流程全要素教学(学习)痛点分析",我们已较为全面地掌握了教师和学生在教学过程中可能会遭遇的各类教学(学习)痛点问题,接下来将基于这些痛点问题找寻适切的数字技术,即"数字技术与教学融合设计"。这一环节包含"提炼典型教学(学习)活动需求""匹配适切的数字技术手段""构建典型数字化教学场景""明确数字化教学环境需求""匹配适切的数字化教学环境"及"构建数字化教学解决方案"等6个前后关联的子流程(如图7-5所示)。

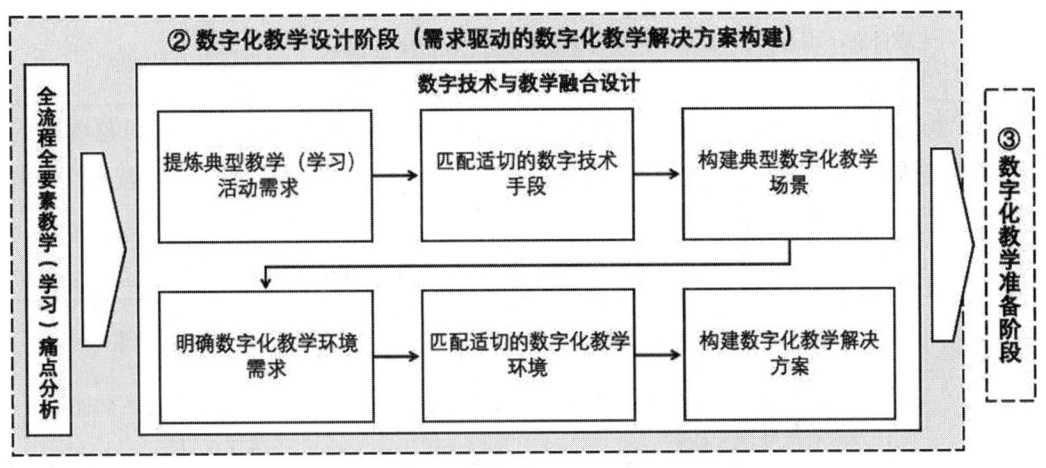

图 7-5 数字技术与教学的融合设计框架

(一)提炼典型教学(学习)活动需求

深度梳理教学(学习)痛点问题,在必要地筛选与整合的基础上提炼典型教学活动需求。对那些重要性不足或者现有教学条件尚无法解决的痛点问题进行必要的筛选,对相同或者不同的教学主体在相同或者不同的教学流程遇到的相近痛点问题进行必要的整合,在筛选与整合的基础上从教学(学习)痛点问题中提炼教学活动需求,将"我遇到了什么麻烦"转换为"我想要的是什么",最终形成能够全面真实准确体现教学需要的典型教学活动需求清单。教学活动需求依据指向的教学要素,可以细分为目标类、内容类、方式类、评价类及环境类等多种类型。

表 7-3 教学活动需求清单参考样式

痛点问题编号	痛点问题描述	教学活动需求类型	教学活动需求
1	教师在课前如何更加精准地了解学情以提升教学目标的适切性?	目标类	基于智能反馈的课前测验
2	教师在新知讲授活动中如何将教学内容更好地呈现给学生?	内容类	教学内容的可视化呈现
3	学生在探究式学习活动中如何快速分享和展示学习成果?	方式类	技术支持的成果展示交流
4	学生在小组合作学习活动中如何高效地进行组间匿名评价?	评价类	自评与互评活动的组织
5	教师在小组合作学习活动中如何让学生理解任务所处的问题情境?	环境类	创造真实学习情境

让我们回到本节的示例课程"创客教育",在明确了教学(学习)痛点问题清单的基础上,进行必要的筛选与整合,提炼典型教学活动需求,最终形成"创客教育"典型教学活动需求清单,如表 7-4 所示。

表 7-4 "创客教育"课程典型教学(学习)活动需求清单

痛点问题编号	痛点问题描述	教学活动需求类型	教学活动需求
1	师生担心在阶段性成果汇报环节错过重要信息,无法及时有效整理并回顾	方式类	高质量学习成果全过程记录及便捷分享
2	教师担心在干货分享环节连线分享嘉宾时遇到收音不稳定、不清晰等技术问题,影响分享流畅度和质量	方式类	高效无障碍云端连线沟通
3	学生担心在团队协作环节协作效率低下,影响时间利用和产出质量	方式类	高效团队协作与项目产出
……	……	……	……

(二)匹配适切的数字技术手段

依据典型教学活动需求清单匹配适切的数字技术手段(组合)。数字技术手段是指能够解决特定教学需求的以数字化教学(学习)资源、数字化教学工具或者数字化教学平台等典型形态存在的数字技术。"匹配"的关键在于教学(学习)活动所需要的与数字技术手段能提供的之间的契合,"适切"强调的是综合考虑教学主体能力的匹配度、当前已有的教学条件及可能存在的风险等因素,在"匹配"的基础上选择适合的数字技术手段,达成"最优解(跨越过程的效率指向)"和"满意解(聚焦过程的育人指向)"之间的平衡,而不是一味地追求数字技术的高端与复杂。当单一的数字技术手段无法完全满足复杂教学(学习)活动的需求时,可对若干适切的数字技术手段,尤其是人工智能技术加持的智能化教学工具进行组合,推动数字技术在组合中进化以赋予其重塑教育的力量与可能性。典型教学活动需求与数字技术手段间的匹配关系如表7-5所示。

表7-5 教学活动需求与数字技术手段类型间的匹配关系

教学活动需求类型	典型教学活动需求	匹配的数字技术手段类型
目标类	基于智能反馈的课前测验	数字化教学工具(评价工具)
内容类	教学内容的可视化呈现	数字化教学(学习)资源
方式类	技术支持的成果展示交流	数字化教学工具(效能、认知等工具)
评价类	自评与互评活动的组织	数字化教学工具(评价工具)
环境类	创造真实学习情境	数字化教学工具(情境工具)

让我们再次回到本节的示例课程"创客教育",在明确典型教学活动需求的基础上,综合考虑教学主体能力的匹配度、当前已有的教学条件及可能存在的风险等因素,针对每项教学活动需求匹配适切的数字技术手段,如表7-6所示。

表7-6 "创客教育"课程使用的数字技术手段

痛点问题编号	教学活动需求类型	典型教学活动需求	匹配的数字技术手段类型	选择的适切数字技术手段(组合)
1	方式类	高质量学习成果全过程记录及便捷分享	数字化教学工具(效能、认知等工具)	腾讯会议、高清网络摄像头
2	方式类	高效无障碍云端连线沟通	数字化教学工具(效能、认知等工具)	腾讯会议、无线全向麦
3	方式类	高效团队协作与项目产出	数字化教学工具(效能、认知等工具)	自带设备、金山文档
……	……	……	……	……

(三)构建典型数字化教学场景

综合分析学科(跨学科)教学的全部教学(学习)活动,基于教学环节内的部分或全部教学(学习)活动序列构建典型数字化教学场景。数字化教学场景是数字化教学实施过程中发生于同一空间环境中的一段完整的教学(学习)活动序列,内在地蕴含了教学活动需求和数字化教学环境需求等信息。一般而言,一个完整的数字化教学(学习)活动包含若干数字化教学场景,这些教学场景虽然分布于相同学时内的不同教学环节甚至跨越了不同学时,但是可能会存在雷同或相似的情况,因而在构建数字化教学场景时需要挑选出具备代表性的"典型"。典型数字化教学场景清单参考样式如表7-7所示。

表 7-7　典型数字化教学场景清单参考样式

场景编号	典型数字化教学场景	蕴含的典型教学活动需求
1	典型数字化教学场景 1	典型教学活动需求 1
		典型教学互动需求 2
2	典型数字化教学场景 2	典型教学活动需求 3
		典型教学互动需求 4
		典型教学活动需求 5
3	典型数字化教学场景 3	典型教学互动需求 6
……	……	……

让我们再次回到本节的示例课程"创客教育",综合分析课程两条时间线全部教学(学习)活动,从中提炼出课程团队的支架式教学、行业导师的干货分享及学生团队的创客模拟课堂等 5 个典型数字化教学场景,每个场景内在蕴含了若干典型教学互动需求,如表 7-8 所示。

表 7-8　"创客教育"课程典型数字化教学场景

场景编号	典型数字化教学场景	蕴含的典型教学活动需求
1	课程团队的支架式教学	灵活多样的师生课堂互动
		支架式教学的全过程记录及便捷分享
		……
2	行业导师的干货分享	高效无障碍的云端连线沟通
		干货分享的全过程记录及便捷分享
		……
3	学生团队的创客模拟课堂	灵活多样的师生课堂互动
		高效无障碍的云端连线沟通
		基于评价量规的即时团队间互评
		模拟课堂全视角全过程记录及便捷分享
		……
4	学生团队的阶段性成果汇报	高质量学习成果的全过程记录及便捷分享
		高效无障碍的云端连线沟通
		……
5	学生团队的项目协作与成果产出	高效的团队协作与项目产出
		创意想法的高效便捷记录
		……

(四)明确数字化教学环境需求

综合分析典型数字化教学场景的教学(学习)活动需求,明确数字化教学环境需求。数字化教学环境是数字化教学的"数字基座",依靠丰富多样的软硬件环境为教学提供数字技术支持,其对于教学的价值体现在能够有效承载多种类型的数字教育资源和高质量支撑教学主体组织及开展教学(学习)活动。在典型数字化教学场景中,对于数字化教学环境的需求,可能存在这样两种情况:第一种,典型数字化教学场景蕴含的直接指向"环境"教学要素的典型教学(学习)活动需求;第二种,与典型教学(学习)活动需求相匹配的数字技术手段,进一步指向的对有效承载数字教育资源的需求。对这些活动需求进行综合分析,可以明确高质量实施典型数字化教学场景对数字化教学环境在空间、设施、设备、桌椅布局及氛围装饰等方面的具体要求。数字化教学环境需求清单参考样式如表7-9所示。

表7-9 数字化教学环境需求清单参考样式

场景编号	典型数字化教学场景	蕴含的典型教学活动需求	数字化教学环境需求
1	典型数字化教学场景1	典型教学活动需求1	数字化教学环境需求1
		典型教学活动需求2	数字化教学环境需求2
2	典型数字化教学场景2	典型教学活动需求3	数字化教学环境需求3
		典型教学活动需求4	数字化教学环境需求4
		典型教学活动需求5	
3	典型数字化教学场景3	典型教学活动需求6	数字化教学环境需求5
……	……	……	……

让我们再次回到本节的示例课程"创客教育",对提炼出的课程团队的支架式教学、行业导师的干货分享及学生团队的创客模拟课堂等5个典型数字化教学场景做进一步分析,明确各场景对数字化教学环境的需求。以"课程团队的支架式教学"场景为例,该场景以教为主导的教学活动为主,强调教师传授与必要的师生互动,因而对于数字化教学环境的需求体现在以教为中心、传统桌椅布局及师生零距离上,如表7-10所示。

表 7-10 "创客教育"课程数字化教学环境需求清单

场景编号	典型数字化教学场景	蕴含的典型教学活动需求	数字化教学环境需求
1	课程团队的支架式教学	灵活多样的师生课堂互动 支架式教学的全过程记录及便捷分享 ……	以教为中心 传统桌椅布局 师生零距离
2	行业导师的干货分享	高效无障碍的云端连线沟通 干货分享的全过程记录及便捷分享 ……	以教为中心 传统桌椅布局 内容高保真呈现 师生观看无死角
3	学生团队的创客模拟课堂	灵活多样的师生课堂互动 高效无障碍的云端连线沟通 基于评价量规的即时团队间互评 模拟课堂全视角全过程记录及便捷分享 ……	观授课空间分隔 灵活的桌椅布局
4	学生团队的阶段性成果汇报	高质量学习成果的全过程记录及便捷分享 高效无障碍的云端连线沟通 ……	内容高保真呈现 师生观看无死角
5	学生团队的项目协作与成果产出	高效的团队协作与项目产出 创意想法的高效便捷记录 ……	独立协作空间 丰富的创客资源

（五）匹配适切的数字化教学环境

依据数字化教学环境需求，结合现有教学条件匹配适切的数字化教学环境。数字化教学环境预置了实施数字化教学所需的各类信息化基础设施，从对数字化教学范式支持的角度而言，可以归为三大类，即多媒体教学环境、混合式学习环境及智慧学习环境。数字化教学虽然必须在数字化教学环境中组织和开展，但其与数字化教学环境之间并非唯一匹配关系，而是适切匹配关系。高级形态的数字化教学环境具备向下兼容性，低要求的教学可以匹配高级形态的教学环境，但带来的结果是对数字化教学环境的大材小用。基于数字化教学环境需求，深度思考数字化教学适宜"线上（虚拟）还是线下（现实），抑或是线上线下融合（虚实融合）""多媒体教学环境还是混合式学习环境，抑或是智慧学习环境"等一系列前后关联的问题，确定最优匹配的数字化教学环境类型，并基于现有教学条件落实适切的数字化教学环境。数字化教学环境需求清单参考样式如表 7-11 所示。

表 7-11　数字化教学环境需求清单参考样式

场景编号	典型数字化教学场景	蕴含的典型教学活动需求	数字化教学环境需求	最优匹配数字化教学环境类型	现有条件下适切数字化教学环境
1	典型数字化教学场景1	典型教学活动需求1	数字化教学环境需求1	混合式学习环境	混合式学习环境1 智慧学习环境1
		典型教学活动需求2	数字化教学环境需求2		
2	典型数字化教学场景2	典型教学活动需求3	数字化教学环境需求3 数字化教学环境需求4	智慧学习环境	智慧学习环境2
		典型教学活动需求4			
		典型教学活动需求5			
3	典型数字化教学场景3	典型教学活动需求6	数字化教学环境需求5	多媒体教学环境	多媒体教学环境1 混合式学习环境2 智慧学习环境1
……	……	……	……	……	……

(六)构建数字化教学解决方案

综合前述步骤的成果产出,围绕典型数字化教学场景构建数字化教学解决方案。数字化教学解决方案是能够系统解决典型数字化教学场景数字技术需求的整体技术解决方案,是"数字化教学设计阶段"系统思考的结晶。数字化教学解决方案包含用于指导数字化教学准备的关键信息,包括若干典型数字化教学场景以及与之对应的教学(学习)活动需求、匹配的数字技术手段(组合)、数字化教学环境需求及匹配的数字化教学环境等。数字化教学解决方案参考样式如表 7-12 所示。

表 7-12 数字化教学解决方案参考样式

场景编号	典型数字化教学场景	蕴含的典型教学活动需求	选择的适切数字技术手段(组合)	数字化教学环境需求	最优匹配数字化教学环境类型	现有条件下适切数字化教学环境
1	典型数字化教学场景 1	典型教学活动需求 1	数字技术手段 1 数字技术手段 2	数字化教学环境需求 1 数字化教学环境需求 2	混合式学习环境	混合式学习环境 1 智慧学习环境 1
		典型教学活动需求 2				
2	典型数字化教学场景 2	典型教学活动需求 3	数字技术手段 3 数字技术手段 4 数字技术手段 5	数字化教学环境需求 3 数字化教学环境需求 4	智慧学习环境	智慧学习环境 2
		典型教学活动需求 4				
		典型教学活动需求 5				
3	典型数字化教学场景 3	典型教学活动需求 6	数字技术手段 3 数字技术手段 5	数字化教学环境需求 5	多媒体教学环境	多媒体教学环境 1 混合式学习环境 2 智慧学习环境 1
……	……	……	……	……	……	……

五、数字赋能教学变革的关键：指向核心素养的教学创新

(一)素养时代数字技术与教学的融合与创新

在素养时代，数字技术与教学的融合与创新是提升教育质量的重要路径。正如我们在前面所讨论的，数字技术的引入是教学质量的保障，而不是教学的核心要素。培养高质量的人才，离不开高质量的教学，而高质量的教学则必须建立在新时代育人目标的基础上，推动教学结构的变革。无论我们多么期待"革命性影响"的到来，若没有高质量的教学作为支撑，数字技术的应用很可能会进一步固化现有的教学模式，甚至成为教育改革的障碍。为了避免这一点，我们必须关注如何通过创新来实现新时代育人目标中的教学结构性变革。这正是教学创新的核心所在。与传统教学模式相比，创新教学会产生更多丰富的教学和学习上的问题，这些正是推动数字技术与教学深度融合的内生动力。在教学创新的驱动下，数字技术与教学的深度融合不仅促进了教育的改革，也是实现素养教育目标和提升教学质量的关键所在。

(二)数智化与素养教育交织时代的教师角色新定位

在数智化与素养教育交织的时代，教师的角色面临着新的定位与转型。随着义

务教育阶段课程标准（2022年版）和高中阶段课程标准（2017年版2020年修订）的发布，教育体系开始全面进入素养教育的时代，标志着从传统的知识传授转向更注重学生全面发展的教育模式。这一变革不仅是回应全球大变局和我国对创新型人才需求的体现，更是教育理念的更新，特别是在新时代背景下，教师的角色与责任发生了深刻变化。教师的角色转型不仅体现在教育理念和目标的更新，更体现在教学方法与手段的创新。在数智与素养教育的新时代，教师的职责从"教书"拓展到"育人"，通过数字化技术的赋能，为学生提供更丰富、个性化的学习体验，推动学生全面发展，适应未来社会的挑战。

教师不再仅仅是知识的传递者，而是学生成长的引导者和学习活动的组织者。在数字技术的深度融合与教学创新背景下，教师不仅需要帮助学生掌握知识，更重要的是引导学生通过合作与探究的方式，培养适应数字时代的素养能力。这样的转型要求教师能够激发学生的好奇心与学习兴趣，组织有效的合作学习，并有效解决学生在小组协作中出现的问题和冲突。教师的角色不再局限于课堂讲解者，更是全方位的学习促进者。

此外，教师的角色还包括成为教育教学的研究者和创新者。在面对层出不穷的教学挑战时，教师需要从研究的视角分析教学中出现的各种问题，并通过创新的方法应对新的教育需求。教师不仅要具备教学的基本技能，还要具备研究思维，不断探索和实践新的教学方法，提升教学质量。

随着素养教育的推进，学习资源的需求变得更加个性化、智能化。教师作为"学习资源的供给者"，需要提供优质的数字化学习资源，以满足学生多样化的学习需求。这要求教师不仅要熟悉各种数字工具与平台，还需要具备筛选和整合资源的能力，确保资源能够为学生在自主探究的过程中提供支持。

第三节 数字化教学的实施与改进

在上一节，我们系统梳理了数字化教学"设计阶段"需要着重思考的若干关键问题，包括作为数字化教学设计起点的教学（学习）痛点分析、作为数字化教学设计核心的数字技术与教学融合设计以及作为数字赋能教学变革关键的指向核心素养的教学创新，初步构建起数字化教学"设计阶段"分析和解决"学科（跨学科）教学如何开展"和"数字技术与教学如何融合"两个关键问题的整体思维框架。接下来，我们将带着"设计阶段"的深度思考进入数字化教学"实施阶段"，系统学习数字化教学如何准备、如何实施以及如何反思改进,涉及"数字化教学准备阶段""数字化教学实施阶段"及"数字化教学反思阶段"三个子阶段。

一、数字化教学准备阶段

(一)数字化教学准备阶段的整体思路

数字化教学准备阶段是数字化教学从设计规划到落地实施的关键一环,这一阶段的整体思路是基于"设计阶段"产出的"学科(跨学科)教学设计方案"和"数字化教学解决方案"完成数字化教学资源的准备(备资源)、教与学的准备(备教、备学)以及数字化教学环境的准备(备环境),进而以高质量的数字化教学准备为高质量的"数字化教学实施"提供保障。

(二)数字化教学方案在准备阶段的作用

由"学科(跨学科)教学设计方案"和"数字化教学解决方案"(下文简称为"设计方案"和"解决方案")构成的"数字化教学方案",为数字化教学如何准备提供了关键指引:"数字化教学解决方案"明确了需要准备的数字化教学资源和环境是什么,"学科(跨学科)教学设计方案"明确了需要准备的数字化教学资源和环境是什么样。基于"设计方案"和"解决方案",将"备资源、备教、备学、备环境"融入"准备数字教育资源""融合数字教育资源"及"准备数字化教学环境"等3个前后关联的子流程中(如图7-6所示)。

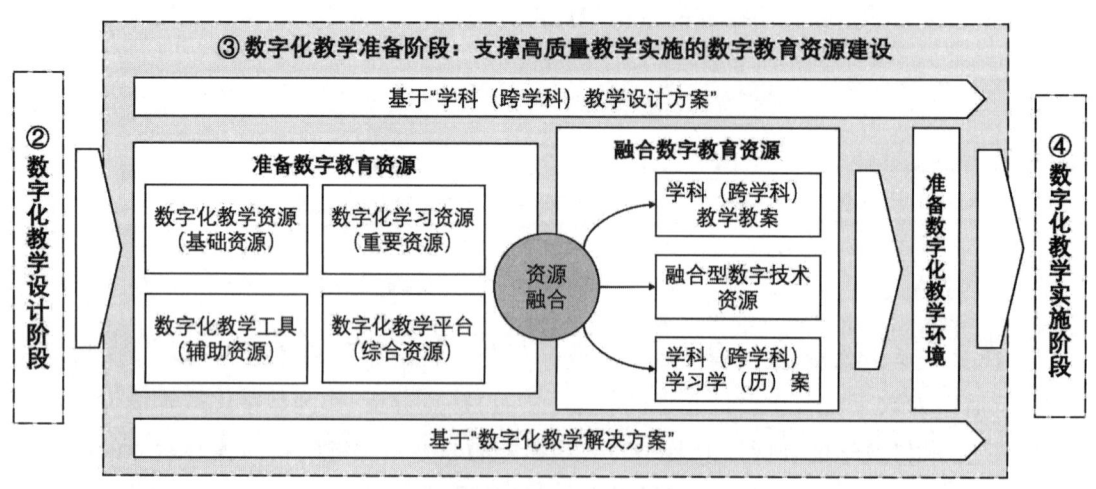

图7-6 数字化教学准备阶段的整体框架

（三）准备数字教育资源

依据"解决方案"完成"场景无关"数字教育资源的准备工作，综合"设计方案"和"解决方案"完成"场景有关"数字教育资源的准备工作（自制或者遴选）。"场景无关"数字教育资源独立于特定教学场景，以解决效能、信息获取、认知及交流等需求的数字化教学工具为典型代表，这些资源准备好之后在数字化教学实施过程中随时可用。"场景有关"数字教育资源则仅适用于特定的教学场景乃至某个具体的教学活动，以数字化教学（学习）资源和以解决情境与评价等需求的数字化教学工具为典型代表。这里的数字化教学工具是指能够减轻教师授课压力，无须学习或仅需简单上手即可应用于教学中，能有效解决某个或某类特定教学（学习）活动需求的轻量级软件或软硬件的组合，从某种意义而言，数字化教学工具可以理解为数字化教学样态下的"教具"。

（四）融合数字教育资源

依据"设计方案"和"解决方案"对上一步准备好的碎片化数字教育资源进行必要的组合封装，构建融合型数字教育资源（备资源），实现"资源之间"的深度融合。融合型数字教育资源之于教学的价值在于进一步为教学主体减负增效，从而将更多精力用于组织和实施教学（学习）活动。与此同时，在"备资源"的基础上同步推进"备教"和"备学"，将"资源"与"设计方案"和"解决方案"融合，构建能够直接指引数字化教学（学习）活动组织与实施的"数字化教学实施方案"，实现"资源与教"以及"资源与学"的深度融合。"实施方案"包括可以为教育者的"教"提供明确的教学活动指引的"学科（跨学科）教学教案"和为学习者的"学"提供明确指引的"学科（跨学科）学习学（历）案"。

（五）准备数字化教学环境

依据"解决方案"完成数字化教学环境的准备工作，涉及对设施和设备的必要调试、对桌椅布局和氛围装饰的必要准备以及在已有条件不足时增添必要的数字技术基础设施等，确保相关条件能够满足数字化教学的要求。同时，若有必要，还可以在真实的数字化教学环境中提前对准备好的数字教育资源进行现场测试，及时发现问题并对"资源"和"实施方案"做出必要的调整优化，从而进一步提升"备资源""备教"及"备学"的质量。

二、数字化教学实施阶段

(一) 数字化教学实施阶段的总体定位

在前面我们学习了数字化教学的核心构成要素,包括数字化教学主体、数字化教学方案、数字化教学资源以及数字化教学环境。在经历了"学科(跨学科)教学设计阶段""数字化教学设计阶段"以及"数字化教学准备阶段"三个子阶段后,我们已经系统完成了数字化教学方案、数字化教学资源以及数字化教学环境三个数字化教学核心构成要素的准备工作,这一切的付出最终目的只有一个,那就是数字化教学的最终落地,即数字化教学实施。

(二) 数字化教学实施阶段的整体思路

数字化教学实施阶段的整个过程可以理解为由教育者和学习者组建的数字化教学共同体,在数字化教学环境中,依托承载于数字化教学平台上的数字化教学(学习)资源,在数字化教学工具的助力下,分别基于学科(跨学科)教学教案和学习学(历)案共同推进由教学(学习)活动序列构成的可分割为若干教学环节的教学流程,在数字技术与教学的深度融合中高质量地完成教学(学习)活动,在教学(学习)活动序列的高质量完成中实现高质量的教学(如图7-7所示)。高质量的数字化教学实施是将教学创新最终转化为"教育生产力"的根本保证,使数字技术与教学深度融合从应然走向实然。

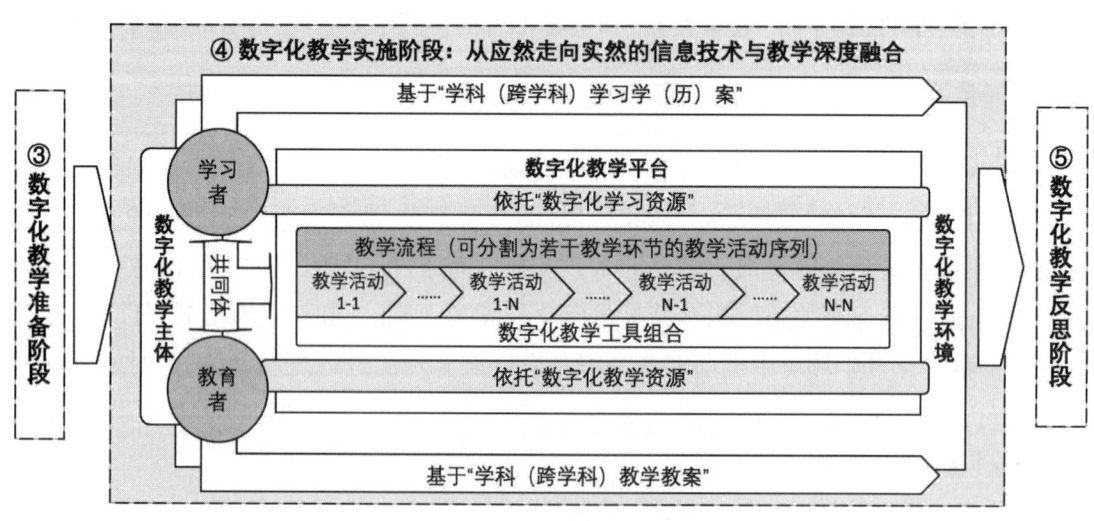

图7-7 数字化教学实施阶段的整体框架

三、数字化教学反思阶段

(一)数字化教学反思阶段的整体思路

在前面所述中我们通过"我在自己的教学中为什么要使用数字技术？它又能为我的教学带来什么？"这样的追问审思了数字技术之于教学的价值,明确了"数字技术与教学深度融合的根本目的不是'趣味和效率',而是深度融入教学活动中解决教学的痛点问题,进而以高质量的教学外部条件为高质量的教学提供保障,通过高质量的教学实现高质量的人才培养"。所以在经历了数字化教学的准备与实施之后,"数字化教学实施成效如何"以及由此引申出的"数字化教学实施过程中出现了哪些数字化教学解决方案未能有效解决的老教学(学习)问题以及数字技术尚未参与解决的新教学(学习)问题""造成这些未能有效解决的老问题的原因是什么"及"未来又需要在数字化教学设计实施的哪个环节予以改进"等需要我们进一步追问。对这些问题的回答构成了"数字化教学反思阶段"的基本框架,即"教育者对数字化教学实施成效的综合分析""数字技术与教学融合问题的归因分析"以及"基于精准问题诊断的数字化教学持续改进"(如图7-8所示)。需要强调的是,数字化教学反思是教学反思的重要组成部分,其聚焦的是数字技术能否有效解决教学(学习)痛点以赋能教师之教和学生之学。

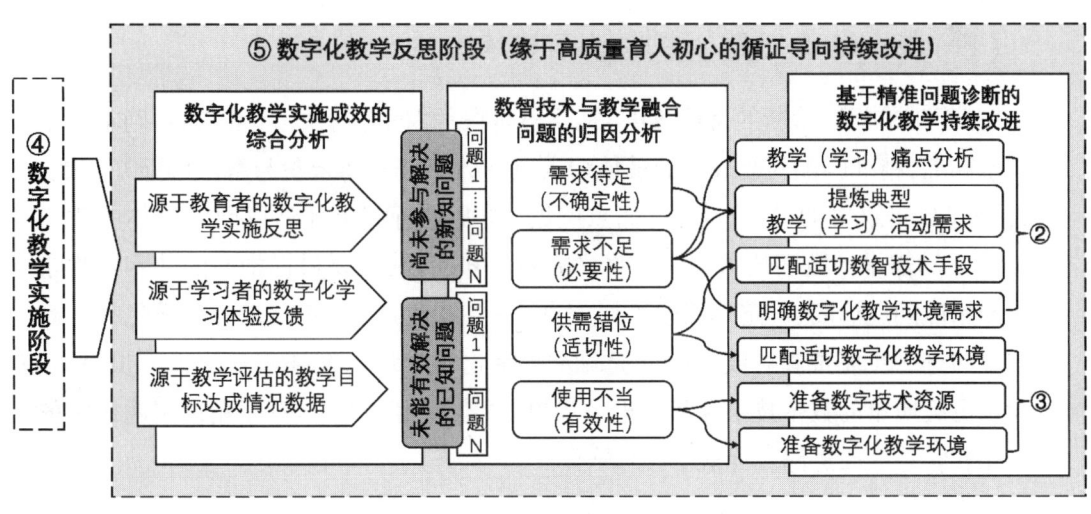

图7-8 数字化教学反思阶段的整体框架

(二)数字化教学实施成效的综合分析

"数字化教学实施成效的综合分析"是反思阶段的"问题发现"环节,其目的在于发现和定位数字化教学实施过程中数字技术未能有效解决的"已知问题"以及尚未参与解决的"新知问题"。这一环节的整体思路是首先基于教学评估结果等客观量化数据,发现存在问题的某个具体教学环节,然后再结合反思反馈等主观质化数据,从发现问题的教学环节中定位具体的问题。支撑综合分析的数据包括可用于帮助发现问题的"源于教学评估的教学目标达成情况数据"、可用于帮助定位问题的"源于学习者的数字化学习体验反馈"和"源于教育者的数字化教学实施反思"等,这些多元综合数据为全面深入分析数字化教学实施成效提供关键证据支撑。

(三)数字技术与教学融合问题的归因分析

"数字技术与教学融合问题的归因分析"是反思阶段的"问题分析"环节,通过对上一步发现的问题进行归因分析,明确造成数字技术与教学融合问题的本质原因。针对"新知问题"的本质原因可以归结为需求待定(不确定性),即在数字化教学设计阶段遗漏或者在数字化教学实施过程中新产生的问题,待进一步分析评估。针对"已知问题"的本质原因可以归结为由浅及深的三类:不当使用(有效性),即满足必要性与适切性要求,但教学主体在数字化教学实施过程中未能恰当使用与典型教学(学习)活动需求适切匹配的数字技术手段(组合);供需错位(适切性),即满足必要性要求,但是为典型教学(学习)活动需求错误匹配了不适切的数字技术手段(组合);需求不足(必要性),即教学(学习)活动需求为非典型需求,不必要使用数字技术手段(组合)。

(四)基于精准问题诊断的教学持续改进

"基于精准问题诊断的持续改进"是反思阶段的"问题解决"环节,在明确本质原因的基础上,精准匹配问题改进的最佳切入点。数字技术尚未参与解决的新知问题,通常是有必要解决的教学(学习)痛点问题,需要进行需求评估以明确具体的教学(学习)活动需求。数字技术未能有效解决的已知问题,需要根据指向的数字化教学要素和精准问题诊断,确定持续改进切入点。"持续改进"的实质是对数字化教学解决方案的进一步完善和对数字教育资源及数字化教学环境准备质量的进一步提高,进而以更高质量的数字技术保障来进一步提升"教育生产力"。基于精准问题诊断的数字化教学持续改进路径如表7-13所示。

表 7-13 基于精准问题诊断的数字化教学持续改进路径

融合问题的典型原因类型	融合问题指向的数字化教学要素	精准问题诊断	持续改进的切入点
需求待定（不确定性）	数字教育资源 数字化教学环境	遗漏或新产生	提炼典型教学(学习)活动需求
需求不足（必要性）	数字教育资源	真问题伪需求	提炼典型教学(学习)活动需求
		非痛点问题	教学(学习)痛点分析
	数字化教学环境	需求不明确	明确数字化教学环境需求
		非痛点问题	教学(学习)痛点分析
供需错位（适切性）	数字教育资源	资源不适切	匹配适切信息技术手段
	数字化教学环境	环境不适切	匹配适切数字化教学环境
不当使用（有效性）	数字教育资源	资源准备不足或使用不当	准备数字技术资源
	数字化教学环境	环境准备不足或使用不当	准备数字化教学环境

第四节 生成式人工智能赋能数字化教学

一、生成式人工智能赋能数字化教学的价值审思

生成式人工智能为数字化教学提供了新的技术工具与实践路径,但其价值并非单向度的"赋能",而是需要从教育本质、技术边界、伦理风险等多维度进行审慎思辨。本节从教育效率提升、学习范式革新及伦理挑战三个层面展开价值审思,探讨生成式人工智能在数字化教学中的深层意义与潜在问题。

(一)教学效率与教学质量的"双效提升"

1.教学效率的显性突破:生成式人工智能通过自动化、智能化手段显著优化教学流程,释放教师的生产力。传统教学资源(如教案、习题、课件)制作耗时费力,而生成式 AI 可根据教师输入的简单指令快速生成多样化资源。例如,输入"高中物理牛顿定律实验设计",AI 可自动生成包含实验步骤、安全提示、数据分析模板的完整方案,教师仅需进行针对性调整。此外,AI 能够自动完成作业批改、学情统计、课堂记录等

重复性工作。例如,在作文批改中,AI不仅能识别语法错误,还能通过语义分析评估逻辑结构与思想深度,为教师提供多维评价参考。

2.教学质量的隐性升级:生成式人工智能通过数据驱动与动态适配,推动教学从"标准化"向"精准化"跃迁。AI可基于学生个体差异生成定制化学习路径。例如,针对数学学习困难的学生,AI自动推送与其认知水平匹配的微课视频与阶梯式练习题,同时动态调整题目难度,实现"最近发展区"的精准适配。此外,生成式AI能够设计开放式探究任务,激发学生批判性思维与创造力。例如,在历史教学中,AI可生成虚拟历史人物的对话脚本,引导学生通过角色扮演分析历史事件的多元视角,突破传统讲授的思维局限。但是,效率提升可能掩盖"教育快餐化"风险,若教师过度依赖AI生成内容,可能导致教学设计趋同化,削弱教师的教学创造力与学科独特性。

(二)数智时代学习范式的结构性变革

1.从"知识传递"到"知识共创":生成式人工智能重构了知识生产的逻辑,学生从被动接受者转变为主动参与者。AI可作为"认知伙伴"与学生共同构建知识体系。例如,在科学探究中,学生提出假设后,AI即时生成实验模拟数据,帮助学生验证猜想并修正结论,形成"假设—验证—反思"的闭环学习。此外,通过虚拟现实(VR)与生成式AI结合,学生可"沉浸式"体验抽象概念。例如,地理课堂中,AI生成三维动态火山喷发模型,学生通过手势交互调整参数(如岩浆黏度、地壳厚度),直观理解地质运动规律。

2.从"群体教学"到"生态化学习":生成式人工智能推动教学空间从封闭课堂向虚实融合的生态化学习环境扩展。AI支持的智能教学平台可打破物理限制,实现"泛在学习"。例如,山区学生能通过AI语音助手获取名校教师的实时答疑,弥补地域教育资源差距。此外,AI能够自动匹配学习社群,促进协作与知识共享。例如,对"人工智能伦理"感兴趣的学生,AI可推荐相关学术论坛、线上研讨会资源,并生成讨论提纲,帮助学生融入专业学术共同体。但是,技术赋能的"泛在学习"可能加剧学生的信息过载与认知负担,若缺乏教师的有效引导,学生易陷入碎片化学习陷阱。

(三)伦理风险与教育公平的深层挑战

1.技术依赖与教育异化:生成式人工智能的深度应用可能引发教育本质的异化风险。当AI过度介入教学过程,教师可能沦为"技术操作员",学生则成为"数据对象"。例如,若AI完全主导教学评价,教师的人文关怀与学生的情感体验可能被量化指标遮蔽。此外,AI生成内容的便捷性可能导致学生思维惰性,例如在写作教学中,学生直接套用AI生成的范文模板,丧失独立思考与语言原创能力。

2.教育公平的双刃剑效应:生成式人工智能既可能弥合教育资源鸿沟,也可能加剧不平等。AI可为资源薄弱地区提供优质教育资源,例如"AI教师"为乡村学校开设双语课程,缓解师资短缺问题。但是,技术接入成本可能拉大"数字鸿沟",发达地区学校可配备高端AI设备与定制化服务,而偏远地区仅能使用基础功能,导致教育质量的"马太效应"。

3.数据隐私与算法伦理:生成式人工智能依赖海量数据训练,可能引发伦理争议。学生的学习数据(如行为轨迹、情感状态)若被滥用,可能导致个人信息泄露甚至商业剥削。此外,AI模型的训练数据若包含性别、地域等隐性偏见,可能输出歧视性内容。例如,AI在推荐STEM(科学、技术、工程、数学)学习资源时,可能因历史数据偏差而低估女生的潜力。

二、生成式人工智能赋能数字化教学的整体思路

生成式人工智能作为数字技术的新兴代表,正逐步渗透到教育领域,为数字化教学带来范式级的变革。其核心在于通过智能化的内容生成、动态化的资源适配以及个性化的学习支持,重构教学活动的设计、实施与改进流程,最终指向学生核心素养的深度培育。生成式人工智能赋能数字化教学的整体思路可概括为"以需求为导向、以协同为路径、以数据为驱动",具体包含以下三个方面。

(一)需求导向的智慧教学设计

生成式人工智能的应用需始终围绕教学的核心需求展开,而非单纯追求技术的先进性。在教学设计阶段,教师可借助生成式人工智能工具完成以下任务。

1.学情分析与目标设定:通过分析学生的学习数据(如作业完成情况、课堂互动记录、测评结果等),生成式人工智能能够精准识别学生的知识薄弱点与认知偏好,帮助教师制订差异化教学目标。例如,在语文阅读教学中,AI可基于学生的阅读速度、理解深度等数据,自动生成个性化的阅读任务清单。

2.资源生成与优化:针对教学内容的重难点,生成式人工智能能够快速生成多样化的教学资源,如多媒体课件、互动式练习题、微课脚本等。例如,数学教师可输入"二次函数图像性质"关键词,AI自动生成包含动态几何演示、生活案例解析的复合型教学资源包。

3.跨学科融合设计:生成式人工智能擅长挖掘学科间的隐性关联,辅助教师设计跨学科主题学习项目。例如,在"气候变化"主题教学中,AI可整合地理、生物学、政治等学科知识,生成融合数据可视化、模拟实验、角色扮演活动的综合方案。

(二)动态协同的教学实施支持

在教学实施阶段,生成式人工智能通过实时交互与自适应调整,助力教学活动的灵活推进。

1.课堂互动增强:生成式人工智能可作为"虚拟助教"参与课堂,通过自然语言处理技术即时回答学生提问,或根据课堂讨论生成思维导图、总结要点。例如,在小组合作学习中,AI可自动记录各组讨论内容并生成可视化报告,帮助教师快速把握学习进展。

2.个性化学习路径引导:基于学生的学习行为数据,生成式人工智能能够动态调整学习任务的难度与形式。例如,在英语写作教学中,AI可根据学生的语法错误分布,自动推送针对性练习,并生成修改建议。

3.教学策略动态优化:生成式人工智能通过分析课堂实时数据(如学生注意力曲线、互动频次),为教师提供教学节奏调整建议。例如,若AI检测到多数学生在新知讲授环节参与度下降,可即时建议教师插入小组讨论或情境模拟活动。

(三)数据驱动的教学改进闭环

生成式人工智能深度融入教学评价与反思环节,形成"分析—诊断—改进"的闭环。

1.多维学习评价:AI可自动批改主观题(如作文、实验报告),并基于语义分析生成个性化评语。同时,通过情感识别技术分析学生的课堂表情与语音语调,补充传统评价的盲点。

2.教学问题归因:生成式人工智能能够关联教学设计与实施数据,精准定位问题根源。例如,若某班级在"化学反应速率"单元测试中表现不佳,AI可追溯至教学资源适配、课堂互动设计等环节,提出针对性改进建议。

3.持续迭代优化:基于教学反思数据,生成式人工智能可自动生成迭代方案。例如,针对"小组合作效率低"的问题,AI可推荐"协作脚手架工具包"(含任务分工模板、实时进度看板等),并嵌入下一轮教学设计中。

三、生成式人工智能赋能数字化教学的设计与实施

生成式人工智能与教师的协同并非简单的"技术替代",而是通过分工协作形成"人机共生"的教学创新生态。本节围绕教学设计、实施、改进三大环节,细化生成式人工智能与教师协同的具体路径,强调技术赋能与教育智慧的结合。

（一）生成式人工智能赋能数字化教学的设计

1.学情与教材分析：学情与教材分析是教学设计的起点，需精准识别学生知识基础与教学内容重难点。教师聚焦学情分析维度的设计（如认知水平、兴趣点）、教材核心素养关联点的挖掘，提供经验判断与人文关切。AI智能采集学生作业、测评、课堂互动数据，自动化分析知识薄弱点；扫描教材内容生成知识点图谱，标注学科核心素养要求。例如，在小学数学"分数运算"单元中，教师设定需分析"学生对分数概念的理解程度"及"教材中算理与算法的平衡性"，AI工具自动分析课堂测验数据，发现35%的学生混淆"分数运算中加减法和乘除法的核心规则"，同时从教材电子版中提取出6处算理推导弱化的知识点，辅以可视化图谱供教师验证。

2.核心素养目标设定：结合学情与教材，将抽象的核心素养转化为可操作的教学目标。教师根据学科特点和育人要求，确定素养发展优先级（如科学探究、批判性思维）。AI基于知识图谱推荐素养目标的层级序列，生成目标描述模板（如"通过X活动，学生能分析Y现象，发展Z素养"）。例如，高中物理"电磁感应"教学中，教师计划强化"科学探究"素养，AI推荐"设计实验验证楞次定律"为目标，并自动匹配实验设计脚手架模板，提示需涵盖"假设提出→数据收集→结论归纳"的完整探究流程。

3.个性化教学设计：基于差异化需求，设计分层任务、资源与活动。教师划定学生分组标准，制订分层任务的质量标准。AI根据学情标签（如"逻辑强但表达弱"）生成个性化学习路径，智能组合微课、交互式练习等资源。例如，初中语文"名著导读"单元中，教师将学生分为"情节分析组"与"主题深挖组"。AI为前者生成《骆驼祥子》情节流程图及填充任务，为后者提供"人力车夫命运与社会变迁"的思辨讨论框架，并附推荐阅读材料链接。

4.持续反馈与调整：在教学设计过程中，通过预判潜在问题与模拟效果，优化教学方案的科学性与适切性。教师依据教学经验预设可能的设计漏洞（如活动衔接生硬、目标偏离核心素养），提出迭代方向。AI基于教学方案草稿与历史教学数据库，模拟推演教学流程的可行性，预测实施风险（如学生认知负荷过载），生成调整建议。例如，在高中生物"遗传病案例分析"单元设计中，教师初步设计的"自主构建遗传图谱"活动未包含样例指导。AI通过比对相似教案发现，无样例支撑的活动失败率达62%，自动推送"阶梯式案例库"（含简单到复杂案例）嵌入教学设计，教师采纳后补充"半结构化模板"降低操作难度。

（二）生成式人工智能赋能数字化教学的实施

1.课前准备：构建适配教学目标的资源包与活动方案。教师审核AI生成资源的准确性，增补人文性内容（如真实案例、情感激励元素）。AI自动组装教案、课件、习题包;生成二维码链接资源库,支持学生扫码预学。例如,小学英语"节日文化"主题课中,AI生成包含各国节日视频、词汇闯关游戏的资源包。教师补充"家乡春节习俗采访"实践任务,形成"虚拟体验+真实探究"的组合方案。

2.课堂实施:在动态教学中平衡预设与生成,提升参与深度。教师主导核心活动推进,捕捉生成性问题(如学生质疑数据矛盾)。AI实时转录师生对话,生成讨论要点摘要,根据学生表情识别参与度,提醒教师调整节奏。例如,高中历史"辛亥革命"辩论课上,AI实时展示正反方观点关键词云图。当监测到后排学生参与度低于20%,自动推送"角色扮演任务",教师随即邀请沉默的学生扮演"革命派与保皇派记者"展开访谈。

3.课后评估:多维度评估学习成效,支持个性化巩固。教师设计开放性评价任务(如反思日志、项目作品)。AI批改客观题并生成错题集;分析主观题语义,提取思维亮点与逻辑漏洞。例如,在政治课"人大代表议案"作业中,AI识别出学生A的议案缺乏数据支撑,自动推送本地经济社会发展数据库;对学生B的"社区养老"提案标注"政策关联性弱",建议参考民政部最新文件。

(三)生成式人工智能赋能数字化教学的改进

赋能教学改进是指在教学反思和改进环节,生成式人工智能通过分析教学实施成效,发现教学设计、教学准备及教学实施环节中的问题,并提出改进建议,帮助教师形成改进方案,实现教学的持续优化。

1.教学成效分析:从数据出发,定位教学目标达成度与教学环节有效性。教师结合质性观察(如学生课堂兴奋点)解读量化数据。AI聚类分析测评结果,标注异常值(如"高动机低成绩"群体);对比多班级数据,定位教学优势与短板。例如,小学数学单元测评后,AI发现"图形周长计算"得分率低于预期。教师回看课堂录像,发现该环节未提供实物测量体验,与AI建议的"增加实物操作环节"一致。

2.问题诊断与反馈:追溯问题根源,提出针对性改进建议。教师判断问题归因的合理性(如资源不足或实施偏差)。AI构建教学问题与设计、实施环节的关联模型,推送溯源报告(如"小组合作效率低→任务分工指引不明确")。例如,某语文写作课上,AI分析发现"议论文论点模糊"问题集中于缺乏提纲训练。教师据此在下一单元增设"AI提纲生成器"学习工具,学生通过填空式模板强化论点建构能力。

3.改进方案的生成与实施:形成闭环迭代机制,实现教学设计的动态优化。教师筛选可行性方案,融入校本化经验(如学校文化特色)。AI基于历史改进数据推荐最优策略(如"概念转变教学法"应用比重提高15%)。例如,初中地理教师发现"气候类型分布"记忆效果差,AI推荐"AR地图协作标注"活动。教师调整方案,学生通过平板在虚拟地图上标注气候区,错误率从32%降至11%。

『本章知识总结』

【主要知识点】

1.设计阶段

①学科(跨学科)教学设计:聚焦核心素养的结构性变革,重构目标—内容—方式—评价体系,解决"重知识轻能力"的问题。用探究式任务驱动高阶思维发展。

②数字化教学设计:基于教学痛点构建解决方案,关键技术流程包括:
- 痛点分析→需求提炼→技术匹配→场景构建→环境准备→方案形成。
- 工具支持:全流程全要素分析框架、教学活动需求分类表、数字技术匹配矩阵。

2.实施阶段

③教学准备:侧重"备资源—备教—备学—备环境",注重场景相关资源封装与人机协同方案的落地。

④教学实施:依托学习活动序列实现素养目标,需平衡教师主导与 AI 辅助。

⑤教学反思:以循证导向分析技术融合效能,归因改进需区分"不当使用""供需错位""需求不足"三类问题。

【重难点解析】

1.痛点分析的颗粒度控制

细化至不可再分的教学活动单元,需结合教学主体(教师/学生)、流程节点(新知讲授/成果汇报)、要素维度(目标/方式/环境)三维标签精准定位问题。

2.技术匹配的双刃剑效应

"适切性">"先进性":选择腾讯文档而非专业协作工具,需权衡技术门槛与教学必要性(如小学生使用 Loom 录屏可能引发操作焦虑)。

组合进化:单一技术赋能有限,AI 工具链整合(如学情分析+资源生成+个性化反馈)方能覆盖复杂场景。

3.生成式 AI 的渗透逻辑

三阶深化:"资源生产助手"(生成教案/题库)→"教学决策支持"(学情预警/策略推荐)→"学习过程伙伴"(虚拟对话/Socratic 问答)。

风险边界:防止教学内容模板化,须保留教师对生成内容的德育校准权。

『本章学习反思』

【认知冲突】

1.技术定位的困惑

"全流程痛点分析"要求从学生视角反推技术需求,但实践中易陷入"现有工具能做什么"而非"教学需要什么"的思维定式。例如,某教师在教学中机械使用Padlet组织讨论,却未解决学生认知负荷过载的核心问题。

2.素养与技术的张力

跨学科主题设计需创设真实情境(环境类需求),但VR设备稀缺时,是否应降低设计目标?教材强调"低技术高思维",但师范生易将技术简陋等同于设计粗糙,需重新理解"适切性"本质。

3.人机协同的伦理隐忧

生成式AI批改作文虽提升效率,但教师的人文反馈不可替代。若未来课堂过度依赖AI生成评价,是否会导致教师对机器评分产生依赖,丧失独立思辨力?

【行动启示】

1.能力补足计划

建立数字工具资源库,分类标注适用场景,避免"手里只有锤子,看什么都像钉子"。

2.批判性思考延伸

调研农村学校数字化教学现状,反思"智慧环境依赖症"——当发达地区推行元宇宙教学时,如何通过收音机+二维码等"轻终端"实现教育公平?

【未来追问】

当AI能自动生成差异化教学设计时,教师的核心竞争力将转向哪些能力?

如何设计评估量表,既量化技术工具的应用效果,又不失对学生情感态度等软性素养的关注?

『本章拓展学习资源』

学习资源编号	学习资源类型	学习资源名称	资源获取方式
7-1	学术论文	"技术"何以重塑教育(陈晓珊、戚万学,教育研究,2021)	中国知网、期刊官网
7-2	标准	《教师数字素养》教育行业标准(JY/T 0646—2022)	教育部官网

续表

学习资源编号	学习资源类型	学习资源名称	资源获取方式
7-3	案例集	中国数字教育创新实践案例集(2023)	教育科学出版社官网、各大电商书店及图书馆等
7-4	国家政策	基础教育课程教学改革深化行动方案	教育部官网等
7-5	学术期刊	中国电化教育	中国知网、期刊官网
7-6	学术期刊	现代远程教育研究	中国知网、期刊官网

『本章参考文献』

[1]郑永和,王一岩,郑宁,等.教学数字化转型:表征样态与实践路径[J].电化教育研究,2023(8):5-11.

[2]张秀梅,赵明仁,陆春萍.技术赋能的中小学教学模式创生路径研究——政策、理论、成果、特点与趋势[J].中国电化教育,2023(8):32-40.

[3]郭绍青.教育数字化赋能新课程实施与教师培训转型策略研究[J].中国电化教育,2023(7):51-60.

[4]吴砥,桂徐君,周驰,等.教师数字素养:内涵、标准与评价[J].电化教育研究,2023,44(8):108-114+128.

[5]中华人民共和国教育部.教育部关于发布《教师数字素养》教育行业标准的通知[EB/OL].(2023-08-20)[2024-08-15].http://www.moe.gov.cn/srcsite/A16/s3342/202302/t20230214_1044634.html.

[6]安富海.教育技术:应该按照"教育的逻辑"考量"技术"[J].电化教育研究,2020,41(9):27-33.

[7]阎光才.信息技术革命与教育教学变革:反思与展望[J].华东师范大学学报(教育科学版),2021,39(7):1-15.

[8]刘晓琳,张立国.技术增强型学习环境中的"离心效应":现象、成因及破解[J].电化教育研究,2019,40(12):44-50.

[9]孙振东,李仲宇.新技术时代教育"无思"症候及突围路径[J].现代远程教育研究,2022,34(3):32-39.

[10]赵健.技术时代的教师负担:理解教育数字化转型的一个新视角[J].教育研究,2021,42(11):151-159.

[11]金明飞,蔡连玉.技术何以未能深刻影响教育:基于对教师具身技术历史考察的回应[J].电化教育研究,2023,44(4):117-122+128.

[12]何克抗.如何实现信息技术与学科教学的"深度融合"[J].教育研究,2017,38(10):88-92.

[13]陈晓珊,戚万学."技术"何以重塑教育[J].教育研究,2021,42(10):45-61.

[14]祝智庭.对基础教育数字化转型行动要有新认知[J].人民教育,2023(Z1):1.

[15]余清臣.教育实践的技术化必然与限度——兼论技术在教育基本理论中的逻辑定位[J].教育研究,2020,41(6):14-26.

[16]李芒,石君齐.靠不住的诺言:技术之于学习的神话[J].开放教育研究,2020,26(1):14-20.

[17]李芒,张华阳,葛楠.教育数字化转型的要义与进路[J].中国电化教育,2023,439(8):1-6.

[18]黄荣怀,虎莹,刘梦彧,等.迈向数字时代教学变革的基本理论:数字教学法[J].电化教育研究,2024,45(6):14-22+33.

[19]朱鑫灿,陈殿兵.反思技术在教育中的作用[N].中国教育报.2023-08-17.

[20]祝智庭,胡姣.教育数字化转型的本质探析与研究展望[J].中国电化教育,2022(4):1-8+25.

[21]陈晓珊,戚万学.知识机器生产模式与教育新隐喻[J].教育研究,2023(10):33-43.

[22]吕晓娟,杨海燕,李晓漪.信息化教学的百年嬗变与发展愿景[J].电化教育研究,2020,41(7):122-128.

[23]刘凯.人工智能与教育学融合的双重范式变革[J].开放教育研究,2023,29(3):4-18.

[24]郝建江,郭炯.技术演进驱动教师素养发展的过程、路径及内容分析[J].现代教育技术,2022,32(7):22-30.

[25]王杰文.信息技术赋能教育的三个层次——基于中小学教师信息技术应用能力提升的视角[J].中国教育学刊,2022(6):1-6.

[26]张琳.师范生信息化教学能力培养研究[D].华东师范大学,2019.

[27]任友群,闫寒冰,李笑樱.《师范生信息化教学能力标准》解读[J].电化教育研究,2018,39(10):5-14+40.

[28]胡小勇,朱龙,冯智慧,等.信息化教学模式与方法创新:趋势与方向[J].电化教育研究,2016,37(6):12-19.

[29]刘喆,尹睿.教师信息化教学能力的内涵与提升路径[J].中国教育学刊,2014(10):31-36.

[30]郑旭东.面向我国中小学教师的数字胜任力模型构建及应用研究[D].华东师范大学,2019.

[31]闫寒冰,林梓柔,汤猛.关注差异的信息化教学课堂评价指标设计与应用

［J］.电化教育研究,2022,43(8):92-100.

［32］王陆,赵宇敏,张薇.突破与重构:教师教学行为改进的理论模型［J］.电化教育研究,2022,43(8):5-12+20.

［33］杨宗凯,吴砥,郑旭东.教育信息化2.0:新时代信息技术变革教育的关键历史跃迁［J］.教育研究,2018,39(4):16-22.

［34］北京师范大学中国教育创新研究院.卓越教师教学能力标准［EB/OL］.(2021-12-18)［2024-04-20］.https://teacherstandards.cn.

第八章 多媒体课件设计与制作

『本章知识图谱』

第一节 多媒体课件概述
- 一、多媒体课件的概念
- 二、多媒体课件的特点
- 三、多媒体课件的开发工具

第二节 多媒体课件的设计
- 一、什么是优秀的多媒体课件
- 二、多媒体课件设计的基本原则
  - 教育性原则
  - 科学性原则
  - 技术性原则
  - 艺术性原则
- 三、多媒体课件的结构
  - 封面页
  - 目录页
  - 过渡页
  - 正文页
  - 结尾页
- 四、多媒体课件的制作步骤
  - 需求分析
  - 教学设计
  - 内容开发
  - 课件制作
  - 测试与修订

第三节 交互式课件制作——以希沃白板5为例
- 一、创建新课件
- 二、添加教学内容
- 三、交互功能
  - 课堂活动
  - 思维导图
  - 蒙层功能
  - 学科工具
  - 超链接
- 四、动画设计
  - 当前对象为页面时
  - 当前对象为元素时
  - 动画与交互的结合
- 五、保存和分享课件

第四节 AI技术助力PPT制作
- 一、WPS AI
- 二、Kimi

『本章学习任务清单』

1.依托教材案例与优秀课件评价标准,能系统分析多媒体课件四大设计原则(教育性/科学性/技术性/艺术性)在具体课例中的融合应用,形成结构化设计思维。

2.结合学科教学需求,能应用封面—目录—过渡—正文—结尾五级页面设计规范,独立设计逻辑清晰、视觉层级分明的课件框架原型。

3.运用希沃白板5的交互功能(课堂活动/思维导图/蒙层)与AI生成工具,能在15分钟内制作出包含至少3种互动元素的学科教学课件原型。

4.针对真实教学场景中的技术障碍(如文字过载/交互不足),能巧妙组合排版,利用提取标题、上色、改版式、增色块等优化策略,产出符合认知负荷理论的可视化解决方案。

第一节　多媒体课件概述

信息技术的飞速发展对教育教学产生着深刻的影响,借助多媒体课件的帮助,课堂教学脱离传统的"一支粉笔一张嘴,一块黑板一本书"的教学模式,教师能够让静止的画面动态化,使复杂的过程简单化,从而充分调动学生的多种感官参与有效的学习活动,让课堂变得生动活泼、形象直观,达到传统教学无法比拟的优化效果。

在新课改的要求下,我国教育领域大力推进教育信息化,制作精美的多媒体课件,不仅可以改善教师的教学条件,而且可以取得更加良好的教学效果。

一、多媒体课件的概念

课件一词来源于英文 courseware,是一种根据教学大纲的要求,经过教学目标确定、教学内容和任务分析、教学活动结构及界面设计等环节而加以制作的课程软件。多媒体课件指在教学与学习理论指导下,运用计算机及其相关技术,根据教学目的对教与学的过程和资源进行设计与开发,将文字、声音、图形、动画及视频等多媒体信息进行有机融合,生成的一种系统性的教学软件。

通过多媒体课件,可以将一些平时难以表述清楚的内容,如实验演示、情境创设等生动地展示给学生。学生通过视觉、听觉等多方面参与,更好地理解和掌握教学内容。

二、多媒体课件的特点

多媒体课件是一种集文字、图片、声音、动画等多种媒体元素于一体的现代教学工具,它具备以下四个显著特点。

1.丰富的表现力。多媒体课件能够展示客观事物的时间顺序、空间结构以及活动特征。它不仅能够生动地再现多姿多彩的视听世界,还能对微观现象进行模拟,对抽象概念进行直观展现,以及对复杂过程进行简化和重现。根据不同的教学内容,多媒体课件能够灵活运用多种媒体手段,充分展示教学内容,突出教学的重点和难点,使原本枯燥的教学活动变得充满吸引力。

2.强大的交互性。多媒体课件在内容学习和使用上提供了良好的交互控制,能够运用恰当的教学策略引导学生学习,更有效地实现"因材施教和个别化教学"。

3.优秀的共享性。随着高速信息网络的不断扩展,多媒体课件能够通过网络自由地传递和共享,打破了知识传播的时空限制,使得师生都能获得丰富的信息资源。

4.促进知识的同化。通过多媒体形式进行教学,可以增强信息传播的强度,各种媒体元素之间相互补充,使得知识信息的表达更加全面,从而更容易被理解和吸收。

三、多媒体课件的开发工具

多媒体课件的开发工具众多,各有特色,能满足不同需求。这些工具提供模板、素材库和交互功能,助力教师制作专业课件。常用的有金山 WPS、Microsoft PowerPoint、Prezi 和 Focusky 等。这些工具大大简化了课件制作流程,提高了课件质量。金山 WPS 演示模块支持多种媒体元素,交互设计功能强大;PowerPoint 提供丰富模板和设计工具;Prezi 采用非线性展示,整合多种媒体元素,视觉效果强大;Focusky 基于 HTML5,采用 3D 技术,支持丰富动画效果和交互设计。

智能技术的发展催生了集成 AI 的快速 PPT 生成工具,如 AI-PPT Creator、SlidesAI 等,这些工具能根据标题自动生成课件框架,节省教师备课时间,提高备课效率;讯飞智文、MindShow 等能提供文本生成和演示文稿制作功能,利用 AI 技术简化制作过程,提高效率。

这些集成 AI 技术的工具使教师能轻松制作创意和互动性强的教学资源。未来,多媒体课件将更智能化、个性化,推动教育变革。

第二节　多媒体课件的设计

多媒体课件的设计是一门艺术,也是一门科学。它要求设计者不仅要有先进的教学理念和科学的教学方法,还要有清晰的教学目标和一定的艺术鉴赏能力。然而,现实中的多媒体课件制作常常面临诸多挑战,如文字过多、画面拥挤、内容缺乏逻辑性等,这些问题不仅影响了课件的质量,也制约了其优化课堂结构、提高教学效果的潜力。

一、什么是优秀的多媒体课件

评判一个课件是否优秀,并没有一个公认的标准。然而,普遍的看法是,我们不应仅以课件是否拥有华丽的界面来评价其质量,而应首先考虑它是否有效地实现了其应有的作用。

为了激发教师和教育工作者的创造力,国内举办过一系列课件制作大赛,评判优秀课件的标准也越来越完善,表 8-1 是其中一种评价标准,供读者参考。

表 8-1　优秀课件评价标准

一级指标 (分值)	二级指标 (分值)	三级指标 (分值)	指标说明	评分范围		入选系数
				二级指标	一级指标	
教学内容 (20)	科学性规范性 (10)	科学性 (5)	教学内容正确,具有时效性、前瞻性;无科学错误、政治性错误;无错误导向(注:出现严重科学错误取消参赛资格)(0—5)	0—10	0—20	C1
		规范性 (5)	文字、符号、单位和公式符合国家标准,符合出版规范,无侵犯著作权行为(0—5)			
	知识体系 (10)	知识覆盖 (5)	在课件标定范围内知识内容范围完整,知识体系结构合理(0—5)	0—10		
		逻辑结构 (5)	逻辑结构清晰,层次性强,具有内聚性(0—5)			

续表

一级指标（分值）	二级指标（分值）	三级指标（分值）	指标说明	评分范围 二级指标	评分范围 一级指标	入选系数
教学设计（40）	教学理念及设计（20）	教育理念（10）	充分发挥教师主导、学生主体的作用，注重培养学生解决问题、创新和批判能力（0—10）	0—20	0—40	C2
		目标设计（5）	教学目标清晰、定位准确、表述规范，适应于相应认知水平的学生（0—5）			
		内容设计（5）	重点难点突出，启发引导性强，符合认知规律，有利于激发学生主动学习（0—5）			
	教学策略与评价（20）	教学交互（5）	较好的人机交互，有教师和学生、学生和学生的交互、讨论（0—5）	0—20		
		活动设计（5）	根据学习内容设计研究性或探究性实践问题，培养学生创新精神与实践能力（0—5）			
		资源形式与引用（5）	有和教学内容配合的各种资料、学习辅助材料或资源链接，引用的资源形式新颖（0—5）			
		学习评价（5）	有对习题的评判或对学生自主学习效果的评价（0—5）			
技术性（25）	运行状况（10）	运行环境（5）	运行可靠，没有"死机"现象，没有导航、链接错误，容错性好，尽可能兼容各种运行平台（0—5）	0—10	0—25	C3
		操作情况（5）	操作方便、灵活，交互性强，启动时间、链接转换时间短（0—5）			
	设计效果（15）	软件使用（5）	采用了和教学内容及设计相适应的软件，或自行设计了适合课件制作的软件（0—5）	0—15		
		设计水平（5）	设计工作量大，软件应用有较高的技术水准，用户环境友好，使用可靠、安全，素材资源符合相关技术规范（0—5）			
		媒体应用（5）	合理使用多媒体技术，技术表现符合多媒体认知的基本原理（0—5）			

续表

一级指标(分值)	二级指标(分值)	三级指标(分值)	指标说明	评分范围 二级指标	评分范围 一级指标	入选系数
艺术性(15)	界面设计(7)	界面效果(3)	界面布局合理、新颖、活泼、有创意,整体风格统一,导航清晰简洁(0—3)	0—7	0—15	C4
		美工效果(4)	色彩搭配协调,视觉效果好,符合视觉心理(0—4)			
	媒体效果(8)	媒体选择(4)	文字、图片、音频、视频、动画切合教学主题,和谐协调,配合适当(0—4)	0—8		
		媒体设计(4)	各种媒体制作精细,吸引力强,激发学习兴趣(0—4)			
加分(2)	应用效果(1)		已经得到广泛应用,取得了良好的应用效果,有较高推广价值(0—1)	0—1	0—2	
	现场答辩(1)		表述清晰、语言规范、材料充实、重点突出;快速准确回答问题,熟练演示课件(0—1)	0—1		

二、多媒体课件设计的基本原则

多媒体课件要体现先进的教育思想,探索新的教学模式,并能充分发挥计算机和网络的优势,要求在教学设计、内容呈现、技术运用等方面,遵循以下几个设计原则。

(一)教育性原则

课件最重要的作用就是解决一些教学过程中使用其他教学手段无法解决的问题和教学中的一些难点,因此在评价课件时,首先要看它的教学设计思想和教学策略是否清晰,教学对象和目标是否明确,具体来说,有这样几个要求:

1.教学内容符合学生认知水平和特点。多媒体课件应用的目的是优化课堂教学结构,提高课堂教学效率,既要有利于教师的教,又要有利于学生的学,它要求设计者根据课程内容和学习者的身心特点来设计多媒体课件。

2.教学策略合理,有利于激发学生的学习兴趣,增强学生主动参与和个性化发展的能力。

3.符合新课改的要求,以学生为中心,能激发学生的探究精神、协作学习能力以及学生的学习兴趣。课件能对学习者获取知识、发展能力、培养品德和保持健康起到良好的教育作用。

4.将课件做"活",不能把课件当成"电子黑板"。如果用多媒体展示内容的效果不能优于其他的辅助教学手段(包括教师的言语和板书),那就会让课件丧失它的魅力了。

(二)科学性原则

以十分严谨的态度制作课件,是对课件制作者最起码的要求。在多媒体课件设计时,要确保教学内容正确,无科学性错误;内容呈现的结构符合学习认知规律,满足教材需求;各种媒体使用合理,素材选用恰当,表现方式简洁合理。

(三)技术性原则

多媒体课件在其制作和编辑技巧上要达到特定的标准,运行可靠、易于操作、交互性好,方便用户使用。具体来说:

1. 课件运行环境友好,兼容性强。课件应能脱离制作平台独立运行,具有可移植性或可兼容性等。

2. 课件运行稳定,播放流畅;导航清晰,检索方便;操作方便,交互性强。

(四)艺术性原则

优秀的课件一定是构图合理、色彩协调、风格统一的。具体来说,要求课件界面布局合理,整体风格统一,导航清晰简洁;色彩搭配协调,视觉效果良好;语言简洁,文字清晰,版式规范;具有丰富的表现力和感染力,能激发学生的情感,引发学习动机,提高学生的审美情趣。

三、多媒体课件的结构

课件页面通常由封面页、目录页、过渡页、正文页、结尾页构成,如图8-1所示。

图 8-1 课件的结构

(一)封面页

在课件制作中,封面页的设计尤为关键,它决定了观众对整个课件的第一印象。封面的设计不仅需要契合主题,更需要起到引导整个演示文稿设计的作用。

在封面设计中图片是难以避免的要素。高清、好看、切题是选择图片的三个标准。封面背景图片的构成通常采用两种风格：半图型和全图型。

1.半图型

在半图型封面设计中，图片以分割的形式占据封面背景的特定区域。标题既可以置于图片之外，也可以选择覆盖在图片之上。除了基本的裁剪，图片还可以通过添加各种过渡效果来实现与背景或其他设计元素的和谐融合。图8-2、8-3展示了两种典型的半图型封面设计样式。

图8-2 横长条图　　　　　　　　图8-3 斜切图

制作半图型封面页时，首先需要根据课件主题选择一张具有代表性和吸引力的图片，并确保图片的分辨率足够高。接下来，设计布局时，要确定图片和文字的位置，保证两者之间有足够的空间，避免页面显得拥挤。

在文字处理上，标题文字应简洁明了，使用大号字体并加粗显示，副标题或简短的介绍文字则使用较小的字体。此外，还需注意颜色和字体的选择，确保标题和副标题的颜色对比明显，字体简洁大方，易于阅读。

2.全图型

全图型封面页以一张完整的图片作为背景，文字信息叠加在图片上，这种设计适用于需要强烈视觉冲击力的课件。图8-4为两种常见的全图型封面页设计方案。

图8-4 全图型封面页

制作全图型封面页时，首先需要选择一张具有强烈视觉吸引力的图片作为背景，并确保图片与课件主题紧密相关。

布局文字时，要确定标题和副标题的位置，通常位于图片的上部或中央，并使用透明背景的文本框。为了增强视觉层次,可以调整文字的透明度、阴影或边框效果。

无论是半图型还是全图型封面页,制作时都应遵循以下注意事项。

1.确保背景图片不过于杂乱,以免影响文字的阅读。

2.文字颜色应与背景图片形成足够的对比,确保文字清晰可见。

3.在整体设计上,应注重协调性和专业性,确保封面页能够准确传达课件的主题,并给观众留下深刻的印象。

通过精心设计和细致的实施,封面页将成为课件中的一大亮点,有效地吸引观众的注意力,为整个演示奠定良好的基础。

(二)目录页

目录页作为PPT的逻辑框架,它是课件的"地图",能帮助观众快速定位到他们感兴趣的部分,同时也能让课件的结构更加清晰。一般来说,目录页的设计应遵循以下几条原则。

(1)易读性强:目录文字要具有很高的辨识度,保证观众能够看清。

(2)层级统一:目录项在逻辑上要处于同一层级,不能有包含或被包含的关系;尽量减少每一目录项的字数差异。

(3)语言简洁:目录的语言务必简洁明了,使观众能在第一时间内理解其含义。使用大量的文字制作目录,会大大降低可读性。

(4)版式平衡:所有元素应该形成平衡的版面,切不可头重脚轻或左右失衡。

此外,图标、线条、色块、图片都可以用来美化目录,但是不要过度使用,以免喧宾夺主。常见的目录有:

1.上下型目录

这是最常见的一种目录形式,通常页面的上半部分放目录标题,下半部分放置具体的目录内容。上下型目录适用于内容较多的课件,可以清晰展示章节和子章节,如图8-5所示。

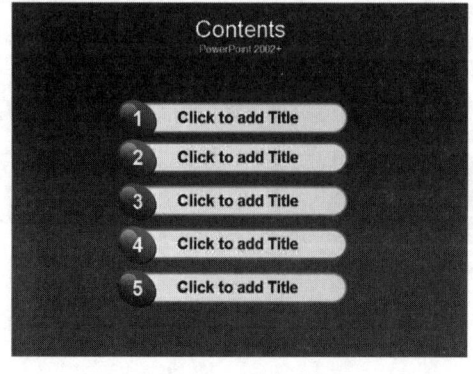

图8-5 上下型目录

图8-6 左右型目录

2.左右型目录

左右型目录页将目录项分成左右两列,通常左侧为章节标题,右侧为子章节标题。这种类型的目录页适用于内容较为复杂,需要明确展示章节和子章节关系的课件。左右排版要注意保持页面的平衡。如果左边文字多,右边文字少,那就需要在右边加上色块或者图片作为装饰,保持页面左右平衡。反之亦然。图8-6为一种左右型目录页。

3.斜切型目录

如图8-7所示,斜切型目录页将目录项倾斜排列,形成独特的视觉效果。这种类型的目录页适用于创意类课件,可以增加页面的趣味性和吸引力。

4.环绕式目录

环绕式目录页将目录项围绕中心点排列,形成一种动态的视觉效果。这种类型的目录页适用于强调互动性和参与感的课件。在常见的设计中,目录内容一般对称排列在目录标题周围,使整体页面产生一种对称的美感,如图8-8所示。

图8-7　斜切型目录　　　　　　图8-8　环绕式目录

5.时间轴式目录

时间轴式目录页将目录项按照时间顺序排列,形成一条时间轴。这种类型的目录页适用于强调时间顺序和阶段性的课件。

如图8-9、8-10所示为两种常见的时间轴式目录页。

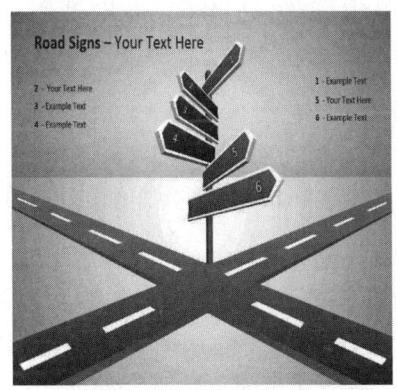
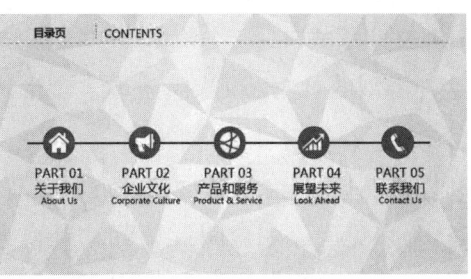

图8-9　时间轴式目录　　　　　　图8-10　时间轴式目录

(三)过渡页

过渡页在课件中扮演着至关重要的角色,它们如桥梁般连接着各个独立的内容模块,为观众提供清晰的导航。过渡页的设计不仅仅是为了美学的需要,更是一种功能性的体现。它通过引导观众的心理预期,帮助他们更好地理解演示的结构和逻辑。

设计一个有效的过渡页,首先应确保其简洁明了,避免冗余的信息堆砌,让标题成为页面的焦点,辅以简短的副标题或描述来预示接下来的内容。在视觉设计上,应保持与整体PPT风格的统一性,通过颜色、字体和图形的巧妙运用,强化主题的同时,也增添了视觉的吸引力。

最简单的过渡页组成元素通常包含章节序号和标题,根据使用场景的不同,有时还会包含内容提纲。标题序号有着很强的可塑造性,想要让过渡页更具创意,可以从以下两方面入手:①让序号和标题更有设计感;②让排版更具对比性。如图8-11所示。

图8-11　目录页与过渡页的衔接

(四)正文页

PPT正文,特指除了封面、目录和结尾页的那些幻灯片。正文页是PPT课件的核心部分,承载着演示的主要内容,一般紧随目录页出现,是对目录内容的铺展说明。设计时,应遵循清晰、简洁、统一和可读的原则,确保信息的有效传达。

大致来讲,正文页内容有三种类型:纯文字版式、图片版式、图文版式。

1.纯文字版式

这种类型的页面以文字为主要表现形式,适合传达抽象的概念、详细的步骤或深入的分析。

在课件制作中,合理处理文字内容是提高演示效果的关键。纯文字版式的文字不宜过多,以免造成观众阅读疲劳。当确实有大段文字需要使用时,须提炼关键信息,尽量避免通篇的文字陈述。可以通过下面这四种方法来对页面进行处理,以达到更好的视觉效果:提取标题、给标题"上色"、更改排版方式、增加色块。

例如,图 8-12 的页面中有大量文字堆叠,可读性差。下面我们使用这四种方式对页面文字进行处理。

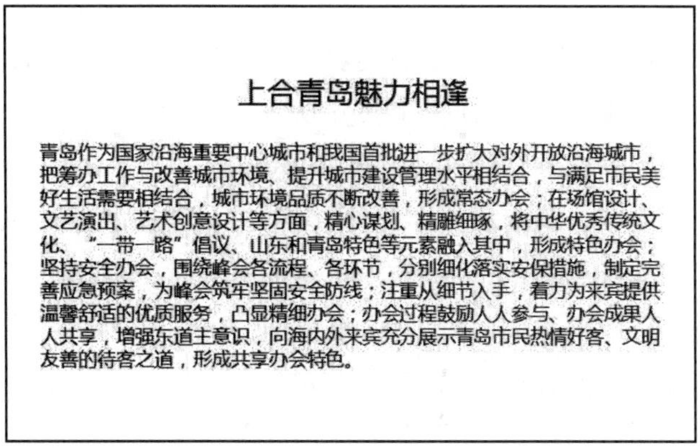

图 8-12　大量文字版面

(1) 提取标题

提取标题是梳理文字内容的第一步。通过提取标题,可以帮助观众快速抓住核心要点,提高信息的传递效率。具体操作要点如下:

- 确定每个幻灯片的中心思想,将其作为标题。
- 使用简洁、明了的语言,避免冗长和复杂的表述。
- 标题字数控制在 10 个字以内,便于观众一眼识别。

经过提取标题处理后,版面效果如图 8-13 所示。

图 8-13　提取标题

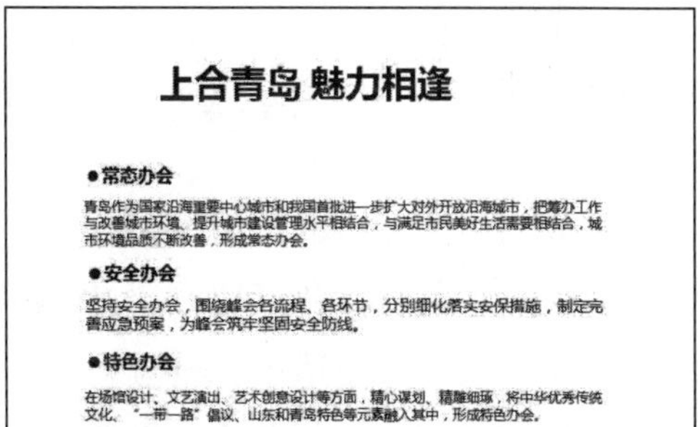

图 8-14　给标题上色

(2) 给标题上色

给标题上色可以增强视觉冲击力,使标题更加醒目。合理运用颜色,可以让 PPT 更具吸引力。具体操作要点如下:

- 选择与主题相符的颜色,如蓝色代表科技、绿色代表环保等。
- 标题颜色与背景色形成对比,确保标题易于辨认。

- 避免使用过多颜色,以免造成视觉疲劳。

经过标题上色处理后,版面效果如图8-14所示。

(3)更改排版方式

更改排版方式可以使文字内容更加美观、易读。以下是关于排版方式的建议:

- 左对齐:适用于正文内容,使文字整齐划一。
- 居中对齐:适用于标题和短句,增强视觉焦点。
- 分栏排版:将文字分为两栏或多栏,减少单行文字长度,提高阅读体验。
- 适当留白:在文字周围留出一定空间,使页面不过于拥挤。
- 使用项目符号:梳理并列内容,使信息更加清晰。

更改排版方式后,版面效果如图8-15所示。

 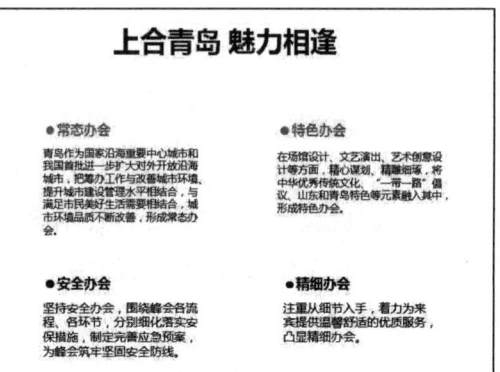

图8-15　更改排版方式

(4)增加色块

增加色块可以有效划分页面内容,提高信息的层次感。以下是关于增加色块的建议:

- 选择与主题相符的色块,突出重点内容。
- 色块颜色与背景色形成对比,确保内容的可读性。
- 色块形状和大小适中,避免过大或过小,影响整体美观。
- 色块内文字颜色与色块背景色形成对比,确保文字清晰可见。
- 适当调整透明度,使色块与背景融合,减少突兀感。

经过这个步骤处理后,我们看到页面效果发生了令人非常震撼的变化,页面可读性大大提升。图8-16为更改排版后的结果。

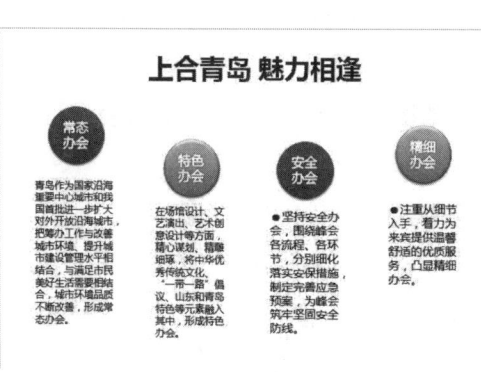 

图 8-16　增加色块

2. 图片版式

这种类型以图片为主要展示内容,文字作为辅助说明,如图 8-17 所示。适用于需要直观展示产品、过程或场景的场合。图片的布局应简洁明了,避免复杂的装饰,同时,简短的文字描述可以帮助观众更好地理解图片内容。

图 8-17　图片版式　　　　　　　　图 8-18　图文版式

一般来说,图片直接放在幻灯片上不够美观,最好对它进行一些简单的修饰。

需要注意的是,图片版式的 PPT 不宜使用过多图片,以免分散观众的注意。另外,运用网络图片时注意不要侵犯版权。

3. 图文版式

这种版式的幻灯片中既包含图片又包含文字,它结合了文字和图片的优点,通过图文并茂的方式,使得信息的传递更加生动和有效,如图 8-18 所示。在设计图文版式时,应确保文字和图片内容相互补充,布局上要合理分配空间,保持视觉平衡。图文版式的关键在于找到文字和图片的最佳比例,确保两者相互促进,而不是相互干扰。

(五)结尾页

结尾页是整个演示的重要部分,它不仅是对内容的总结,也是留给观众最后印象

的关键页面。如图 8-19 所示,相对于封面、目录和正文页,结尾页的设计要简单得多。结尾页设计通常有以下几种模式:

1. 总结要点:简洁回顾整个课件的核心内容或关键信息。可以使用图表、关键词或简短的句子来概括。

2. 感谢致辞:使用温馨、诚恳的语言表达对观众参与和关注的感谢。

3. 联系方式:提供联系信息,如邮箱、电话、社交媒体账号等,方便观众后续咨询或交流。设计上注意要简洁明了,避免过于复杂。

4. 互动环节:邀请观众提问或参与讨论。可以设计一个简单的互动活动,如问答、调查问卷等。

5. 后续行动:提醒观众后续的相关活动或资源,如相关课程、资料下载等,明确下一步的行动指南。

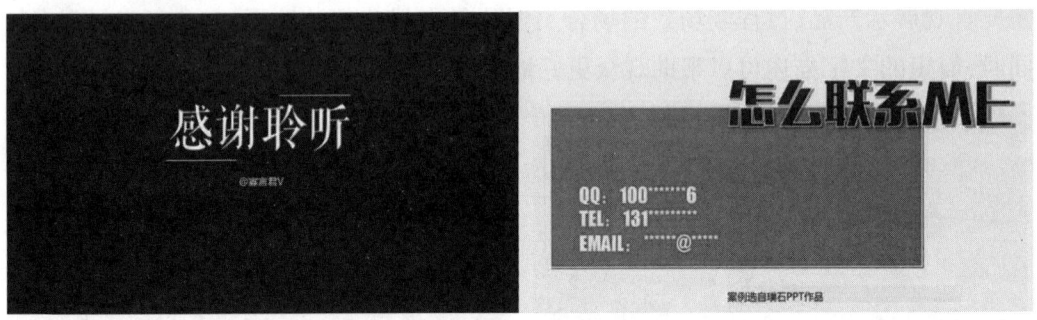

图 8-19　结束页

值得注意的是,结尾页的设计风格应与整个课件的风格保持一致,可以使用与课件主题一致的视觉元素,如颜色、字体、图片等。另外,即使是结尾页,也要保持专业和正式的态度,避免使用过于随意的语言或设计元素。

四、多媒体课件的制作步骤

多媒体课件制作的环节包括:需求分析→教学设计→内容开发→课件制作→测试与修订。

(一)需求分析

需求分析是制作课件的起点,旨在明确课件的目标、内容和受众,为后续设计提供基础。首先,需明确课件的目标群体,包括学生的年级、年龄、认知水平和学习特点。其次,确定教学目标,明确学习者应掌握的知识、技能或态度,确保课件有明确的方向。最后,界定课程的核心内容和重点,结合学科特点和学习者需求,选择合适的知识点和案例。通过全面的需求分析,可以为课件制作奠定科学基础,确保其内容精准、设计合理,并最终实现教学目标。

(二)教学设计

多媒体课件是根据教学目标和教学对象的特点,合理地选择和设计教学媒体信息,并在系统中有机组合,形成有利于教学的系统结构。作为一种教学媒体,它能根据学习者的交互情况,控制计算机所呈现的教学信息。课件的教学设计主要有教育内容的确定、学习者特征分析、教学单元的划分、教学模式的选择、多媒体信息的选择、知识结构的建立和形成性练习的设计等。

(三)内容开发

这个步骤的目的是将教学目标转化为清晰易懂的学习材料。首先,根据需求分析搜集与课程主题相关的资料,如教科书、学术论文、图片、视频等,确保内容的权威性和准确性。其次,对搜集到的资料进行筛选和整理,结合学生的认知特点,将复杂的概念分解为易于理解的模块。在视觉设计方面,合理运用图形、图表、动画等多媒体元素增强内容的直观性和吸引力。最后,设计相应的练习题、案例分析或互动环节,帮助学生巩固所学知识并提升应用能力。

(四)课件制作

按照脚本要求,开发人员利用多媒体课件制作软件对上述各种素材进行编辑加工,将它们有机地结合在一起,制作成交互性强、操作简便、内容清晰、视听效果好的多媒体课件。

课件集成工作不是几种素材的简单堆积,而是把所需素材进行整合,它是一项创造性的工作。在制作过程中,如果发现某些设计不太理想,还需要对课件进行反复的调试和修改,使课件符合要求。

(五)测试与修订

选择与目标学习者背景相似的群体,测试课件的内容准确性、技术功能、用户体验和学习效果,检查文字、图表、动画、视频等是否能正常运行,以及导航是否清晰。接着,通过问卷、访谈或观察收集反馈,重点关注内容的清晰度、设计的合理性、互动的有效性以及技术的稳定性。根据反馈,修订内容错误,优化视觉设计,增加互动元素,并解决技术问题。通过这一过程,确保课件内容准确、设计合理、技术稳定,从而提升学习体验和教学效果。

第三节　交互式课件制作——以希沃白板5为例

希沃白板5是一款集多种教学功能于一体的互动式教学软件,它支持多种媒体格式,提供了丰富的教学工具和资源,非常适合教师制作互动式课件。搭配希沃白板平台,希沃白板5制作的课件能提高课堂互动性,支持个性化教学、创新教学,满足现代教育的多样化需求。下面我们来看一下如何利用希沃白板5来制作课件。

访问希沃白板5官方网站(https://easinote.seewo.com)提供的下载链接,下载安装后即可开始课件制作。

一、创建新课件

启动希沃白板5,进入课件制作界面。登录账号(第一次使用需要注册),进入主界面,如图8-20所示。

点击页面右上角"+新建课件"按钮,进入课件模板设置页面,如图8-21所示,此时用户可填写课件名称、挑选默认背景模板或直接导入PPT。希沃白板默认创建的课件背景为"空白",用户在页面上方的名称框输入课件名称后,选取需要的模板,即可完成课件创建,并进入希沃白板5的备课模式。

图8-20　新建课件

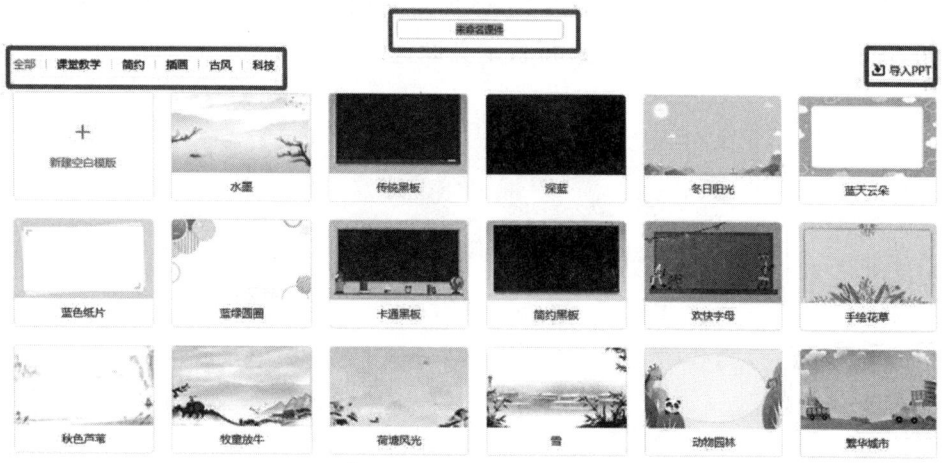

图 8-21 模板设置

需要注意的是,"导入 PPT"功能允许用户以解析模式导入 PPT,但这个功能为实验性功能,导入过程中可能会导致部分属性丢失。

二、添加教学内容

在备课模式下可以编辑课件元素,例如添加并编辑文本、形状、图片、音视频等,也可以使用软件提供的课堂活动模板、思维导图等功能设计趣味性的互动课堂。备课模式下的页面分区域功能如图 8-22 所示。

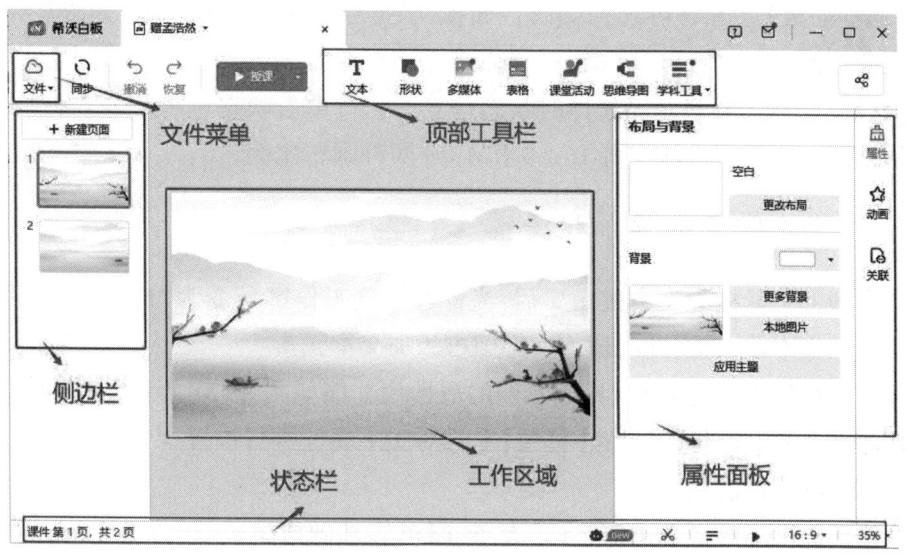

图 8-22 备课模式下功能区域

【文件菜单】:提供了新建课件、导入课件、导出课件、打印、全文查找、设置等功能。点击"文件"下拉菜单,出现如图8-23所示页面。用户可以通过"设置"功能对页面的备课工具栏和授课工具栏进行自定义设置。

图8-23 文件菜单

【顶部工具栏】顶部工具栏提供了文本、形状、多媒体、表格、课堂活动、思维导图等多种通用工具及学科工具。

【侧边栏】侧边栏显示页面的缩略图,用户可在此对页面进行调整位置、复制、粘贴、删除、修改页面布局等操作。

【工作区域】工作区域为课件内容的展示区域。

【属性面板】点击 可切换到属性面板,根据当前选中元素不同,属性栏对应的功能也会不同。

【状态栏】状态栏显示系统即时状态信息。通过单击状态栏右侧的 图标,可以切换画布比例。目前支持16∶9和4∶3两种画布比例。

(一)文本元素的添加和编辑

点击顶部工具栏的文本按钮 T 后,光标移动到工作区域变为"I",单击后可在停留位置插入文本输入框,此时输入文字即可添加文本元素。

选中添加的文本元素后,界面右侧的属性栏功能如图8-24所示,我们可以选用【属性】面板中的【文本】工具和【排版】工具对文字属性进行设置。

1.【文本】属性设置

此选项提供了对文本进行字体、大小、颜色等基础效果设置,以及对齐、缩进、方向等布局设置功能。

2.【排版】属性设置

排版功能如图8-24所示,此项为用户提供了层级、页面对齐、组合及锁定的

图 8-24　文本的属性设置

设置。

- 层级。当文本元素与其他元素存在重叠显示时,此项可自由设置元素显示的层级。
- 对齐。此项可设置选中元素相对于当前页面的位置关系。

"水平":选中元素后点击此项可设置元素在水平方向左对齐、居中对齐或右对齐效果;"竖直":选中元素后点击此项可设置元素在竖直方向顶端对齐、居中对齐或底端对齐效果;"等距":选中多个元素后,点击此项可设置元素之间水平方向等距离分布,或垂直方向等距离分布。

- 旋转。可设置对象左转 90°(快捷键 Ctrl+Shift+←)、右转 90°(快捷键 Ctrl+Shift+→)。
- 组合和取消组合。选中两个以上元素后,点击"组合"按钮可将所选元素组合成单个元素,点击"取消组合"按钮可将组合解散。
- 锁定和解锁。锁定后的元素无论是编辑状态还是授课状态下均不可编辑。选中元素后,点击"锁定"按钮可将元素锁定,此时工作区域的选择框变为红色。选中锁定元素后,点击"解锁"即可将元素解锁。

3.设置默认文本框

选中文本,单击鼠标右键,打开如图 8-25 所示菜单,单击"更多操作"→"设置为默认文本框",即将文本框第一个字符的属性设定为默认属性,该操作将影响后续插入的全部文本框。

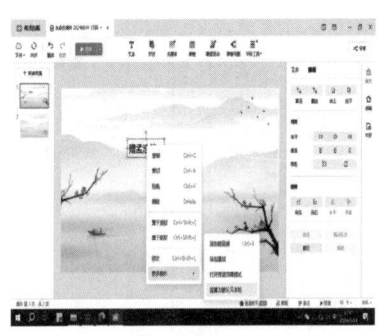

图 8-25　设置默认文本框

(二)形状元素的添加和编辑

点击页面顶部工具栏 形状按钮后,出现"形状"下拉列表,如图 8-26 所示,用户可选择已有形状进行绘制,或者选择自由绘制形状。

1.选择已有形状绘制:选中形状后,光标移动到工作区域变成十字,点击后拖拽即可绘制出所选形状。

2.自由绘制形状:选中"形状"下拉列表的"自由绘制形状"按钮,鼠标光标会变成钢笔形状,此时可自由绘制自定义形状。

在编辑区单击鼠标左键,确定形状的起点。移动鼠标,通过单击可以添加锚点,从而创建直线路径。如果需要绘制曲线路径,需要在添加锚点时点击鼠标左键不放,同时拖动鼠标,在拖动过程中,会看到方向线和控制点出现。方向线的长度和角度决定了曲线的形状,拖拽可改变线条角度。得到满意的线段后松开鼠标,继续添加下一锚点,直至绘制完成。单击鼠标右键或双击鼠标可结束此次绘制。

图 8-26　插入"形状"

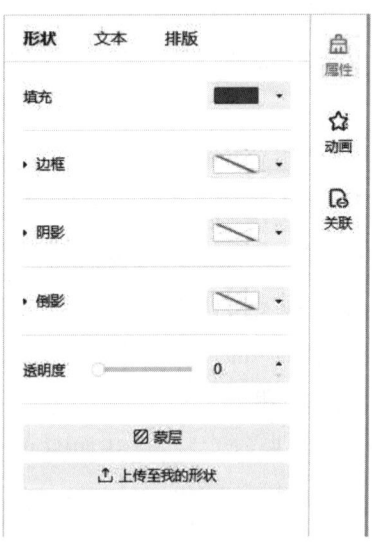

图 8-27　形状属性设置界面

选中工作区域的形状元素后,属性栏功能如图 8-27 所示,默认处于形状选项卡,用户可以对形状的填充颜色、边框、阴影、倒影、透明度进行设置,还可以对形状中的文本对象进行文字设置、元素排版等。

1.【形状】选项卡

形状选项卡为用户提供了形状填充颜色、边框、阴影、倒影、透明度效果。

• 填充:点击填充项的下拉菜单,可选择标准色、无颜色或自定义颜色,也可使用拾色笔选择屏幕上的颜色,选中后形状的填充颜色即可相应变化。

• 边框:点击边框项前的小三角可展开边框功能项,可设置边框的颜色、线条样式、线条粗细。

• 阴影:可设置 9 种预设阴影模式,并在此基础上详细设置阴影颜色、阴影角度、模糊度、阴影偏移度和阴影透明度。

• 倒影:可设置 6 种预设倒影模式,并在此基础上详细设置倒影透明度。

• 透明度:此项针对整个形状,拖动透明度的进度条或者直接修改透明度的值,可设置整个形状的透明度。

2.【文本】选项卡:此选项卡功能可参考文字元素中文本项的说明,在此不再赘述。

3.【排版】选项卡:此选项卡功能可参考文字元素中文本项的说明,在此不再赘述。

(三)多媒体元素的添加和编辑

点击页面顶部工具栏的多媒体按钮后出现如图 8-28 所示对话框,可切换图片、音视频、文档三栏进行相应资源筛选。选中资源后,点击右下角的"插入"按钮可将所选资源导入课件。选中导入的多媒体元素,可以利用右侧的属性面板对其属性进行设置。

图 8-28 添加多媒体元素

1.图片属性设置

如图 8-29 所示,图片选项提供了样式、替换、裁剪、去背景、添加蒙层、设置透明度等操作。

- "样式"按钮可以快速为图片设置一套组合效果。
- "替换"按钮可以为当前页面更换图片。
- "裁剪"按钮可对当前图片进行裁剪,点击○按钮可以将裁剪框设置为圆形。
- "去背景"功能可以去除当前图片的背景,选中要处理的背景色进行拖动即可将所选区域背景色去除。
- "蒙层"功能可以将图片(或其他对象)隐藏,在必要的时候(授课模式下使用橡皮擦擦除)显示出来,经常用来增强课程中的互动效果,调动学生的上课积极性。
- "透明度"功能通过拖动透明度进度条或直接修改透明度的数值来设置图片的透明度。

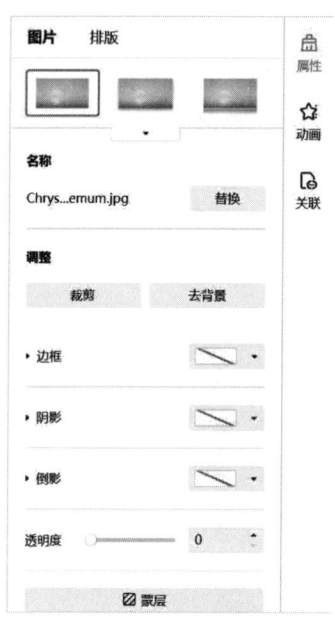

图 8-29　图片属性设置

2.音视频属性设置

音视频选项为用户提供了音视频替换、播放一次、循环播放、跨页面播放和自动播放等操作。选中音视频元素时,属性栏功能如图 8-30 所示。"跨页面播放"功能允许音视频切换页面后继续播放。

另外,对所有多媒体元素,都可以利用"排版"选项卡进行层级、对齐、组合以及锁定等操作。经过"锁定"操作,无论是编辑模式还是授课模式下都无法移动对象的位置。

图 8-30　音视频属性设置

（四）表格元素的添加和编辑

点击 出现表格生成器，根据需要选择行数、列数，释放鼠标左键即可插入表格，如图 8-31 所示。

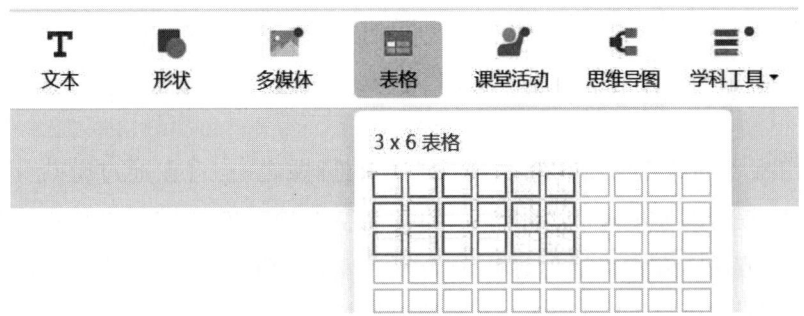

图 8-31　添加表格

选中工作区域的表格后，属性栏功能如图 8-32 所示，用户可以根据需要替换所选择的表格样式，插入或者删除行、列，进行合并单元格或删除单元格、填充单元格、修改线框颜色等操作。

图 8-32　表格属性设置

三、交互功能

希沃白板 5 的核心优势在于其交互功能,这些功能能够将传统的单向教学转变为双向互动,激发学生的学习兴趣和参与度。

(一)课堂活动

希沃白板 5 的课堂活动功能是其核心互动特性之一,旨在通过游戏化和互动化的教学设计,提升课堂的趣味性和学生的参与度。该功能提供了多种预设的活动模板,用简单的方法将知识点通过趣味分类等课堂活动的形式呈现出来。教师可以根据教学内容和目标灵活选择和定制,从而实现高效、有趣的课堂教学。

点击顶部工具栏的课堂活动按钮,将出现如图 8-33 所示对话框,点击左侧活动模板名称切换课堂活动的类别,再根据需要选取具体的模板,点击"下一步",定义其中的元素后,即可将该活动应用于课件中。

图 8-33　添加课堂活动

课堂活动的主要类型有趣味分类、选词填空、知识配对、分组竞争、超级分类、判断对错、趣味选择、记忆卡片等。

1. 趣味分类

趣味分类是一种将知识点进行分类的游戏化活动。教师可以将教学内容设计成不同的类别,学生通过拖拽元素到相应类别中完成分类任务。可应用于语言教学、科学教学等相关场景,例如英语单词分类(名词、动词、形容词等)、生物分类(动物、植物等)。

2. 选词填空

选词填空活动允许教师创建填空题,学生可以从给定的词汇中选择正确答案填入空白处。可应用于语文教学(如古诗词填空、课文填空)、英语教学(如语法填空、阅读理解填空)等场景。

3. 知识配对

知识配对活动通过将知识点进行配对,帮助学生巩固记忆。教师可以设计问题与答案、单词与释义等配对任务,学生通过拖拽完成配对。可应用于各学科,例如历史教学(如历史事件与时间、人物与成就的配对)、生物教学(如器官与功能的配对)等学科教学场景。

4. 分组竞争

分组竞争活动是一种团队竞赛形式的互动活动,教师可以将学生分成若干小组,通过答题或任务完成情况来竞争积分,系统会自动统计并显示各小组的成绩。可能应用的场景包括数学教学(如计算题竞赛)、英语教学(如单词拼写竞赛)等。

5.超级分类

超级分类是一种更复杂的分类活动,支持多级分类和更丰富的元素设置。教师可以设计多层次的分类任务,帮助学生系统地理解和整理知识。可能应用的场景包括地理教学(如国家与地区、资源分类)、化学教学(如元素与化合物分类)等。

6.判断对错

判断对错活动允许教师设置一系列是非题,学生通过点击屏幕上的"对"或"错"按钮进行回答,系统即时反馈结果。可能应用的场景包括科学课堂(如验证实验结果或理论知识)、语文课堂(如判断句子正误)等。

7.趣味选择

趣味选择是一种限时选择题活动,支持多组学生同时参与,通过选择正确答案来得分。活动形式多样,如"拔河比赛""沙滩排球"等。可能应用的场景包括历史课堂(如选择题形式判断历史事件的正误)、英语课堂(如选择题形式判断单词拼写是否正确)等。

8.记忆卡片

记忆卡片活动通过卡片翻转的形式,帮助学生记忆单词、短语或知识点。卡片可以设置为两面,一面显示问题,另一面显示答案。可能应用的场景包括英语课堂(如记忆单词和短语)、生物课堂(如记忆器官名称和功能)等。

9.球球拼词

球球拼词活动将单词或短语拆分成单个字母或单词,学生通过拖拽拼接的方式还原完整的单词或句子。可能应用的场景包括小学英语课堂(如拼写单词)、语文课堂(如拼接古诗句子)等。

10.知识排序

知识排序活动允许教师设置一系列需要排序的内容,学生通过拖拽调整顺序,完成排序任务。可能应用的场景包括历史课堂(如按时间顺序排列历史事件)、科学课堂(如按步骤排序实验过程)等。

课堂活动功能不仅限于简单的互动游戏,还可以通过跨学科应用、项目式学习、情境模拟、思维导图等方式,实现更高级的教学目标。教师可以根据教学内容和学生特点,灵活设计和应用课堂活动,提升教学效果和学生的学习体验。下面的案例中,教师通过希沃白板的"趣味选择"和"判断对错"互动功能,设计情境模拟或角色扮演活动,增强学生的沉浸感和参与度。

【实例】历史情境模拟

应用场景:在学习"古代丝绸之路"时,设计一个情境模拟活动,让学生扮演商人,选择贸易路线和商品。

操作方法：

使用"趣味选择"活动，设置多个选择题，如"如果你是商人，你会选择从长安出发去往哪里"（选项：A.楼兰　B.敦煌　C.大秦）。

使用"判断对错"活动，设置情境问题，如"商人是否需要穿越沙漠"（对/错）。

学生通过选择和判断，逐步了解丝绸之路的路线和贸易情况，在情境模拟中更好地理解历史知识，增强了学习的趣味性和参与感。

(二)思维导图

思维导图是一种以图形化方式呈现信息的工具，通过中心主题向外延伸的分支结构，将复杂的信息进行分类和整理。希沃白板5的思维导图功能是其交互式教学工具中的重要组成部分，能够帮助教师和学生以可视化的方式梳理知识结构、组织思维过程，从而提升教学效果和学习效率。

希沃白板5的思维导图功能支持以下核心特性：

节点编辑——可以轻松添加、删除或拖拽节点，调整思维导图的结构。

内容丰富——支持在节点上插入文字、图片、音频、视频、网页链接等多媒体元素。

样式调整——可以自定义节点的颜色、形状、线条样式，使思维导图更加美观和个性化。

实时协作——支持多人同时编辑同一思维导图，适用于小组讨论和协作学习。

保存与分享——完成的思维导图可以保存为本地文件或上传到云端，方便分享和后续使用。

1.创建思维导图

点击工具栏上的思维导图 按钮，出现下图对话框。希沃白板5提供思维导图、鱼骨图及组织结构图三种结构，点击任一结构示意图即可在工作区域插入思维导图，如图8-34、8-35所示。

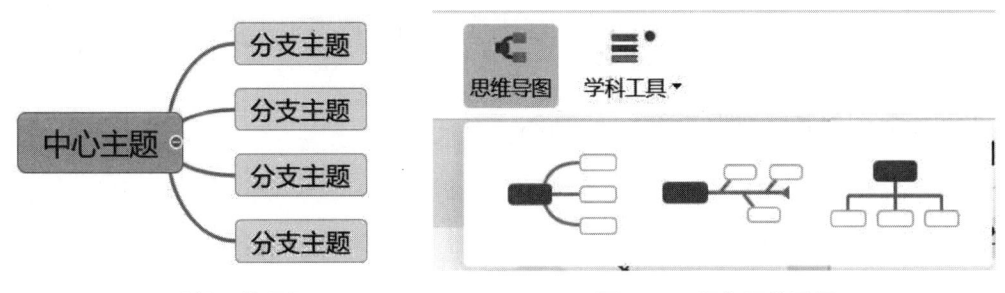

图8-34　编辑思维导图　　　　　图8-35　添加思维导图

输入中心主题，如"Unit 3:My Classroom"，按Enter键确认。

2.添加节点

创建好中心主题后,接下来需要添加分支节点来细化内容。在中心主题周围,点击空白处或节点旁边的"+"号,即可添加新的节点。例如,在"Unit 3:My Classroom"主题下,可以添加"单词""句型""语法"等一级节点。每个一级节点还可以进一步扩展为二级节点。例如,在"单词"节点下,可以继续添加"classroom""window""door"等具体词汇。通过这种方式,可以逐步构建出一个层次分明的知识结构,如图8-36所示。

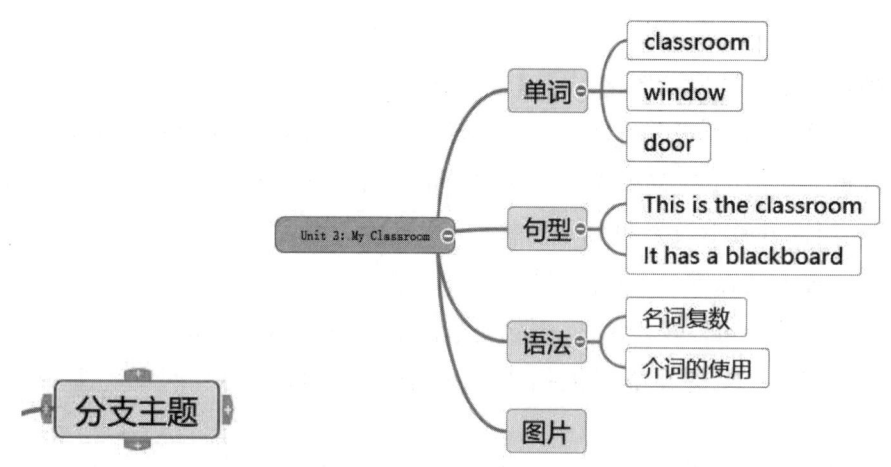

图8-36 思维导图示例

3.编辑节点

希沃白板5的思维导图功能还提供了强大的编辑功能。如果需要调整节点的位置,只需点击节点并拖拽即可。如果需要修改节点的内容,可以双击节点,直接在弹出的编辑框中进行文字编辑。

希沃白板5还支持在节点上插入丰富的多媒体元素。点击节点右侧属性面板"添加"选项中的对应按钮,可以添加图片、音频、视频或网页链接,使思维导图更加生动和直观。

为了让思维导图更加美观和个性化,希沃白板5提供了丰富的样式调整选项。点击任意节点,选择右侧属性面板中的样式选项,可以调整节点的颜色、形状、线条样式等。

思维导图的属性面板如图8-37所示。

图 8-37　思维导图属性设置

4.遮罩功能

希沃白板 5 的思维导图支持"遮罩"操作,主要用于隐藏思维导图中部分节点或内容。这使得教师可以在备课时隐藏部分教学内容,然后在授课过程中逐步揭示,从而增强课堂的互动性和趣味性。

选中需要隐藏的节点或内容,点击右键,选择"添加"→"遮罩",即可隐藏该节点内容。

添加遮罩后,被遮罩的内容将不可见。进入授课模式后,使用鼠标单击被遮罩内容,即可展示隐藏的内容。

5.思维导图的应用场景

【语文课——创意写作】利用思维导图帮助学生进行创意写作的构思。

(1)思维导图内容设计

中心主题:输入"我的家乡"。

一级节点:添加"地理位置""自然风光""人文景观""美食""风俗习惯"。

二级节点:
- 在"地理位置"下添加"所在省份""周边城市"等。
- 在"自然风光"下添加"山脉""河流""公园"等。
- 在"人文景观"下添加"历史建筑""博物馆""名人故居"等。

（2）应用方法

①教师引导学生围绕中心主题展开讨论，逐步完善思维导图。

②学生根据思维导图的内容，撰写作文或制作项目报告。

③教师可以通过思维导图检查学生的写作思路是否清晰。

（三）蒙层功能

希沃白板5的蒙层功能为教学设计提供了丰富的可能性。通过隐藏和逐步揭示内容，教师可以更好地控制课堂节奏，增强互动性，提升教学效果。蒙层功能适用于多种教学场景，包括知识点讲解、互动游戏、复习巩固和动态展示。教师可以根据具体需求灵活运用这一功能，让课堂更加生动有趣。

（1）蒙层功能的作用

蒙层功能允许用户在对象上创建透明或半透明的覆盖层，用于隐藏或逐步揭示内容。它支持对多种对象进行设置，包括：

文本框——用于逐步揭示文字内容。

图片和图形——可以隐藏部分或全部内容，用于逐步展示。

视频和动画——通过蒙层控制播放进度或突出关键帧。

图表和数据表——分步展示复杂信息。

（2）蒙层添加方法

选中对象，点击右键选择"添加蒙层"。

添加蒙层后，对象内容会被隐藏，并显示为虚线框。

（3）蒙层应用场景

①增强互动性：学生可以根据教师的引导，猜测下一步内容。

案例【数学课——公式讲解】

添加蒙层：将复杂的公式用蒙层隐藏。

分步讲解：随着讲解的进行，逐步擦除蒙层，揭示公式的一部分。

②增强趣味性：通过随机揭示内容，增加游戏的趣味性和悬念。

案例【语文课——猜字游戏】

添加蒙层：将文字或图片用蒙层隐藏。

游戏规则：学生回答问题后，教师用橡皮擦擦除蒙层，揭示答案。

③增强视觉效果：通过蒙层的动态效果，增强视觉冲击力。

案例【地理课——地图展示】

添加蒙层：将地图的某些区域用蒙层隐藏。

逐步揭示：随着讲解的进行，逐步擦除蒙层，突出重点区域。

(四)学科工具

希沃白板5的学科工具是专为不同学科的教学需求设计的多功能工具集合,涵盖了多种学科,包括语文、数学、英语、科学等(见图8-38),能够帮助教师在备课和授课过程中更高效地呈现知识,增强课堂的互动性和趣味性。其主要作用包括:

- 知识可视化:通过图形、图表、动画等形式,将抽象的知识点直观呈现。
- 增强互动性:支持学生与教师之间的实时互动,如标注、拖拽、投票等。
- 个性化教学:教师可以根据学生的实际情况,灵活调整教学内容。
- 提高教学效率:减少教师在课堂上的板书时间,提高教学内容的呈现速度。

图8-38 添加学科工具

1.语文工具

包含汉字工具、拼音工具及古诗词工具。用于语文教学,展示汉字的笔顺和拼音的发音等。

点击汉字按钮,在工作区域会增加汉字田字格,双击后可以输入汉字或词语,并展示笔顺。

点击拼音按钮可以在工作区域插入拼音四线格,此时可输入拼音符号,并进行笔画和声调展示,如图8-39所示。

图 8-39　汉字工具和拼音工具

古诗词工具█是专为中小学语文教师设计的,它提供了丰富的古诗文资源,支持教师按照学段、关键词等方式进行查找和使用,如图 8-40 所示。

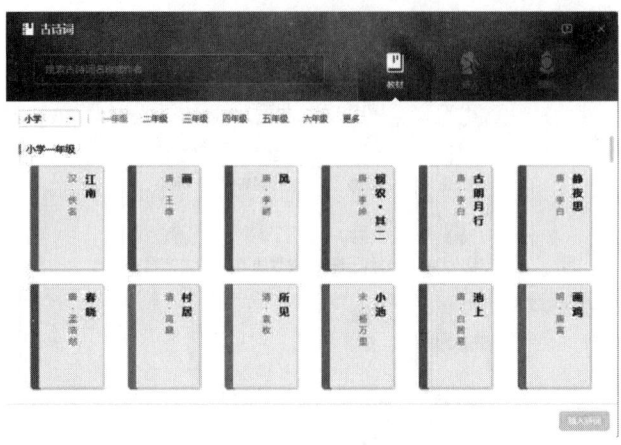

图 8-40　古诗词工具

选中需要的诗词,点击对话框的"插入诗词"按钮,即可在当前文件中为该诗词增加一个页面,内容除了诗词内容,还包括原文、译文、范读、文化常识与背景知识、朗读与打点功能等,如图 8-41 所示。

图 8-41　添加古诗词示例

如果希沃白板 5 中没有收录我们所需要的古诗词,我们还可以自行创建,填入题目、作者等相关信息,并完成创建。

2. 数学工具

包含几何、公式、函数工具、统计图表。

几何画板用于绘制平面和立体几何图形,支持图形的动态调整。点击几何工具按钮,选择相应形状后在工作区域绘制。绘制图形后通过拖拽调整图形的大小和位置,还可以通过右侧的属性面板设置边框颜色、线条粗细以及填充效果。

公式工具用于使用数理符号和编辑器输入公式内容;函数工具用于数学教学中现场绘制函数图像,直观展示函数的变化过程。点击对应按钮,在工作区域打开编辑器,编辑好后插入工作区域即可使用,如图 8-42 所示。

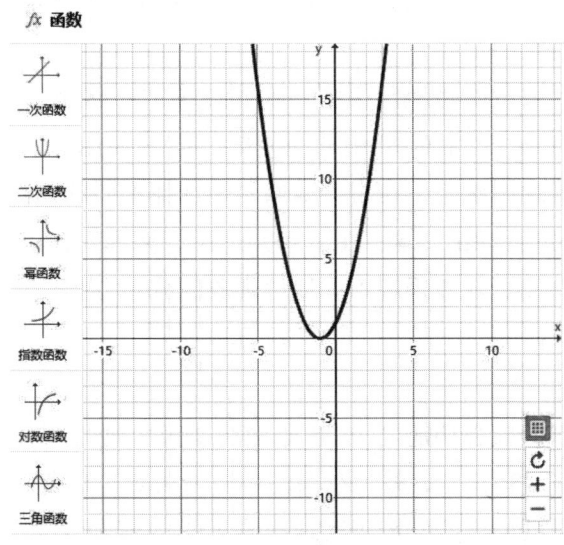

图 8-42　公式工具

3. 英语工具

包括听写、英汉字典、四线三格,这些工具为英语教学提供了强大的支持。

英汉字典提供了英汉互译功能,并支持单词发音。使用方法是在"学科工具"中选择"英汉字典",然后输入内容,系统会显示其标准发音、释义、词组、例句和近义词,并以词卡的形式出现在页面上。教师可以通过点击发音按钮,播放单词的标准发音,帮助学生纠正发音错误。这一工具适用于新单词教学和互动练习,能够帮助学生快速掌握单词的拼写和发音,提升学习效果。

4. 化学工具

包括化学方程和元素周期,这些工具为化学教学提供了丰富的资源和互动手段。化学方程支持化学方程式的输入和编辑,提供自动搜索和插入功能。教师可以在备课或授课模式下,通过点击"学科工具"中的"化学方程"来使用这一功能。输入化学方程式后,可以通过键盘输入或手写输入进行编辑,编辑完成后点击"插入方程",将方程式插入课件中。这一工具适用于化学反应讲解和互动练习,能够帮助学生理解化学方程式的书写和意义,提升学习效果。

5.星球工具

希沃白板5的星球工具提供了三维星球模型和二维地图功能,为地理和天文教学提供了强大的支持。

三维星球模型提供了太阳系中太阳和八大行星的三维模型,支持旋转、放大和缩小操作。教师可以在备课或授课模式下,通过点击"学科工具"中的"星球工具"来使用这一功能。选择需要的星球模型后,插入课件中,使用鼠标拖动模型可以旋转查看不同角度,通过放大和缩小功能观察星球的细节。这一工具特别适用于地理教学和天文教学,能够帮助学生通过直观的三维模型更好地理解地球的自转和公转,以及太阳系的结构和行星特征。

二维地图功能允许教师将地球模型切换到二维地图状态,并提供丰富的贴图功能。教师可以通过点击"学科工具"中的"星球工具"来使用这一功能,选择地球模型后插入并切换到二维地图状态。在右侧属性栏中选择不同的贴图(如六大板块、降水分布、洋流图等),并进行标记。这一工具特别适用于地理知识讲解和课堂互动,能够帮助学生通过贴图功能更好地理解不同地理现象的分布,提升学习效果。

(五)超链接

作为希沃白板5的核心功能之一,超链接功能极大地增强了课件的互动性和教学的灵活性。如图8-43,它允许教师在课件中嵌入可点击的链接,从而打开网页、文件、视频或跳转到课件的其他部分,极大地丰富教学内容和课堂互动性。希沃白板5支持多种类型的超链接,包括:

- 网页:链接到互联网资源,如在线百科、学术文章等,拓宽学生的知识视野。
- 文件:直接打开本地或云端存储的教学资料,如PDF文档、PPT等。
- 内部页面:在课件的不同部分之间快速导航,适用于复杂的课程结构。
- 授课工具:希沃白板的超级链接功能可以链接到授课工具,如计时器、直尺、三角尺等,为师生提供互动、即时测评、数据统计等功能,打造互动式、体验式的创新教学环境。

1.超链接功能的作用

(1)增强教学内容的丰富性

超链接可以将课件与外部资源(如在线视频、教育网站、文档等)连接起来,为学生提供更丰富的学习材料。例如,

链接到在线视频:教师可以将与教学内容相关的视频链接到课件中,帮助学生更

图 8-43　设置超链接

直观地理解知识点。

链接到教育网站：提供额外的学习资源或扩展阅读材料，满足不同学生的学习需求。

(2) 提升课堂互动性

通过超链接，教师可以设计互动式的教学流程，引导学生自主探索知识。例如，

链接到课件内的其他页面：设计分层教学或任务驱动的教学活动，学生可以根据自己的进度选择不同的学习路径。

链接到本地文件：插入音频、视频或文档文件，丰富课件的多媒体内容，增强课堂的趣味性。

(3) 优化教学流程

超链接可以帮助教师快速跳转到课件的特定部分，节省教学时间，提高课堂效率。例如，

链接跳转到授课工具：在授课过程中，教师可能需要频繁使用一些辅助工具，如计时器、直尺、三角尺等。通过超链接功能，教师可以将这些工具设置为超链接，点击后直接跳转到对应的工具页面，无须手动切换，从而节省时间并提高课堂效率。例如，在讲解几何知识时，设置超链接直接跳转到直尺或三角尺工具，方便教师快速测量和绘制图形。

快速跳转到复习内容：在课件中设置超链接，方便教师随时回顾重点知识。

分模块教学：将课件内容分为多个模块，通过超链接快速切换，使教学结构更加清晰。

2.超链接功能的用法

我们可以通过以下步骤在希沃白板 5 中创建和编辑超链接：

(1) 选择需要添加链接的元素，点击右键并在弹出的菜单中选择"更多操作"——"添加超链接"选项。

(2)在弹出的对话框中选择链接类型,并设置目标地址或页面。点击"确定"按钮。

(3)创建成功后,可以再次右键链接对象,选择"编辑超链接"进行修改或删除。

3.超链接的应用场景

【初中历史课——"古代文明的起源"】

设计目标:通过超链接功能,引导学生自主探索古代文明的起源,增强课堂互动性。

(1)操作步骤

在课件首页,绘制四个按钮,分别标注为"古埃及文明""古巴比伦文明""古印度文明""古中国文明"。

为每个按钮设置超链接,分别链接到课件中对应文明的详细页面。

在每个详细页面中,插入相关的图片、视频和文字介绍,并设置返回按钮,链接回课件首页。

(2)互动环节

学生可以根据自己的兴趣选择不同的文明进行探索;教师通过超链接快速切换到不同页面,引导学生讨论和总结。

四、动画设计

希沃白板5提供了丰富的动画和页面过渡效果,能够为课件增添动感和视觉效果,使教学内容更加生动有趣。

点击右侧属性面板动画选项✿可切换到动画设置面板,根据当前选中对象的不同,动画栏对应的功能列表也会有所不同。

(一)当前对象为页面时

当选中对象为页面时,动画栏功能如图8-44所示,此时可以设置页面的过渡效果。

希沃白板5的过渡效果主要用于页面之间的切换,能够使页面切换更加流畅和自然。过渡效果的分类包括推入、淡入淡出、滑动和旋转等。

(1)推入:页面从一侧推入,可设置推入的方向(如从左到右、从右到左等)。

(2)淡入淡出:页面以淡入或淡出的方式切换,适合平滑过渡。

(3)滑动:页面以滑动的方式切换,适合快速切换场景。

(4)旋转:页面以旋转的方式切换,适合需要视觉冲击的场景。

图 8-44 过渡效果设置

选中需要的过渡效果，并设置好相应的参数，如时间、方向等，则为当前页面设置好过渡。如果需要为所有页面设置相同的过渡效果，可以点击"应用到全部页"按钮，快速统一页面切换效果。点击"预览"按钮，可以查看过渡效果是否符合预期。如果需要调整，可以重新选择过渡效果或修改参数。

（二）当前对象为元素时

当前选中对象为元素（如文本、图形、图片等）时，我们可以为页面的各元素设置动画效果。

1.动画分类

希沃白板 5 的动画效果可以分为三类：出现动画、动作动画和消失动画。这些动画效果能够为课件中的元素增添动态表现，增强课堂的互动性和趣味性。

- 出现动画：元素进入页面时的动画效果，如淡入、擦入、移入、放大、涟漪、旋转、掉落等。
- 动作动画：元素在页面上已出现后的动态效果，如闪烁、抖动、心跳、波浪等。
- 消失动画：元素退出页面时的动画效果。

2.设置动画效果的步骤

（1）选择动画元素

点击需要添加动画的元素（如文本、图形、图片等），如果需要对多个元素同时设置动画，可以按住 Shift 键或 Ctrl 键选择多个对象。

（2）选择动画类型

点击页面右侧"动画"选项卡，进入动画设置页面，在界面中选择所需的动画效果。

（3）调整动画参数

选中需要调整动画参数的对象，在右边的动画面板上可以通过"元素"和"顺序"

选项卡对其参数进行设置。

【元素】选项卡可以调整下列栏目：

• 时间：设置动画的持续时间，范围为 0 秒到 30 秒。时间越长，动画效果越缓慢。

• 延时：设置动画的延迟时间，即动画在触发后多久开始播放。

• 播放次数：设置动画重复播放的次数。

• 声音：选择是否在动画播放时添加音效，例如"叮咚""嘀嗒"等，以增强视觉效果。

【顺序】选项卡可以调整下列栏目：

• 顺序：设置动画播放的先后顺序。通过单击 ↑ ↓ 箭头来调整，也可以拖动动画条中的动画项进行重新排序。

• 触发源：设置动画的触发源，例如翻页键或其他对象等。点击 ✎ 修改触发条件，如图 8-45 所示。

• 启动方式：设置动画启动的方式，例如"点击下一页触发""与上一个动画同时""上一个动画之后"。

• 预览动画效果：在"顺序"选项中，可以预览已添加的动画效果。

• 修改或删除动画：如果对动画效果不满意，可以点击"修改动画"按钮进行调整，或者点击"删除"按钮移除动画效果。

图 8-45　动画属性设置

（三）动画与交互的结合

希沃白板 5 支持将动画效果与交互功能结合，增强课堂的互动性。例如，教师可以设置动画的触发条件为"点击"或"悬停"，让学生通过操作触发动画效果，增强参与感。这种交互式动画设计不仅能够吸引学生的注意力，还能提高他们的学习兴趣。

五、保存和分享课件

在完成课件编辑后,我们可以通过点击软件界面上的○同步按钮,将课件内容自动同步到云端,从而保障课件资料的安全性和可访问性。此外,希沃白板5提供了丰富的分享选项,我们可以将自己的课件通过"分享"功能发送给同事,或者上传到校本资源库中,供更多人访问和使用。这一过程不仅提高了教学资源的利用效率,也方便了教师之间的交流与合作,进一步促进了教学的现代化和信息化。

第四节 AI 技术助力 PPT 制作

随着人工智能技术的发展,AI工具正在改变传统PPT制作的方式。通过AI,教师可以快速生成内容、优化设计、增强互动,即使是设计新手,也能轻松制作出专业且美观的演示文稿。接下来,我们选择两款AI工具,演示如何借助AI工具快速创建PPT。

一、WPS AI

WPS AI 是金山办公与合作伙伴共同研发的一款智能助手。它不仅能够理解用户的创作意图,还能根据用户的需求,自动生成符合规范的 PPT 内容。借助 WPS AI,用户可以轻松地将文字、图片、图表等元素融合在一起,无须花费大量时间进行手动排版和调整。在课件制作方面具有如下优势:
- 中文内容生成精准。适合生成学科知识点解析(如古诗词、数学公式)。
- 教育模板丰富。覆盖班会、学科竞赛、公开课等场景。
- 操作简单。支持语音输入、一键美化、多人协作。

1. 生成 PPT 方法一:主题生成 PPT

【案例】制作小学语文《古诗三首》课件

步骤1:打开WPS演示,点击"WPS AI"按钮,在工具栏点击"AI生成PPT"→"主题生成PPT"选项,在随后出现的对话框中输入PPT主题及要求"生成《古诗三首》小学语文课件,需包含作者生平、诗句赏析、互动问答",如图8-46所示。

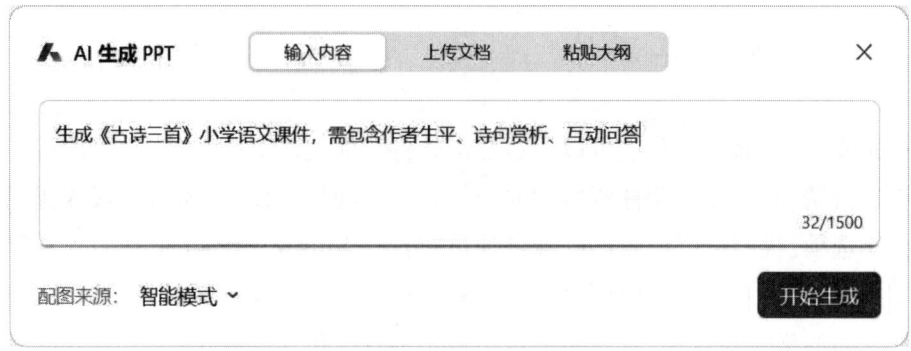

图 8-46　主题生成 PPT 示例

步骤 2：点击"开始生成"按钮，等待数秒，WPS 将自动生成幻灯片大纲，如图 8-47 所示。

图 8-47　生成的 PPT 大纲

步骤 3：点击"挑选模板"按钮，在推荐模板中选择一个符合课件风格的模板，如中国风水墨画教育教学模板。选中模板后，WPS AI 会自动将生成的大纲内容填充到所选模板中，形成一个初步的课件框架。

步骤 4：点击"创建幻灯片"按钮，WPS AI 将会按照设定生成 PPT 页面。

步骤 5：对生成的课件进行个性化调整。可以添加或修改图片、音频、视频等多媒体素材，以增强课件的吸引力和教学效果。同时，利用 WPS AI 提供的一键美化功能，快速调整课件的整体风格和色彩搭配，使其更加符合教学需求。

2.生成 PPT 方法二：大纲生成 PPT

通过编写大纲来生成 PPT，教师可以清晰地规划课件每一部分的内容和教学重点，不仅大大提高课件的条理性和可用性，还节省了教师手动排版和调整的时间，降低了制作课件的技术门槛，使得更多教师能够专注于教学内容本身。（图 8-48）

也可结合其他智能内容生成工具快速生成大纲内容，再利用该功能快速制作出专业的 PPT。例如，教师可以使用 MindNode 或 Xmind 等思维导图工具，先绘制出课件的大纲结构，然后将大纲内容复制到 WPS AI 中，即可自动生成 PPT。这种方法不仅适用于教师制作课件，也适用于企业培训、学术报告等场景，帮助用户高效地完成 PPT 制作任务。

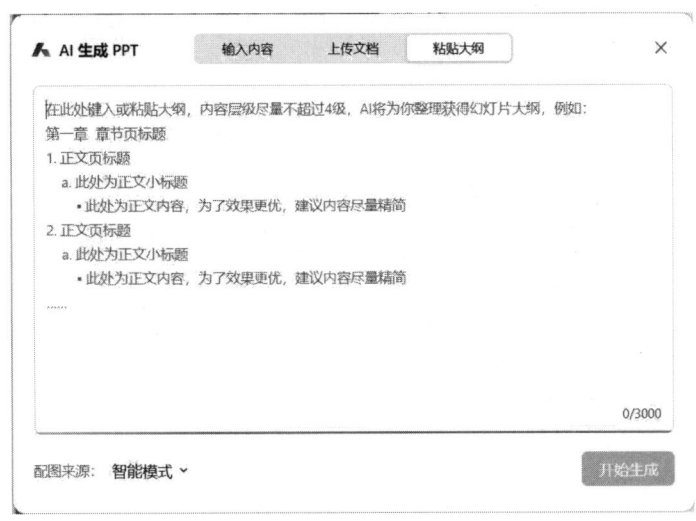

图 8-48　大纲生成 PPT

3.生成 PPT 方法三：文档生成 PPT

WPS AI 的文档生成 PPT 功能能够将用户提供的文档（如 Word 文档、PDF、文本文件等）快速转换为结构化的 PPT 演示文稿，如图 8-49 所示。这一功能特别适合需要将大量文字内容转化为可视化演示的场景，例如教学课件、工作报告、学术汇报等。

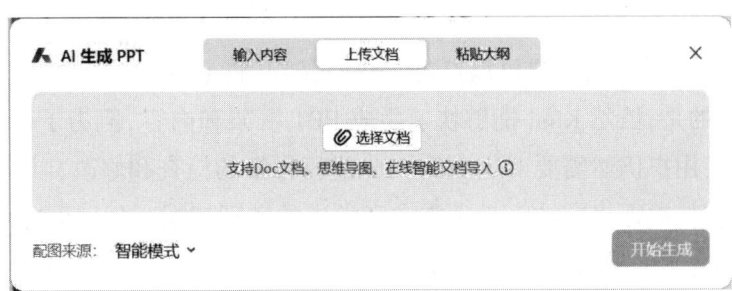

图 8-49　文档生成 PPT

二、Kimi

作为一款人工智能助手，Kimi 可以根据用户输入的主题或关键词，自动生成 PPT 的框架和内容，并提供多种风格和主题的 PPT 模板，用户可以根据需求选择合适的模板，快速生成专业级别的 PPT。

下面以制作小学语文《静夜思》PPT 为例，来演示如何使用 Kimi 快速创建 PPT。

步骤1：启动 Kimi 客户端，或打开网页版 Kimi（https：//kimi.moonshot.cn/），在左边导航条打开 PPT 助手。

步骤2：在输入框中输入主题或关键词，例如"小学语文《静夜思》"（见图 8-50）。

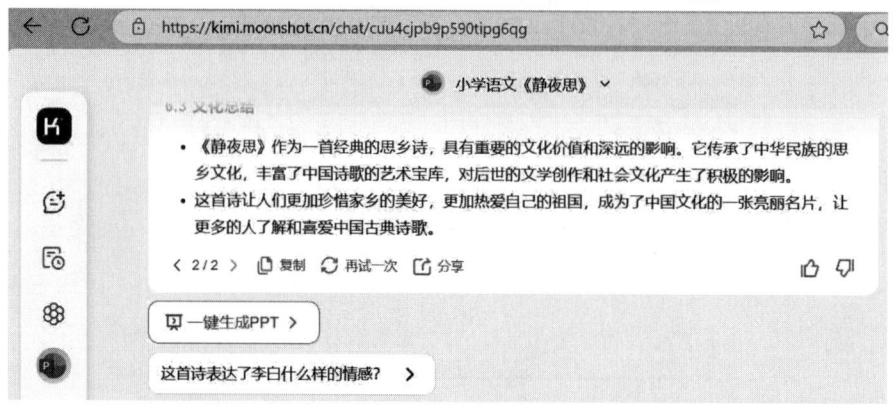

图 8-50　Kimi 示例

步骤3：在 Kimi 完成大纲内容生成后，点击"一键生成 PPT"按钮。

步骤4：选择合适的模板，点击"生成 PPT"按钮。

步骤5：在生成的 PPT 中，Kimi 可能已经包含了一些基本的文本和图片。为了丰富 PPT 的内容，用户可以点击"去编辑"按钮，以便在每个幻灯片上添加更多的细节，也可以对 PPT 的样式进行自定义，如修改字体、颜色、布局等，以使其更符合教学风格和需求。

步骤6：完成编辑后，用户可以点击"下载"按钮，将 PPT 保存为本地文件。

值得注意的是，虽然 Kimi 能够快速生成 PPT 框架和内容，但为了确保 PPT 的质量和教学效果，用户仍然需要对生成的 PPT 进行仔细的检查和修改，以确保其准确性和适用性。同时，教师也应结合教学需求和学生的实际情况，灵活运用 Kimi 的功能，以制作出更符合学生需求的 PPT 课件。

『本章知识总结』

【主要知识点】

1.多媒体课件的定义与特点

多媒体课件是通过集成文字、图像、音频、视频等多种媒体元素，结合教学目的与学生需求进行系统化设计和开发的教学工具。其显著特点包括丰富的表现力、强大的交互性、优秀的共享性以及促进知识的同化。

2.多媒体课件开发工具

常用的开发工具包括金山 WPS、Microsoft PowerPoint、Prezi 等，这些工具为教师提供了丰富的模板和素材库，便于课件制作。随着 AI 技术的发展，AI 生成 PPT 工具如 WPS AI 和 Kimi 等，也能帮助教师快速生成内容并提高课件制作效率。

3.多媒体课件制作的基本流程

制作流程包括需求分析、教学设计、内容开发、课件制作、测试与修订。需求分析确保课件的目标明确，教学设计根据教学目标和学生特点合理选择媒体元素，内容开发将教学目标转化为易于理解的学习材料，最后通过测试和修订确保课件的效果和功能。

【重难点解析】

1.多媒体元素的合理运用

如何将多媒体元素（如图片、动画、音视频等）与教学内容有机结合，是设计优秀课件的核心。教师需要掌握不同元素的使用技巧，确保课件内容既生动有趣又符合教学目标。

2.教学设计与课件结构

在设计课件时，合理的教学设计与课件结构布局非常重要。如何根据学生的认知特点和教学目标，精确设计课件的各个环节，包括封面、目录、过渡页等，确保内容传达清晰、易于理解，具有挑战性。

3.交互功能与学生参与度

如何利用课件的交互功能（如希沃白板的课堂活动功能）设计能够吸引学生参与的互动环节，促进学生的自主学习和合作学习，是提升课件质量的关键。

『本章学习反思』

【认知冲突】

1.多媒体课件的高效性与复杂性

制作高质量的多媒体课件需要大量时间和精力,尤其是在多媒体元素的选择和排版设计方面。如何在短时间内高效地制作出既具吸引力又具有教育价值的课件,成为教师面临的一大挑战。

2.交互性与教学内容的平衡

尽管交互性能够激发学生的兴趣和参与度,但过度的交互设计可能会导致教学内容的疏离,学生的注意力过于集中在互动中,忽略了核心知识点的传达。因此,如何平衡课件中的互动性和教学内容的深度,是设计中的难点。

【行动启示】

1.根据教学目标精确选择媒体元素

在设计多媒体课件时,教师应根据教学目标和学生的特点,精确选择适合的多媒体元素。每个元素都应有其存在的目的,教师要注意避免内容过度冗杂,影响课件的教学效果。

2.提升课件的互动性和参与感

交互设计应针对学生的学习需求,设置合适的互动环节。例如,可以通过希沃白板等工具设计互动游戏、知识配对等课堂活动,增强学生参与感,让学习更具趣味性。

3.灵活使用 AI 工具提升课件制作效率

AI 生成 PPT 等工具的应用能够大幅提升课件制作效率,尤其是在备课时节省时间。教师可以利用 AI 工具快速生成框架,再根据实际需要进行个性化调整,优化课件内容。

【未来追问】

1.在制作多媒体课件时,如何做到在确保艺术性和视觉吸引力的同时,不影响教学内容的清晰度和学生的学习目标?

2.随着 AI 技术的不断发展,如何利用 AI 进一步提升课件的互动性,并根据不同学生的学习需求,提供个性化的教学支持?

『本章参考文献』

[1]孙汉群.信息化教学与多媒体课件制作[M].南京:河海大学出版社,2023.

[2]杨玲.智慧学习[M].北京:中国书籍出版社,2023.

[3]农国才,陶卫平,李丹.现代教育技术与应用[M].杭州:浙江大学出版社,2024.

[4]吴军其.数字化教学资源设计与制作[M].北京:北京大学出版社,2025.

[5]杨九民,宁国勤.现代教育技术应用实践教程[M]武汉:华中师范大学出版社,2024.

第九章　微课设计与制作

『本章知识图谱』

- 第一节　微课概述
  - 一、微课的概念
    - 微课的概念
    - 微课的发展
    - 微课的组成
    - 微课的特点
  - 二、微课的分类
    - 按照课堂教学方法分类
    - 按照微课视频的制作方法分类
  - 三、微课相关竞赛
    - 基础教育精品课
    - 全国师范生微课大赛
    - 中国大学生计算机设计大赛
    - 教师数字素养提升实践大赛
- 第二节　微课设计简述
  - 一、微课设计理念：ADDIE 模型
  - 二、微课设计需遵循的原则
    - 科学性
    - 系统性
    - 传播性
  - 三、微课设计流程
    - 微课选题
    - 教学设计
    - 视频制作
    - 辅助材料配置
    - 上传与反馈
    - 评价与优化
- 第三节　微课制作案例
  - 一、各类微课的典型案例
    - 真人出镜型微课
    - 绿幕抠像型微课
    - 屏幕录制型微课
    - 动画讲解型微课
  - 二、基于 AIGC 技术的微课案例设计与制作
    - AIGC 概述
    - 基于 AIGC 技术的微课设计流程
  - 三、微课的输出与分享
    - 微课视频的输出规格和格式
    - 微课的发布与分享
  - 四、微课的优化与迭代

『本章学习任务清单』

1. 在分析微课发展脉络与特点的基础上,能清晰阐述微课的核心概念、系统组成及"短小精悍"特征对促进教育公平的价值,表述准确且能联系实际教学场景。

2. 能依据不同的教学方法或制作技术,准确判别并说明常见微课类型(如讲授类、动画类、AIGC生成类)的特征及适用情境,分类依据明确,理由充分。

3. 在应用ADDIE模型设计微课时,能系统规划各阶段任务(分析学情/目标、设计内容/策略、开发资源、实施计划、评价优化),设计方案逻辑清晰,体现对设计过程的监控与反思。

4. 能综合运用至少一种AIGC工具(如剪映图文成片、讯飞智作数字人、AI PPT等),创新性地设计并制作一个符合特定教学需求(如解决重难点、激发兴趣)的微课片段,作品技术运用合理,教学意图明确有效。

5. 在制作与分享微课时,能自觉遵循技术伦理规范(如标注来源、获取授权),并主动考虑其输出格式、平台选择对资源普惠性与学习效果的影响。

第一节 微课概述

一、微课的概念

(一)微课的概念

微课(Micro-lecture),顾名思义,即微小的课,它时间短、内容少,可以在点滴的时间碎片中用于学习一个知识点、解决一个问题、掌握一项技能等。微课中的课,可以理解为讲课(Lesson),也可以理解为课程(Course),所以微课常被称为微课程,它既包括学科科目也包括教学内容和教学活动。

微课是指按照课程标准及教学实践要求,运用信息技术并遵循认知规律,通过碎片化学习内容、过程及扩展资源的数字化资源,呈现教师在课堂内外教育教学过程中围绕某个知识点或教学环节而开展的精彩教与学活动全过程。

现今信息社会进入慕课时代,微课指的是以阐释某一知识点为目标,以短小精悍的在线视频为表现形式,以学习或教学应用为目的的在线教学视频。

(二)微课的发展

1.国外微课的起源和发展

微课理念可追溯至 1993 年美国 LeRoy A. McGrew 教授提出 60 秒课程(60-Second Course)的教育设计思想。1995 年英国的 T.P.Kee 在化学教育中提出的一分钟演讲(the One Minute Lecture),进一步推动了微课理念的发展。2007 年美国的乔纳森·波尔曼(Jonathan Bergman)和亚伦·萨姆斯(Aaron Sams)录制 PPT 演示视频课程并发布到网络上,创造了"翻转课堂模式"(Flipped Class Model)。2008 年戴维·彭罗斯(David Penrose)明确提出了微课的理念,他认为,微课是将教学内容与教学目标紧密联系起来,提炼课程中的核心概念,将这些核心概念看作知识脉冲(Knowledge Burst),为学习者提供一个知识发现和自主学习的网络平台,使学生在短时间内学习课程的核心概念和相关知识。2009 年,萨尔曼·可汗通过录屏技术建立了 3 000 多部微型教学视频,并以此为基础建成了"可汗学院"。

2.国内微课的应用发展和实践

2010 年,广东省的胡铁生第一次提出了"微课"这一概念。胡铁生认为,微课又名"微课程",是"微型视频网络课程"的简称,它是以微型教学视频为主要载体,针对某个学科知识点或教学环节而设计开发的一种情景化、支持多种学习方式的新型网络课程资源。教育部教育管理信息中心为深入贯彻落实《教育信息化十年发展规划(2011—2020 年)》,秉承共建共享、引领示范的原则,通过专家指导、专题研讨、观摩交流以及成果展示等形式开展相关课题研究。

对教师而言,微课将革新传统的教学与教研方式,打破教师传统的听评课模式,使得教师的电子备课、课堂教学和课后反思的资源应用更具有针对性和实效性,基于微课资源库的校本研修、区域网络教研将大有作为,并成为教师专业成长的重要途径之一。对于学生而言,微课能更好地满足学生对不同学科知识点的个性化学习、按需选择自主学习,既可查缺补漏又能强化巩固知识,是传统课堂学习模式的一种重要补充和拓展资源。随着移动终端和无线网络的普及,基于微课的移动学习、在线学习、泛在学习、混合式学习将会愈加普及。

(三)微课的组成

微课的核心组成内容是课堂教学视频(课例片段),还包含与该视频教学主题相关的教学设计、素材课件、教学反思、练习测试及学生反馈、教师点评等辅助性教学资源,这些要素以一定的组织关系和呈现方式共同"营造"了一个半结构化、主题式的资源单元应用"小环境"。因此,微课既是有别于传统单一资源类型的教学课例、教学课件、教学设计、教学反思等教学资源,又是在其基础上继承和发展起来的一种新型教学资源。

(四)微课的特点

微课具有"短、小、精、悍"的特征,虽聚焦碎片化知识点,但无论单个微课还是系列组课均需体现系统性、完整性。

1.教学时间短:时长5—10分钟,聚焦单一问题,主题突出,适配认知规律,又称"课例片段"。

2.内容与资源容量小:视频及配套资源容量几十至几百兆,支持流媒体格式,便于移动学习、泛在学习及教学研究。

3.设计、制作、讲解精:经信息化教学设计,以教学视频为核心,整合教案、课件、反思、点评等资源,形成"主题单元资源包",构建真实微教学环境,助力隐性知识学习与教师专业能力提升。

4.学习效果震撼,令人难忘:内容微小化降低研发门槛,适配多终端传播(视频、社交平台、学习社群等),教学目标与手段高度关联,学习体验深刻。

微课并非资源堆砌,而是围绕知识点/主题的半结构化资源整合,关联教学任务与环境,形成主题突出、动态开放的优质应用环境,支持资源要素的修改、扩展及动态迭代。

二、微课的分类

在教育领域,微课已成为重要的教学资源形式,极大地改变了教与学的模式。如今,随着技术的不断演进,微课的类型愈发多样,凭借其经典的设计与实践,为知识传授筑牢基础;而基于AIGC技术的微课制作,借助人工智能生成内容的强大能力,开辟出全新的教学天地。接下来让我们简要认识微课的分类,探寻它们各自的独特价值与应用场景。

(一)按照课堂教学方法分类

根据李秉德教授对我国中小学教学活动中常用的教学方法的分类总结,同时为便于一线教师对微课分类的理解和实践开发的可操作性,将微课划分为讲授类、问答类、启发类等11个类型,如表9-1所示。

表 9-1 微课的类型及其适用范围

分类依据	教学方法	微课类型	适用范围
以语言传递为主的方法	讲授法	讲授类	适用于教师运用口头语言向学生传授知识(如描绘情境、叙述事实、解释概念、论证原理和阐明规律),这是中小学最常见、最主要的一种微课类型
	访谈法(问答法)	问答类	适用于教师按一定的教学要求向学生提出问题,要求学生回答,并通过问答的形式来引导学生获取或巩固检查知识
	启发法	启发类	适用于教师在教学过程中根据教学任务和学习的客观规律,从学生的实际出发,采用多种方式,以启发学生的思维为核心,调动学生的学习主动性和积极性,促使他们生动活泼地学习
	讨论法	讨论类	适用于在教师指导下,由全班或小组围绕某一个中心问题通过发表各自的意见和看法,共同研讨,相互启发,集思广益地进行学习
以直接感知为主的方法	演示法	演示类	适用于教师在课堂教学时,把实物或直观教具展示给学生看,或者做示范性的实验,或通过现代教学手段,通过实际观察获得感性知识以说明和印证所传授的知识
以实际训练为主的方法	练习法	练习类	适用于学生在教师的指导下,依靠自觉的控制和校正,反复地完成一定动作或活动方式,借以形成技能、技巧或行为习惯。尤其适合工具性学科(如语文、外语、数学等)和技能性学科(如体育、音乐、美术等)
	实验法	实验类	适用于学生在教师的指导下,使用一定的设备和材料,通过控制条件的操作过程,引起实验对象的某些变化,从观察这些现象的变化中获取新知识或验证知识。在物理、化学、生物学、地理和自然常识等学科的教学中,实验类微课较为常见
以欣赏活动为主的方法	表演法	表演类	适用于在教师的引导下,组织学生对教学内容进行戏剧化的模仿表演和再现,以达到学习交流和娱乐的目的,促进审美感受和提高学习兴趣。一般分为教师的示范表演和学生的自我表演两种
以引导探究为主的方法	自主学习法	自主学习类	适用于以学生作为学习的主体,通过学生独立地分析、探索、实践、质疑、创造等方法来实现学习目标
	合作学习法	合作学习类	合作学习是一种通过小组或团队的形式组织学生进行学习的策略
	探究学习法	探究学习类	适用于学生在主动参与的前提下,根据自己的猜想或假设,运用科学的方法对问题进行研究,在研究过程中获得创新实践能力、获得思维发展、自主构建知识体系的一种学习方式

值得注意的是,一节微课作品一般只对应于某一种微课类型,但也可以同时属于两种或两种以上的微课类型的组合(如提问讲授类、合作探究类等),其分类不是唯一的,应该保留一定的开放性。

(二)按照微课视频的制作方法分类

根据微课视频的主要制作方法,可分为真人出镜型、绿幕抠像型、屏幕录制型、动画讲解型等常见类型。

1.真人出镜型

真人出镜型微课利用摄像机或录播系统将教师的讲课、演示、示范等教学活动摄录下来,制作成教学微视频。例如,视频公开课、百家讲坛等视频均由国内著名专家、学者担任主讲,制作精良,综合使用各种影视拍摄技巧与后期非编手段完成制作,通常添加字幕、特技效果等,综合利用远近景别、多机位拍摄等手段。

2.绿幕抠像型

绿幕抠像型微课是借助绿幕技术制作的微型课程,核心原理是利用绿色背景与人物主体的色彩差异,通过后期软件(如 AE、Premiere、剪映等)去除绿色背景,将人物无缝嵌入虚拟场景或动态素材中,实现真实人物与多样化数字背景的融合。该形式优势显著:场景切换灵活,可低成本实现太空、实验室、历史场景等虚拟环境,打破空间限制;内容呈现生动,适配知识讲解、实验模拟、故事化教学等多元主题,提升学习者注意力;制作流程标准化,适合批量生产,是在线教育、职业培训中高效的可视化教学手段。

3.屏幕录制型

利用 Microsoft PowerPoint、WPS 演示、Keynote(iOS 系统)等多媒体工具将文本、图形、图像、声音、动画、视频等多媒体元素有机组合,同步讲解、展示教学内容,再利用计算机或移动终端的录屏软件录制的微课,可以实现获取微课优秀案例素材;也可以录制教学设计加上画外音的教学过程,效率高、体量小,尤其适合线上教学资源的微课制作。这类微课视频的质量由多媒体课件的质量决定,通常画面清晰,讲解流畅,声画同步,效果良好。解说词可以事先写好,自己录制或请人提前录制,再经过编辑去除噪声、错误等,避免实时录像或录音时解说紧张、干咳、不连贯、发音错误等现象。

4.动画讲解型

动画是按时间排列的序列图像,教学的讲解声音就是教学过程的时间轴。根据教师讲解的声音在时间轴上恰当的位置呈现教学内容的文本、图像、表格、数据或连续变化的序列图像,就形成了一段教学动画,可以转换为微课视频。Focusky、万彩动画大师等,均可制作成生动有趣的知识讲解型微课,再结合必要的教学文字,更能生动、有序、形象地讲解教学内容,达到更佳的教学效果。

此外,还可用手机视频拍摄教师在白纸上书写或讲解教学内容、用智慧课堂录播系统录制教师授课与计算机屏幕等方法制作微课视频。

三、微课相关竞赛

(一)基础教育精品课

教育部办公厅关于开展 2024 年"基础教育精品课(https://jpk.basic.smartedu.cn/)"遴选工作的通知(教基厅函〔2024〕22 号),通过遴选优秀的基础教育精品课,推动基础教育课程改革和教育教学质量提升。竞赛主要面向全国中小学教师,要求参赛教师根据课程标准和教学实际,精心设计和制作精品课,包括教学设计、教学课件、教学视频等,要求教学目标明确、教学内容准确、教学方法得当、教学过程完整,体现新时代基础教育教学改革的方向和要求,能够为学生提供优质的学习资源。要求详见"附件 1 精品课制作要求"和"附件 3 精品课评价指标",遴选页面如图 9-1 所示。

图 9-1 2024 年基础教育精品课(https://jpk.basic.smartedu.cn/)遴选

(二)全国师范生微课大赛

全国师范生微课大赛由教育部陕西师范大学基础教育课程研究中心携手西部师范大学教师教育创新与发展联盟共同组织,是国家级师范生赛事,旨在加快创新型卓越教师培养,助力教育信息化、教育资源数字化建设。全国师范生微课大赛 2019 年初次举办,至 2024 年已成功举办五届。官方信息发布平台有"师范生微课大赛"官方微信公众号,大赛官方 QQ 群等信息。该活动参赛对象为全国各高校的师范生,要求参赛作品需围绕某一学科知识点或教学主题展开,注重教学设计和教学方法的创新,体现信息技术与学科教学的深度融合,同时作品应具有较强的教学性、实用性和创新性,能够有效激发学生的学习兴趣,提高教学效果。前四届微课大赛特等奖作品已上传至好老师学院平台,扫码(图 9-2)即可观看。

图9-2 好老师学院—前四届微课大赛特等奖作品二维码

(三)中国大学生计算机设计大赛

中国大学生计算机设计大赛(Chinese Collegiate Computing Competition,简称"4C"或"大赛"),网址为http://jsjds.blcu.edu.cn/,官网页面如图9-3所示。首届大赛于2008年举办,至2024年底已经成功举办了17届赛事。大赛以三级竞赛形式开展,校级赛—省级赛—国家级赛,国赛决赛时间是当年7月中旬至8月下旬。2025年第18届包括比赛大类"微课与AI教学辅助组",涵盖"人工智能通识课、计算机基础与应用""中、小学数学或自然科学课程""汉语言文学(限于唐诗宋词)""微课与AI辅助教学专项赛"四个小类的微课比赛,诸多优秀的微课作品令广大师生受益、学校受益、社会受益。

图9-3 中国大学生计算机设计大赛官网主页

(四)国家中小学智慧教育平台全域应用教师数字素养提升实践大赛

国家中小学智慧教育平台全域应用教师数字素养提升实践大赛(第29届,https://huodong.ncet.edu.cn/)(原广东省教育"双融双创"教师数字素养提升实践活动,https://srsc.gdedu.gov.cn/srsc/home/portalHome),是教育部为推动教育数字化转型、提升教师数字素养与教学能力而组织的全国性赛事,旨在促进广大教师将数字化技术、教育理论与教育教学实践深度融合,激发师生在教与学中的创新创造能力,推动教育创新变革和扩优提质。基础教育学校(含学前教育、特殊教育)、职业教育学校(含中职、高职)、普通高等教育学校及相关教育部门教师、管理人员均可参加。2025年大赛主题是"人工智能赋能高质量课堂",大赛各类项目指南如图9-4所示,均设置一、二、三等奖,另根据培训普及情况、大赛组织成效、成果应用推广及宣传报道效果等,评选地区和院校优秀组织奖。

```
附件1：2025年国家中小学智慧教育平台全域应用教师数字素养提升实践大赛指南.docx
附件1-1：国家中小学智慧教育平台校本（区域）全域应用案例指南（2月28日更新）.docx
附件1-2：国家中小学智慧教育平台赋能校本（区域）教师研修案例指南（2月28日更新）.docx
附件1-3：国家中小学智慧教育平台全域应用专项论文指南.docx
附件1-4：融合创新应用教学案例指南（2月28日更新）.docx
附件1-5：新课改跨学科主题学习案例指南（2月28日更新）.docx
附件1-6：信息化教学课程案例指南.docx
附件1-7：课件、微课项目指南.docx
附件1-8：学校（区域）智慧教育建设案例指南（2月28日更新）.docx
附件1-9：生成式人工智能（GAI）赋能教师数字化应用项目指南.docx
附件2：地市、院校活动组织联系表.docx
广东省教育厅关于开展2025年国家中小学智慧教育平台全域应用暨教师数字素养提升实践大赛的通知.pdf
```

图9-4 国家中小学智慧教育平台全域应用教师数字素养提升实践大赛(附件)

第二节　微课设计简述

一、微课设计理念:ADDIE 模型

ADDIE 模型是系统化教学设计流程,包括分析(Analysis)、设计(Design)、开发(Development)、实施(Implementation)和评价(Evaluation)五个阶段,如表9-2所示。该模型广泛应用于微课设计开发,以科学分析教学需求为基础,以提高学习绩效为目标,确保学习者有效掌握知识技能。凭借其系统性与针对性的特点,解决"教(学)什

么""怎么教(学)""如何评"三大问题。其中,分析与设计是前提,开发与实施是核心,评价为保障,三方面紧密相连,为微课资源的设计、开发、实施及效果评估提供了系统化框架。

表 9-2 ADDIE 模型

分析	设计	开发	实施	评价
Analysis	Design	Development	Implementation	Evaluation
学习对象分析 学习内容分析 学习目标拟定 学习环境分析	教学活动设计 教学策略设计	课件制作 资源整合	教学实施 学习支持	学习成效评价 课程迭代拓展

ADDIE 模型的五个核心阶段如下:

分析:明确教学问题与目标,通过需求评估、目标分析、学习者特征(年龄、学习风格等)及学习环境(设备、场所)调研,为后续设计提供依据,解决"教什么"和"对象是谁"的问题。

设计:基于分析结果规划教学方案,包括内容组织、方法选择(讲授、讨论等)、策略制定(活动形式、资源利用)、媒体适配(课件、视频等)及评价方案设计,形成系统化教学框架。

开发:将设计转化为具体教学资源,如编写教材、制作课件、拍摄教学视频、整合网络资源等,确保教学材料的准确性和呈现效果,为实施提供物质支持。

实施:将开发的资源应用于实际教学,组织课堂活动、监控进度、提供学习支持(答疑、资源推荐)并维护技术环境,保障教学活动按计划推进。

评价:通过形成性评价(过程反馈)和总结性评价(结果检验)收集数据,分析教学效果,针对问题调整内容、方法或策略,实现教学设计的迭代优化,确保目标达成。

五阶段环环相扣,分析与设计是前提,开发与实施是核心,评价贯穿始终并反推改进,构成系统化教学解决方案。

二、微课设计需遵循的原则

(一)科学性

科学性原则指教学设计时,必须运用科学思维方法。在微课教学中,科学性原则在微课评价时的应用主要体现为:判断微课所选用的教学内容是否有科学理论作支撑,即是否符合课程标准对教学内容的要求,即是否有助于教;判断微课的使用是否遵循了科学思维方法,即是否有助于学。

(二)系统性

微课作为慕课学习资源的重要组成部分,应是系统性的,微课应按照课程标准、规划目录循序渐进地设计,遵循认知发展规律,由浅入深、循序渐进地助力学生学习。与此同时,微课资源也是半结构化的,可在每次教学实践后,依据评价和学科发展,不断补充、拓展和迭代更新。

(三)传播性

微课资源制作秉持传播价值原则,在教育多方面助力显著。微课内容精悍,能精准拆解复杂知识,把抽象变直观,助力教师提升教学质量。借助互联网传播,打破时空界限,偏远地区学生也能接触优质内容,扩大教育规模。教师利用微课可快速切入重点,学生能按需反复观看,提升效率。宏观来讲,微课制作与传播有助于填平资源鸿沟,促进教育公平,为教育发展注入活力。

三、微课设计流程

微课的实质是微型化的网络课程,而一门完整的网络课程也可以由众多的与知识相关的教学环节紧密联系的系列微课构成。因此,微课的设计与制作可以参照网络课程开发进行系统的设计、制作。

(一)微课选题

微课聚焦核心概念、单一知识点、教学环节等特定主题,以目标明确、内容聚焦、短时高效传递且易于掌握为特征。其选题需从知识体系中提炼重点、难点或兴趣点进行针对性解析,内容涵盖知识讲解、技能演示、方法传授、经验交流等多元形式。

相较于游戏活动的天然趣味性,学习行为在注意力吸引机制上存在本质差异。在碎片化时间场景中开展基于微课的移动学习与泛在学习,要求微课在选题上需具备实用性与精准性、内容呈现注重生动性与吸引力、形式设计遵循短小化与精炼化原则。微课不适用于阐释复杂且难以解构的知识体系。因此,针对教学内容或活动的微课化开发,应建立严格的筛选机制:对于主题模糊、价值密度低、缺乏独特性或无法激发学习者兴趣的内容,无须进行微课转化——此类内容既无法实现引导自主学习的核心功能,还会导致微课管理系统的资源负载及教学内容的无效冗余。

(二)教学设计

1.前端分析与设计:分析学习者特征、教学任务及内容,基于学习目标分类理论确定目标,结合教学要素选定微课类型与策略,设计教学视频情景、支持材料及评价机制。2.认知负荷优化:遵循认知负荷理论,通过明确主题、精简内容、简化复杂问题,合理组织材料呈现方式,控制原生性负荷,降低无关负荷,优化相关负荷以减轻学习者记忆压力。3.形成性评价设计:依据形成性评价原则,在设计支持材料中配置适量练习题(如选择题或开放性题目,后者更适用于素质教育内容),以巩固知识且避免增加学习负担。

(三)视频制作

微课视频作为核心载体,以流媒体形式呈现简短完整的教学过程,涵盖问题提出、案例导入、内容讲解及学习活动引导。依据信息加工理论,吸引并维持注意力是关键——导入需快速精准且新颖有趣,以生活化案例或趣味事件切入效果最优,抓住学习者注意力。内容讲解应紧扣主题、逻辑清晰,突出重点并规避冗余装饰,确保学习内容显著呈现以减少无关干扰。收尾需简洁留白,侧重为学习者预留思考空间而非强制总结,因短时记忆特性,简短总结可强化印象,但更推荐通过教学视频外的支持材料实现学习拓展与归纳。

(四)辅助材料配置

微课支持材料辅助核心教学视频,通常涵盖教学简介、教案、素材、课件、练习、反思、点评、拓展资料等,但需依据教学目标选择性配置必要且简明的内容,规避冗余或非紧密相关的辅助材料。需注意,微课比赛评价指标(如要求教师简介、片头信息、师生镜头等)侧重赛事规范,实际教学应用中并非必需——非参赛目的的微课制作无须受此类指标约束,应聚焦教学本质需求。

(五)上传与反馈

微课制作完成后需发布至对应网络平台(学习平台或竞赛专用平台);课程教学类微课则上传至目标平台,并依平台要求处理用户互动(如答疑、内容更新等);参赛类微课按指定平台的技术规范调整视频参数并完善参赛信息。

(六)评价与优化

微课评价体系可从教育性、技术性及应用效果三方面构建。教育性:需明确教学目标与对象,确保内容组织逻辑连贯、环节衔接自然,知识单元完整且说明清晰。表现形式应新颖生动,讲解深入浅出、节奏恰当,配套资源精简且紧扣主题,练习设计兼具趣味性与启发性。技术性:包含内容制作规范(如分辨率)与艺术呈现(画面布局、色彩文字适配认知风格),支持材料需符合技术标准并形式多元。平台需具备资源组织、检索、交互及学习追踪功能,支持多端访问与用户互动。应用效果:受教育性与技术性直接影响,通过点击量、复看率、用户评价、互动活跃度、收藏分享量等综合指标衡量,体现资源吸引力与实际教学价值。

第三节　微课制作案例

一、各类微课的典型案例

(一)真人出镜型微课

真人出镜型微课的典型案例有百家讲坛(如图9-5所示)、视频公开课(如图9-6所示)等,学者、专家或教师的教学活动可以在演播室、教室、实验室、微格教室、智慧教室、实习场地、室外操场等处进行,借助丰富教具(黑板、白板、投影、触摸屏、演示设备、器械、道具、模型)开展教学;可以有学生听课或观摩,也可以没有学生在场。上镜的教师要求形象好、口齿伶俐、身体健捷,最好是教学名师或权威专家等,达到更佳的教学效果。真人出镜讲解通过教师的语言、表情和肢体动作传递知识,更贴近传统课堂体验。真人出镜讲解类微课更注重知识点的系统性传递,适合"短平快"的知识讲解与技能示范。其制作有明确技术要求,例如分辨率、音频质量、画面构图等,以保证教学效果的一致性。

图 9-5　百家讲坛

图 9-6　视频公开课

智慧课堂(智慧微格教室)基于先进教学理念和真实教学情境,结合云计算、大数据、物联网等技术,以软硬一体的方式快速实现微课教学视频的集中智能录制,同时还可实现远程互动以及常态化的直播录播,可以实现教学决策数据化、评价反馈即时化、交流互动立体化、资源推送智能化,从而打造智能、高效的学习生态环境。例如,讯飞智慧教室,其分类场景应用如图 9-7 所示。

图 9-7　智慧教室的应用(讯飞)

智慧课堂是从教与学的角度出发,借助于网络端、移动端、交互式电子白板等,提供多种教学工具、教学模式,全程围绕"教与学"的全过程,实现可视化管理和一键式操控录制,不仅可以识别教师的不同站位跟随拍摄,也能在学生参与课堂活动时快速切换摄录学生行为,方便开展课堂活动,赋能学生产出,通过轻松录制微课既可丰富教学资源库,又能极大地提高教学质量。智慧教室/微格教室如图 9-8 所示,可实现多端摄录(教学、学生、课件等);多视角摄录和课件合成微课视频。

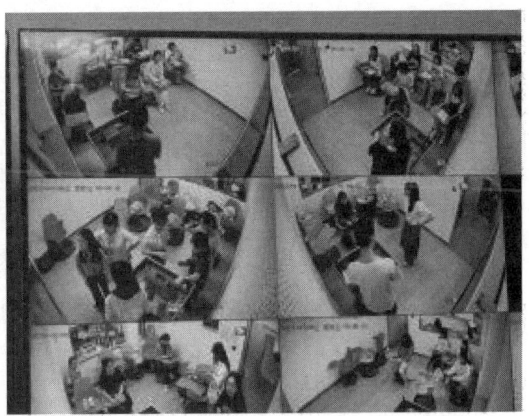

图 9-8　智慧课堂和智慧微格教室

真人出镜型微课,基于户外情境摄录则需要专业的摄录和拾音器等。这种微课制作要求主讲教师备课充分,教学环境安排恰当,学生配合自然,工作量较大。这类微课视频效果好,但制作难度大、制作成本高,通常需要专业的策划、拍摄、动画制作、后期编辑,甚至配音、配乐等。如果从制作精品微课的角度考虑,不仅需要一流的教学设计,还应有一流的微课视频制作水平。

(二)绿幕抠像型微课

绿幕抠像型微课制作需遵循"技术支撑内容、细节决定效果"的核心逻辑,其原则与步骤可概括为:

1.前期搭建绿幕拍摄环境(如图9-9所示),选用高纯度哑光绿幕(避免反光、褶皱),调整灯光避免反光,确保人物着装与绿幕颜色区分。通过主光、辅光及背景光均匀打亮人物与绿幕(人物距绿幕1.5—2米防投影),人物着非绿色、低反光服装,规范动作幅度。

图9-9　绿幕摄录(来自豆包)

2.拍摄环节,使用中焦镜头(如50 mm)固定机位,设置1 080p以上分辨率、25/30 fps帧率,手动对焦并校准白平衡,确保聚焦教师讲解或演示,画面清晰稳定。

3.后期处理时,借助剪映等工具精细抠像,去除绿边并羽化边缘,将人物与虚拟背景(PPT、动画、实景画面)合成,统一光影方向与色调(如添加环境投影),匹配教学场景(如黑板、PPT)、辅以字幕、特效增强教学效果。内容优化需突出讲解重点,虚拟背景简洁适配主题,人物动作自然指向知识点,同步收录清晰人声(领夹麦克风,音量−6 dB至−3 dB),降噪后检查边缘穿帮、声画同步;最终导出前校准分辨率(如1 080p)与编码格式(H.264),确保人物与场景融合自然,技术手段服务于教学逻辑,提升微课专业性与观看体验,如图9-10所示。

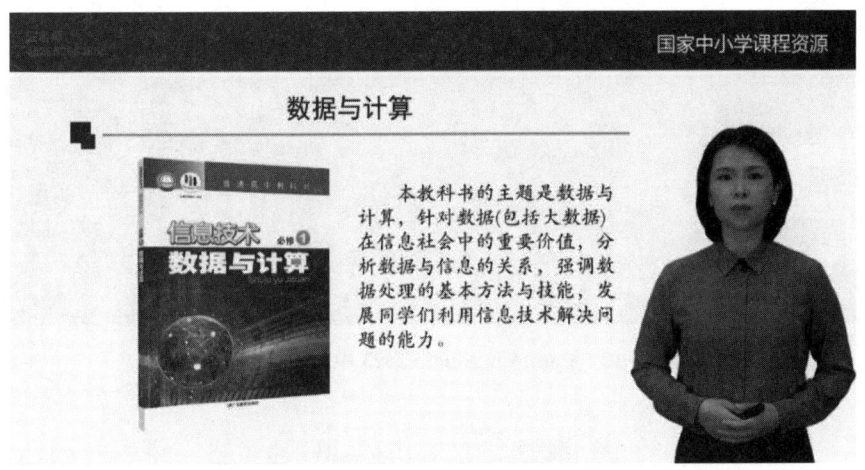

图 9-10　绿幕抠像型微课案例(来自国家智慧教育公共服务平台)

(三)屏幕录制型微课

屏幕录制型微课用于教师不出镜的微课摄录制作,包括电脑录屏和移动终端录屏等方式。以 WPS 为例,使用路径为"工具"→"教学工具"→"屏幕录制",如图 9-11 所示。

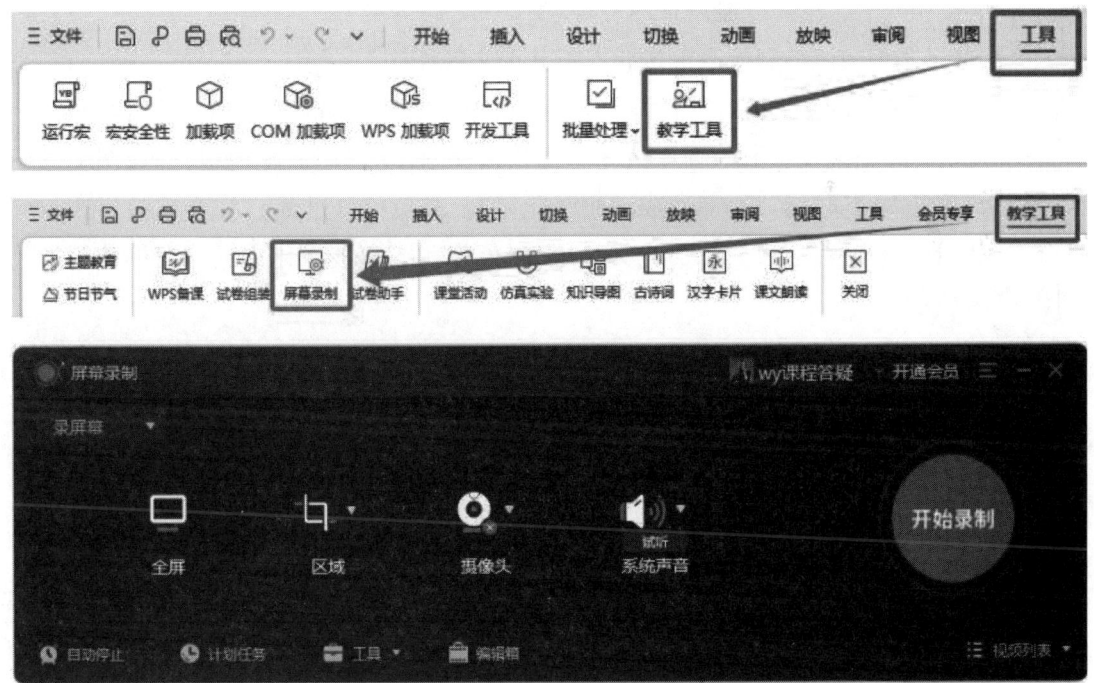

图 9-11　WPS:工具—教学工具—屏幕录制界面

其他常用录屏软件还有:TechSmith 公司出品的录屏神器 Camtasia Studio(简称 CS 录屏,常被音译为"喀秋莎",如图 9-12 所示)、QQ 聊天窗口的录屏(如图 9-13 所示)功能,大多数视频软件均可实现录屏式微课。

图 9-12　Camtasia Studio 2023 中文版录屏界面

图 9-13　QQ 聊天窗口—截图—录屏

屏幕录制型微课的制作一般按照以下几个步骤操作:

①依据课程标准及学情制订教学目标;②结构化教学设计(规划导入、知识讲解、实例分析、总结归纳及练习检测等);③可视化课件制作(选用适配模板,确保图文排版简洁,重点内容通过色彩、字号或动画强化呈现,避免信息过载);④音视频生产与合成(旁白录制和视频处理、添加片头片尾、字幕等);⑤审核优化。具体案例截图如图 9-14 所示。

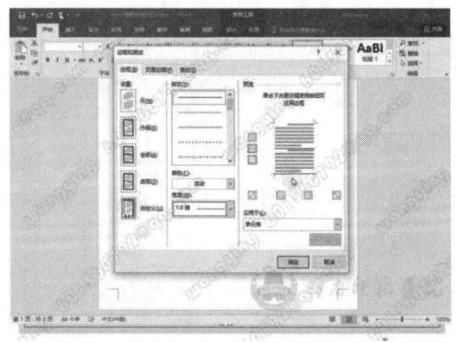

图 9-14　屏幕录制型微课——案例截图

(四)动画讲解型微课

动画讲解型微课的制作需遵循"内容可视化、逻辑结构化、体验沉浸化"的核心逻辑,其原则与步骤可概括为:

①内容设计阶段,聚焦单一知识点(如数学公式推导、历史事件解析),通过问题导入或情景设定引发兴趣,确保脚本语言简洁、逻辑分层清晰(如"现象—原理—应用"三段式结构),避免信息过载。视觉设计需强化认知引导:采用扁平或 MG 动画风格,通过色彩对比突出重点(如红色标注关键数据),动态元素与讲解节奏同步(如公式推导时逐帧展示步骤),虚拟角色动作自然适配知识点(如点头强调、手势指向图表)。

②技术实现环节,通过分镜脚本规划镜头语言(如全景展示场景、特写突出细节),利用智能语音合成或真人配音(音量-6 dB至-3 dB)匹配动画节奏,同步添加字幕与交互按钮(如点击查看例题解析)。后期优化需校准技术参数:视频分辨率不低于1 080p,帧率25/30 fps,采用 H.264 编码确保跨平台兼容性;重点检查动画流畅度(如物体运动轨迹平滑)、声画同步性及边缘穿帮问题,最终导出为 MP4 格式并附自测题等扩展资源。

全程需把握三大核心原则:①主题精准,确保选题适合动画呈现(如抽象概念、动态过程);②形式服务内容,避免过度特效干扰知识传递;③用户体验优先,通过场景切换频率控制(每2—3分钟更换场景)、信息层级化(主标题+副标题+注释)提升学习效率。中国大学 MOOC 的国家精品课程《信息化教学能力之五项修炼》大量采用动画讲解型微课,如图 9-15 所示。

图 9-15　动画讲解型微课案例(来自:中国大学 MOOC)

通过上述微课案例展示,可以发现制作出高质量微课的门槛越来越低,尤其是近两年来 AIGC 技术的蓬勃发展,正在重构微课设计制作的技术路径与创作模式。

二、基于 AIGC 技术的微课案例设计与制作

（一）AIGC 概述

AIGC，即人工智能生成内容（Artificial Intelligence Generated Content），依托深度学习、自然语言处理以及计算机视觉等算法模型，能够自动生成教育场景所需的文本、图像、音频和视频等多模态内容，如自动创建微课脚本、制作虚拟教师授课视频以及生成个性化学习资料等。在 AIGC 技术辅助的微课教学模式中，融合微课所具备的短时、聚焦及碎片化特性，达成教学资源的自动化生成、个性化适配以及智能化交互，这是一种创新的教学范式。此模式的关键，是凭借 AIGC 技术攻克微课在制作与应用过程中遭遇的难题，像内容生成效率欠佳、互动性匮乏、大规模适配困难等，进而打造更为高效、灵活且智能的教学闭环体系。

在人工智能飞速发展的当下，基于 AIGC 技术的微课设计与制作正崭露头角，通过先进的人工智能算法自动生成丰富多样的教学元素，实现了教学内容生成方式的重大变革，成为教育领域的新宠。在实际应用中，教师只需输入相关的教学主题和要求，AIGC 技术就能快速生成初步的微课框架和内容素材。这不仅大幅减轻了教师的备课负担，节省大量时间与精力，还能确保内容紧跟时代潮流，精准把握学科最新动态与知识要点。同时，可依据学生的学习数据与反馈，辅助教师快速调整教学内容与呈现方式，实现个性化教学，更好地满足不同学生的学习需求，提升学习效果。随着 AIGC 技术的不断发展完善，微课的设计与制作为教育领域带来了创新的教学方式和体验，助力教育迈向智能化新时代。

（二）基于 AIGC 技术的微课设计流程

1. 微课选题

以粤教版《信息技术》高中"必修 1 数据与计算"的"第六章 人工智能及其应用"为例，借助 AIGC 技术完成微课的设计与制作。明确教学目标与重难点依据教学内容、课程标准以及高中生的认知水平，确定微课教学设计的核心素养目标，如表 9-3 所示。

图 9-3　核心素养目标

信息意识	能识别生活中常见的人工智能应用场景，理解其背后的数据驱动逻辑。 感知人工智能技术对信息处理方式的变革性影响，例如从规则驱动到数据驱动的思维转变。
计算思维	掌握人工智能的基本概念，能分析典型算法的应用逻辑。 通过案例拆解，理解"问题定义→数据处理→模型训练→应用优化"的人工智能解决问题流程。
数字化 学习与创新	能利用开源工具体验简单的机器学习模型训练过程，培养技术实践能力。 针对特定场景，尝试设计基于人工智能的解决方案，提升创新思维。
信息社会 责任	辩证分析人工智能技术的优势与潜在风险（如数据隐私、算法偏见），树立技术伦理意识。 理解人工智能在教育、医疗等领域的社会价值，增强合理应用技术的责任感。

教学重点：人工智能核心技术与应用场景的对应关系；数据驱动的人工智能解决问题流程；人工智能的社会影响与伦理规范。教学难点：人工智能技术原理的抽象概念具象化；辩证分析人工智能的社会影响；小规模数据场景下的人工智能应用限制。

2.教学设计

运用 AIGC 工具进行教学内容的初步构建与创意生成。例如，利用自然语言处理模型获取相关主题的丰富素材、案例、解释说明等资料，并对这些资料进行整合与梳理，设计出合理的教学内容结构，如按照"引入—知识讲解—实例演示—总结归纳"的顺序组织内容。编写微课脚本，脚本中要精确到每一个画面展示、每一句旁白台词、每一个交互环节(如果有)等。例如，旁白："同学们，今天我们来学习人工智能及其应用。首先，让我们……"同时注明相应画面是展示教学内容。

根据微课的设计需求挑选合适的 AIGC 工具，润色教学设计、准备教学资源、创设教学情境、实施优化策略，例如使用图像生成模型(豆包、文心一言、讯飞星火、Kimi、DeepSeek 等)来创作与教学内容相关的精美插图、图表、封面图等；利用视频生成工具(如讯飞智作、腾讯智影、剪映专业版、万彩 AI、来画、即梦 AI 等)碎片化制作一些动态演示视频片段；借助语音合成软件(如科大讯飞语音合成等)为微课生成清晰、自然的旁白语音，可选择不同的音色、风格和语速以适配教学情境。

除国家智慧教学公共服务平台的教学资源，借助 AIGC 工具，可帮助快速完成微课教学设计逐字稿的撰写，如表 9-4 至 9-8 所示。

表 9-4　导入概述

1. 导入概述（40 秒）

同学们好！上一节课我们了解了人工智能的诞生与发展，并与学习伙伴协作探索了相应领域智能客服机器人的发展过程，总结归纳了不同领域知识智能问答机器人发展过程所采用的技术、方法，这节课我们将学习与探究人工智能的应用。人工智能的飞速发展为制造、交通、物流、教育、家居、安防、医疗等各行各业的发展和社会服务带来前所未有的变化，深刻改变人类的社会生活、改变世界，让人们的学习更个性、工作更便捷、生活更美好。

表 9-5　智能制造、智能交通与智能物流

2. 智能制造、智能交通与智能物流（2 分 36 秒）

在科技浪潮奔涌向前的时代，智能制造作为新一代信息通信技术与先进制造技术深度融合的结晶，正以自感知、自决策的智慧基因，重塑设计、生产、管理的全流程，成为推动产业变革、开启工业新时代的强劲引擎。

智能制造：信息技术与制造的深度融合

智能制造是新一代信息通信技术与先进制造技术深度融合的产物，它贯穿设计、生产、管理服务等全流程，具备自感知、自学习、自决策等智能化功能。

智能制造对人工智能的需求主要体现在三个方面：智能装备借助跨媒体分析推理、虚拟现实等技术，实现设备的人机协作与自主作业；智能工厂运用大数据、机器学习技术，优化设计、生产和管理流程；智能服务通过自然语言处理、高级机器学习，提供个性化定制与远程维护服务。以空调企业智能客服机器人为例，通过将纸质客服资料转化为数字化知识库，训练出能高效诊断问题的智能系统。

智能交通：构建高效协同的运输网络

智能交通系统整合通信、信息和控制技术，连通人、车、路等核心交通元素，实现信息共享与资源优化配置，构建安全高效、低碳便捷的交通运输体系。

系统通过采集车流、车速等信息，经分析处理后动态调整红绿灯时长和车道方向；ETC 系统自动完成车辆识别与收费；导航软件实时发布路况，引导合理出行。这些技术的应用，有效提高了道路通行能力，减轻了环境污染。

智能物流：技术驱动的全链条升级

智能物流综合运用条形码、GNSS 等技术，结合智能搜索、计算机视觉等手段，对运输、仓储等环节进行智能化改造。

在仓储环节，大数据分析助力库存动态调整；货物运送中，智能搬运机器人凭借计算机视觉和路径规划技术，大幅提升作业效率；通过智能算法优化配送路线，实现物流供需精准匹配与资源高效配置，显著提高了物流整体效率。

表 9-6　智能教育、智能医疗

3. 智能教育、智能医疗（1 分 22 秒）

人工智能在教育领域展现出独特价值，通过自然语言处理与语音识别技术化身"智能导师"，模拟教师教学逻辑为学生提供一对一指导。系统可实时分析学习过程，依据个性化特征精准匹配资源并定制学习方案，成为教与学的高效助手。

医疗领域中，人工智能为诊疗体系注入智能动力。辅助诊疗方面，智能语音录入电子病历、影像识别系统自动读片，结合大数据构建的诊疗系统显著提升基层医疗效率。疾病预测环节，依托海量数据监测平台突破传统人工上报局限，以流感防控为例，可快速捕捉病例信息，将疾控响应时间大幅压缩。医学影像诊断领域，影像组学技术通过智能提取分析图像特征，取代早期低效的手工阅片模式，为临床决策提供精准支持，推动医疗诊断向智能化、精准化迈进。

表9-7 智能家居、智能安防

4.智能家居、智能安防(51秒)
智能家居以住宅为平台，基于物联网技术构建家居生态圈。它由智能家电、硬件、安防设备等软硬件组成，能实现远程控制、设备互联、自我学习等功能。通过分析用户行为数据，提供个性化服务，让家居生活更安全、节能、便捷。例如，智能语音技术可操控家居设备，机器学习助力智能电视推荐节目，生物识别技术用于开锁，大数据赋予家电自我感知和故障诊断能力。 　　智能安防技术利用人工智能分析视频图像，识别并处理安全隐患。与传统安防相比，它减少了对人力的依赖，能智能判断并实时防范。目前，智能安防分析技术主要有两类：一是通过画面分割、前景提取区分事件，实现报警联动；二是利用模式识别技术对特定物体建模训练，进行识别。其应用广泛，涵盖街道社区监控等多领域。未来，智能安防需解决海量数据处理问题，结合智能视频分析、云计算和云存储技术，构建智慧城市安防体系。

表9-8 结语

5.结语(1分11秒)
同学们，现在请结合生活实际，讨论人工智能技术的具体应用案例，感受它对社会发展的影响，也可以上网探索更多应用领域并分享交流。无论是企业智能问答、客服机器人等智能制造场景，还是家用指纹锁、无人驾驶汽车、危险区域防进入报警系统等，人工智能已广泛融入生活各方面。 　　本节课我们系统学习了人工智能在智能制造、交通、物流、教育、医疗、家居、安防等领域的应用。接下来，希望大家运用所学知识，完善小组项目方案，撰写成果报告，并通过数字化工具在组内或班级展示交流。完成展示后，参照教科书附录二的评价表，对项目学习进行全面评价。 　　回顾整节课，我们通过心智学习、探究活动、项目实施、成果交流、活动评价五个环节，掌握了人工智能应用知识。课后请大家巩固学习内容，完成课后练习。今天的课就到这里，同学们再见！

除上述工具外，交互智能白板平台希沃白板也推出了"AI备课"，其"百宝箱"内的"教师助手"，可以快速进行"教学设计""教学反思""项目式学习""课题灵感"，如图9-16、9-17所示。

有了教学设计的逐字稿之后，借助AI PPT工具可以快速生成PPT演示文稿，还可以选择套用不同模板。此时的PPT可以自己录制讲解的旁白，如若输出PPT页码偏多，AI PPT可能会在导出/下载时提示购买会员并收费。

图 9-16 希沃白板—AI 备课

图 9-17 AI 备课—百宝箱—项目式学习

3.微课视频制作

以粤教版《信息技术》高中"必修 1 数据与计算"的"第六章 人工智能及其应用"为例,借助 AIGC 技术完成微课视频的设计与制作,如表 9-9 所示。

表 9-9 微课各部分的设计、AIGC 工具与制作

序号	主题	AIGC 工具	教师数字人/虚拟教师——特色功能、角色和音色
1	导入概述	剪映	图文成片；音色：暖心学姐
2	智能制造 智能交通 智能物流	豆包+AI PPT 讯飞智作 （腾讯智影）	豆包：润色教学设计文稿和纲要 AI PPT：选择模板、生成 PPT 讯飞智作：导入 PPT 字幕、数字人（音色、动作等）
3	智能教育 智能医疗	万彩 AI 剪映	AI 相片数字人：眼神、口型、动作等
4	智能家居 智能安防	来画	AI 动画视频阅读
5	结语	剪映	AI 文案成片
案例资源		百度网盘分享的文件：2025 微课教材_素材 链接：https://pan.baidu.com/s/1vp2k9gCt_NucszWqyZq2lw？pwd=pb77 提取码：pb77	

在进行创作时，可使用剪映的"图文成片"，根据自由编辑文案（或智能写文案），智能匹配（图片/视频）素材、使用本地素材、智能匹配表情包，生成视频（含内置音色）草稿，再进行试播和剪辑，如图 9-18、9-19 所示。剪映用于制作微课的主要优势是素材库丰富、支持表情包，根据教学设计文本匹配适当图片，语音和字幕也即刻对轴，可选"导出"，也可以直接发布至抖音。

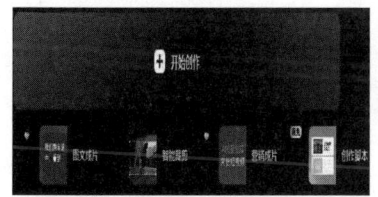
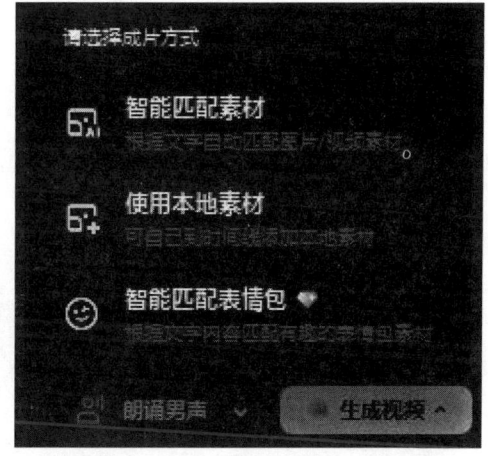

图 9-18 剪映—图文成片　　图 9-19 剪映—成片方式—生成视频

讯飞智作（https://www.xfzhizuo.cn/）涵盖讯飞配音、数字人视频（如图 9-20 所示）、形象/声音复刻、AIGC 工具箱等模块，可实现 AI+微课教学内容创作，展示虚拟人（虚拟教师、虚拟数字分身和复刻声音）构建，让 AI 替教师出镜和发声，支持"导入 PPT"+虚拟人教学，语音表达可以设置停顿、连续、换气，动作模式支持无动作、自然

动作、手动添加和 AI 匹配,还支持"多语种"。它可将设计好的教学内容、脚本与选择的 AIGC 资源进行整合,使用视频编辑软件(如剪映等)创建微课视频,选取数字人作为虚拟教师。但在视频制作过程中,要注意画面的布局与色彩搭配,保证文字清晰可读、图像与视频片段流畅过渡;合理安排旁白语音与画面内容的同步,使音频与视频相得益彰;添加适当的转场效果、动画效果等增强视频的观赏性与吸引力,但要避免过度使用导致分散学生注意力。生成微课视频如图 9-21 所示。"形象/声音复刻"如图 9-22 所示。

图 9-20 讯飞智作—数字人视频

图 9-21 视频作品

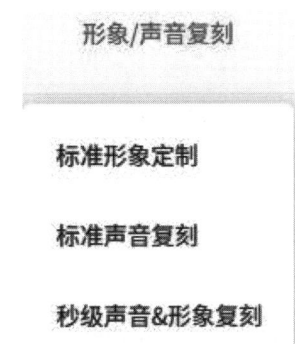

图 9-22　讯飞智作—形象/声音定制

能提供类似功能的还有腾讯智影（https://zenvideo.qq.com/），它能提供"照片播报"，支持自定义人像照片的上传，或"AI 绘制主播"，播报内容 AI 创作（或 DOC、DOCX、TXT 文档导入），AI 依据教学需求智能生成文案，可以再进行"改写""扩写"或"缩写"，播报语音支持"定制专属音色"，还可以预览之后插入"停顿"和标注"多音字"，如图 9-23 所示。

图 9-23　腾讯智影—数字人播报

来画 AI 可驱动动画和 PPT 在线生成工具，动画模式如图 9-24 所示，依照单个或所有场景 AI 生成动画和字幕；像 PPT 一样做动画，目前已被广泛运用于微课制作、知识科普等领域。

图 9-24 来画—动画模式编辑界面

其他 AIGC 工具诸如即梦 AI、魔珐有言,均具备各自的特色功能,即梦 AI 支持自然语言及图片输入,能生成高质量图像与视频;有智能画布、故事创作模式,具备首尾帧、对口型、运镜控制等 AI 编辑能力;其"动作模仿"功能,能让图片人物模拟参考视频中的动作。魔珐有言擅长 3D 数字人视频的 AI 创作,不仅能生成真实的数字人神情、体态动作,还可以在场景内"镜头优化"呈现不同的摄像机视角。

4.辅助材料/资源

广义而言,微课是直接支撑学生学习的短视频及其辅助材料/资源,包括预习/复习资料、学习指南(导学案)、拓展练习、互动工具和社群资源等。其中学习指南(导学案)如表 9-10 所示。

表 9-10 学习指南(导学案)

【学习任务一】
通过"剖析空调企业智能客服机器人",我们知道了智能客服机器人的关键技术是对"知识库模块"的构建,主要是将现有涉及空调企业客服问题的纸质化文件,通过自然语言处理形成数字化资料,然后对形成的数字化资料进行结构化数据处理,形成深度学习所需的训练数据,从而构建空调企业客服问题分析的神经网络和知识库,为下一步进行问题诊断、优化服务质量提供决策依据。打开教科书配套学习资源包"第六章 智能客服机器人"仿真系统,国家中小学课程资源运用学习资源包提供的训练数据,修改并运行配套学习资源包"第六章\课本素材\训练模型程序 6-1"文件。

续表

【学习任务二】
　　结合实际,讨论在生活中具体应用人工智能技术(智能制造、智能家居、智能教育、智能交通、智能安防、智能医疗、智能物流)的例子,感受人工智能对社会发展的影响,并上网了解更多应用人工智能的其他领域,与同学一起讨论、分享。

【学习任务三】
　　各小组根据项目选题及拟订的项目方案,结合本节所学知识,了解人工智能的广泛应用,进一步完善该项目方案中的各项学习活动,并参照项目范例的样式,撰写相应的项目成果报告。

【学习任务四】
　　各小组运用数字化学习工具,将所完成的项目成果,在小组或班级上进行展示与交流,共同创造、分享快乐。

【学习任务五】
　　各小组根据项目选题、拟订的项目方案、实施情况以及所形成的项目成果,利用教科书附录2的"项目活动评价表",开展项目学习活动评价。

【单选题】
1.人工智能在学习领域有广泛的应用。下述关于人工智能的说法不确定的是(　　)。
　A.能模拟教师教学的经验和方法,对同学们实施一对一的教学
　B.能跟踪、记录和分析学习者的学习过程和结果,并据此推送、传递知识
　C.能利用大数据技术分析学习者的情感、爱好,让学习者戒除各种恶习
　D.能利用大数据技术分析学习者的学习情况,为每一名学习者选择合适的学习资源,制订个性化的学习方案
2.智能医疗可以在(　　)等方面发挥重要作用。
　A.辅助诊疗、疾病预测、医疗影像辅助诊断、药物开发
　B.货物搬运、仓储管理、货物配送
　C.人脸识别、指纹解锁、产品检测
　D.远程维护、企业管理、个性化定制

5.评价与优化

　　在微课初步制作完成后,邀请部分学生代表、教师同行等作为测试对象,让他们观看微课视频,并收集反馈意见,重点关注教学内容的科学性、讲解的清晰性、视频播放的流畅性、交互环节(如有)的有效性等方面。

　　根据测试反馈,对微课进行优化调整。例如,修改表述不准确或难以理解的教学语言、替换效果不佳的图像或视频片段、调整旁白语音的音量与语速、修复视频播放中的卡顿或兼容性问题等,确保微课的质量达到较高水平。

6.发布与推广

　　完成基于AIGC快速制作且优化后的微课后,可将其发布到相应的教学平台(例

如学习通)或学习管理系统(例如超星泛雅平台等)上、学校的内部课程平台(例如华南师范大学砺儒云课堂)、在线教育平台(例如学堂在线、智慧树、UMU、九一速课)等,供学生随时随地学习。

除上述 AIGC 工具加持,还有"九一速课"的"智课"(https://zk.91suke.com/),它可以实现在线教学资源建设和发布,主要面向教师和学生提供一个轻便的移动课堂(竖屏 9∶16 微课视频),主打"AI 智做视频"和"AI 智做 PPT",能借助模板创建 H5 交互式课件,如图 9-25 所示。该平台支持混合式教学模式,支持 SPOC 教学(小型私人在线课程),强化翻转课堂与混合式学习,涵盖课前、课中、课后各个环节,利用微信平台,使教师和学生能够进行教学和学习活动。九一速课不仅包含 AI 教学助手人工智能+互联网教学,能够追踪学生学习轨迹,而且兼具知识变现功能。

图 9-25　智课

三、微课的输出与分享

(一)微课视频的输出规格和格式

早期微课常用 4∶3 规格,可在绝大多数计算机、笔记本电脑、移动终端全屏播放。近年来,无论是台式机显示器还是笔记本电脑,其宽屏屏幕的尺寸常用 16∶10 规格,而微课视频的尺寸常采用 16∶9 规格。微课视频规格具体如表 9-11 所示。但移动微课视频常采用 9∶16 的竖屏浏览比例。

表 9-11　微课视频规格对应表

清晰度模式代码	比例	像素	分辨率
NHD	16∶9	640*360	360P
QHD		960*540	540P
HD		1280*720	720P
FHD		1920*1080	1080p
WQHD		2560*1440	2k
4K UHD		3840*2160	4k

慕课平台和各类视频网站均支持数字视频流媒体格式的教学视频放映,常见的文件格式包括 RM、RMVB、WMV、MP4 等。另注:flash 流媒体 FLV 和 SWF 等格式,曾因视频质量高、容量小、占网络带宽小等优点,在网络课程教学中曾经风靡一时,但因 flash 的浏览器存在安全隐患且不支持移动终端(手机和 Pad 等)播放,已被淘汰。

(二)微课的发布与分享

微课的发布与分享是实现其教育价值的关键环节,需结合技术特性与用户需求,选择适配的渠道并遵循标准化流程。分享微课需确保素材来源合法(如原创微课或标注引用出处);涉及学生形象或学校信息的微课,需获得肖像权及机构授权。

1.发布平台选择: MOOC 类专业教育平台(如中国大学 MOOC 等)、基础教育专用平台(如国家中小学智慧教育平台等)、企业/机构自建平台(依托学习管理系统如超星、雨课堂、九一速课、UMU 等)、公开通用视频平台(如哔哩哔哩、抖音等)或垂直领域社区(如知乎专栏、豆瓣小组、学科论坛)。微课输出通用视频格式(MP4 为主,兼容 H.264 编码),附加字幕文件(SRT 格式)同时提供学习支持材料(PPT 课件、PDF 习题文档等)的打包下载链接。

2.社媒传播分享: 系统性的教学微课一般由经验丰富的一线教师摄录并分享,数字时代的学习者也会基于个人学习成长分享制作微课,这些均可发布于常见的自媒体平台,在教育相关微信公众号、微信视频号、微信群、QQ 群、微博等渠道,针对特定群体(如班级学生、培训学员、订阅者)以"干货分享"形式推送微课;越来越多的各类知识类博主、教育类博主、科技类博主、非遗类博主在各自擅长的领域分享优质微课短视频;通过群邮件和网盘分享微课。

四、微课的优化与迭代

微课发布后,要监控微课的核心指标:播放量、完播率、互动率(评论/点赞/分享)、复看率,定位内容薄弱环节(如某知识点段落完播率低于50%,需优化讲解方式);收集学习者反馈:通过问卷星、平台留言区征集改进建议,重点关注"内容难度""讲解清晰度""技术体验"等维度;持续优化与更新,针对高频问题制作补充微课,形成系列化内容;根据技术发展升级呈现形式(如将静态PPT讲解转为动态手绘动画、添加AR互动元素)。

微课的发布与分享需兼顾技术适配性、用户触达效率及教育目标,通过精准的平台选择、结构化的内容体系及数据驱动的策略,实现从"内容生产"到"价值转化"的闭环。核心原则在于:以用户为中心,确保微课在正确的场景下,以合适的形式,触达需要的学习者,并持续提供可复用的知识价值。

〖本章知识总结〗

【主要知识点】

1. 微课概念与发展

微课是面向碎片化学习需求的短时教学视频,以聚焦单一知识点或技能为特征,其发展历程涵盖从60秒课程到AIGC驱动的智能微课。

2. 微课的组成与特点

核心由5—10分钟的教学视频组成,并配套教案、课件、练习、反思等资源;特点为"短、小、精、悍",兼具系统性与开放性。

3. 微课分类

按教学方法分为讲授、问答、启发、实验、动画等类型;按制作手段分为真人出镜、绿幕抠像、屏幕录制、动画讲解等形式。

4. 竞赛与实践平台

主要竞赛包括全国师范生微课大赛、基础教育精品课遴选和中国大学生计算机设计大赛等;掌握不同平台的比赛规则与技术规范有助于微课创作与推广。

5. ADDIE 模型的应用

分析、设计、开发、实施、评价五阶段系统化流程指导微课设计,解决"教(学)什么""怎么教(学)""如何评"等核心问题。

6. AIGC 助力微课制作

利用文本、图像、音视频自动生成与虚拟教师技术,可快速产出脚本、PPT、配音及示范视频,提升制作效率并支持个性化迭代。

【重难点解析】

1. 精准选题与内容聚焦

如何在知识体系中提炼可碎片化的核心概念,兼顾教学目标与学生认知负荷,是微课成功的关键。

2.多样化制作技术的掌握

教师需在真人出镜、绿幕、录屏和动画制作等多种技术手段间灵活切换,并兼顾视频质量与教学效果。

3.系统化设计与反馈迭代

从教学设计到上传发布、评价优化的全流程需形成闭环,保障微课内容持续改进与资源更新。

『本章学习反思』

【认知冲突】

1.创作效率与教学深度的矛盾

AIGC 与模板化工具可大幅提升制作速度,却可能引发内容同质化与教学深度不足的担忧。

2.碎片化呈现与学习系统性的冲突

微课强调短平快,但如何在碎片化视频中保持系统性逻辑,帮助学生构建完整知识体系,是设计难点。

【行动启示】

1.目标导向,严选主题

每个微课先行明确学习目标与知识点,然后据此撰写精炼脚本,避免"视频多、内容散"现象。

2.深入技术实践,提升制作能力

持续学习并实践剪映、Premiere、希沃 AI 备课等工具的高级功能,积累多种制作手段与技巧。

3.构建评价闭环,推动迭代优化

利用平台数据(完播率、互动率等)和师生反馈,定期修订视频与辅助材料,实现微课品质稳步提升。

【未来追问】

1.如何在 AIGC 自动化与教师专业判断之间找到最佳平衡,兼顾效率与教学质量?

2.随着 VR/AR、沉浸式交互技术的发展,微课将如何升级实现更具沉浸感和个性化的学习体验?

『拓展学习资源』

在微课设计与制作领域,有许多优质的拓展资源可供深入学习与实践,如表9-12所示。除此之外,WPS AI、Focusky 动画演示大师、万彩动画大师、希沃剪辑师、EV 录屏、Canva 可画、创可贴、度加、快影等,均能助力提升学生微课设计与制作能力,未来 AIGC 型微课的开发和产出也将越来越多,影响更加深远。

表 9-12 微课学习资源

编号	学习资源类型	学习资源名称	资源获取方式	备注
1	视频	全国大学生计算机设计大赛	Bilibili	微课与教学辅助组获奖作品
2	视频	全国师范生微课大赛	Bilibili	获奖作品
3	视频	智能简史、中文 AI 测评	Bilibili	图灵的猫
4	视频	鬼谷闲谈（生物）	Bilibili	芳斯塔芙
5	视频	经济知识	Bilibili	小 Lin 说
6	视频	【MG 动画作品集】	Bilibili	M 名作动画 animation
7	视频	中高考作文	Bilibili	作文素材每日读

『本章参考文献』

[1] 李森.教学论思辨[M].西安:陕西师范大学出版总社,2023.

[2] 潘巧明等.人工智能与未来教育[M].北京:北京大学出版社,2023.

[3] 胡小勇.生成式人工智能:教师应用指南[M].广州:广东教育出版社,2024.

[4] 贾艳光,李宗远.人工智能应用基础[M].北京:高等教育出版社,2024.